Adolescência

Adolescência
história e política do conceito na psicanálise

Tiago Corbisier Matheus

c coleção
c clínica
p psicanalítica

Artesã

Adolescência:história e política do conceito na psicanálise

COORDENAÇÃO EDITORIAL
Karol Oliveira

DIREÇÃO DE ARTE
Tiago Rabello

REVISÃO
José Maria Campos Lima

CAPA
Gustavo Prates

DIAGRAMAÇÃO
Luís Otávio Ferreira

M427 Matheus, Tiago Corbisier.
Adolescência: história e política do conceito na psicanálise / Tiago Corbisier Matheus. 3. ed. – Belo Horizonte : Artesã, 2020. – (Clínica psicanalítica).
334 p. ; 21 cm.
ISBN: 978-65-86140-09-5

1. Adolescentes. 2. Psicanálise do adolescente. 3. Psicologia clínica. 4. Psicoterapia. I. Título.

CDU 159.964

Catalogação: Aline M. Sima CRB-6/2645

IMPRESSO NO BRASIL
Printed in Brazil

(31)2511-2040 (31)99403-2227
www.artesaeditora.com.br
Rua Rio Pomba 455, Carlos Prates - Cep: 30720-290 | Belo Horizonte - MG
/artesaeditora

Dedicatória

às mulheres,
que fazem o mundo girar.

Camilla, Marcia,
Tarsila e Alice,
com amor e gratidão.

Agradecimentos

A minha mãe, Ana Corbisier, pela revisão sempre preciosa. A meu pai, Carlos Matheus, pelas referências aos antigos e aos termos germânicos, assim como a Gehrard Brodt, professor de alemão.

A Marília Spósito, pela interlocução e rigor, na perspectiva sociológica, no início e no final do trabalho. A Cristina Poli, pela colaboração na explicitação da política da adolescência, bem como pela crucial convocação à leitura de Lacan. A Raul Pacheco Filho, por todo o aprendizado oferecido. A Luis Cláudio Figueiredo, pela contribuição propositiva sobre a clínica. A Miriam Debieux, pelo apoio constante e pelos comentários cuidadosos. A Karin de Paula, pela solidária consultoria lacaniana, assim como pela disponibilidade bibliográfica. A Ana Laura Prates, pelo comentário pontual e preciso sobre as leituras de Freud e Lacan. A Maria do Carmo Guedes, pela simpatia e indicação bibliográfica na historiografia.

A Teresa Carvalho, amiga e companheira de leituras, que prestou uma colaboração decisiva no momento final deste trabalho. A Solange Emílio, parceira fiel, nos diálogos e nas clínicas que nos experimentam. A Luis Galeão, companheiro diário nas pequenas e grandes questões. A Zé Sérgio, pela gentileza e apresentação de Elias. A Balu, Aluízio Leite, pelos exigentes comentários sobre os títulos. A Paulo Endo, amigo e interlocutor em momentos importantes.

A Peru, Verônica, Chico e João, pelo apoio logístico e estratégico. A She e Maju, pelo compromisso com as questões juvenis. A Marta Grosbaum, pelo suporte operacional.

A Rebeca e Otávio, que gentilmente permitiram que narrativas outras fossem estabelecidas, a partir das suas.

A Dany John e a Suzy Capobianco, pelas leituras e comentários. Aos parceiros que encontrei no Núcleo Psicanálise e Sociedade, pela causa psicanalítica. Aos amigos do Grupo Espaço de Trabalho, Cris Franch, Natália Gola, Roberta Kehdi e Roberto Villaboim, pelas inquietações clínicas.

A Ana Paula Corti pelas referências bibliográficas em sociologia e pelo diálogo. A Alessandra Martins, pelo suporte bibliográfico dos originais em alemão. A Ivan Estevão pelas indicações precisas sobre a obra freudiana. A Henrique Murachco pelo comentário sobre termos gregos. A Ligia Rodrigues, pelo apoio na pesquisa eletrônica e a Humberto Correa, pelas referências sobre puberdade. A Knight Campbell, pela prestativa e cuidadosa assessoria na língua inglesa.

À CAPES e ao Departamento de Psicologia Social da PUC-SP, pela bolsa parcial concedida, que viabilizou financeiramente o trabalho. A Marlene, pelo gentil suporte. À Fundação Getúlio Vargas, pelo *auxílio creche*, que garantiu o leite das baixinhas e pelo *auxílio tese*, que custeou as cópias impressas. A equipe da Biblioteca da FGV, pelo profissionalismo. A Inês, pela ajuda diária e sinceridade necessária.

Finalmente e, sobretudo, às várias babás, avós e avôs, tios e tias, primos, passarinhos, pedrinhas e tantos mais que conseguiram entreter as pequenas durante a elaboração deste trabalho.

Introdução

Entre o meu dizer e o teu escutar, há uma distância. Tua resposta é incompleta, assim como, de minha parte, não digo tudo: se há um jogo, a dúvida é se com ele será possível haver diversão. Ainda que meu gesto possa ser solitário, não é único. Tantos outros fazem seus apelos e, nas meias-respostas que recebem, se vêem como *uns-entre-tantos* e, misturando-se, se esquecem e se aliviam. No entanto, é verdade, algo sobra. Algo que, silenciosa ou ruidosamente, mantém vivo um sujeito que inquieta a cada um de nós, cada qual conforme lhe cabe, naquilo que não lhe cabe. Assim tem sido.

É um jogo tenso, não somente para uns e para outros, como participantes da cena que nos foi montada e com a qual nos acumpliciamos, mas para cada um, em função de suas próprias angústias e velamentos. Daí emerge o discurso adolescente, que traz consigo a inconformidade frente ao estabelecido, oferecendo-se como aquele que anuncia sua estranheza ou mesmo sua inviabilidade. Daí emerge, também, o discurso *sobre* o adolescente, que vêm negociar com aquele que é posto neste lugar, a fim de oferecer-lhe uma possibilidade, em troca de sua cumplicidade.

Foi talvez em função do primeiro, discurso adolescente, que este trabalho se deteve neste último, discurso *sobre* a adolescência, pois se entende que ambos estão sempre implicados no jogo anunciado. O discurso sobre a adolescência apresenta diferentes tonalidades, assim como surge de diferentes posições. No senso comum, chamam a atenção dizeres como "é da adolescência, isso passa". A rapidez e a obviedade da resposta parecem denunciar a tensão de um jogo abafado, do qual *mais de um* participa. Sua insuficiência, por vezes, pede um diagnóstico – "é a crise da adolescência". Ainda que não seja plena, a acomodação serve, na medida em que sugere algum conhecimento de causa: "alguém ouviu dizer...". A reticência força, no entanto, ainda um palpite: "são os seus hormônios"; outros responsabilizam outrem: "são as más influências, é o meio". Diagnóstico e justificativa permitem àquele que os anuncia descomprometer-se do discurso adolescente que lhe foi endereçado, abafando nele próprio aquilo que porventura restou de inquietação, de inconformidade e de insubordinação. A emissão de um diagnóstico refaz a desigualdade das posições das quais se fala, relegando ao outro, a *liberdade* consentida de uma manifestação que não será escutada, aprisionando-o numa esterilidade que de antemão é atribuída a seu dizer.

A praticidade e a diversidade do senso comum talvez sejam suficientes para justificar a fragilidade do argumento, o que dispensaria levá-lo em conta. Mas, para tanto, seria preciso perguntar de que trata, então, a questão adolescente e em que medida há, quem sabe, um saber especializado capaz de dar-lhe resposta. As diferentes versões apresentadas dos saberes sobre a adolescência indicam, de início, que a *crise da adolescência* está lá, clara e reiteradamente afirmada. Cada qual a seu modo, conforme as tradições às quais se filiam, buscaram tratar de um fenômeno que inquieta – na clínica, nas instituições ou no espaço público – e de algum modo responder à questão adolescente, a fim de servir de respaldo às diferentes práticas voltadas àqueles identificados como adolescentes. Entre os argumentos estabelecidos, de diferentes modos, o orgânico e o corporal são constantemente apontados como fatores determinantes neste processo, muitas vezes, numa articulação com fatores sócio-culturais.

A dúvida: será que o senso comum teria partido daí, para então tirar partido? Tratar-se-ia de uma deformação simplificada destes saberes tal como ocorre quando *caem na boca do povo*? Ou da boca do povo *advém* uma charada, de modo que a deformação do senso comum *vem adivinhar* algo que está de algum modo presente, aqui ou ali, nos saberes especializados? Se não é possível estabelecer uma causalidade direta entre saberes especializados e senso comum (ou vice-versa), de modo a responsabilizar alguns deles pelos efeitos produzidos no outro, nota-se uma ressonância distorcida entre ambos, que faz eco. O que se torna claro é que estes saberes sobre a adolescência também não estão fora do jogo. Se marcam uma posição distinta do senso comum, tais saberes não deixam de estar implicados, de algum modo, na tensão estabelecida entre os vários discursos que compõem a cena social.

A partir daí, a primeira pergunta que surge é quais as várias posições dos saberes sobre a adolescência e em que medida cada uma dá margem aos usos que deles são feitos. Ou, inversamente, pergunta-se se cada um deles formaliza algo que os ultrapassa, conforme a cultura da qual fazem parte, de modo que seus conceitos são a realização teórica do universo que os compreende. Trata-se, conseqüentemente, de buscar não somente aquelas versões que se mostram as *melhores* ou mais *consistentes*, mas também aquelas que encontraram maior eco, a fim de entender porque conquistaram tal difusão e se é possível fazer emergir, das próprias formulações teóricas, os restos silenciados de suas implicações. Para tanto, torna-se necessário buscar as tensões presentes nas teorias e em seus conceitos, conforme se apresentam e se sustentam, partindo da hipótese de que cada texto pode dizer algo mais sobre aquilo de que trata. Além disso, a contraposição entre as diferentes posições teóricas parece ser um recurso fecundo para fazer emergir as diferenças que incidem sobre os pontos de tensão de cada uma, produzindo dúvida naquilo que, por vezes, é dado como certo. Tais confrontos, aliás, estão sugeridos pelos embates teóricos realizados ao longo da história das instituições de saber que, juntamente com suas correntes, compõem este campo de investigação privilegiado para a discussão da *crise da adolescência* – a psicanálise.

No entanto, este exercício de transitar sobre o campo de forças que sustentam o campo psicanalítico faz aparecer suas fronteiras. O que se percebeu, a partir de então, é que o tema proposto, conforme o enfoque estabelecido, sobrepõe dois recortes distintos, que se mostram ambos necessários e mutuamente implicados. De um lado, o resgate *historiográfico* surge como recurso para pôr em destaque os pontos de tensão entre as várias posições teóricas; mas não só. Na medida em que se busca resgatar nos conceitos e em suas teorias as tensões que carregam ou silenciam, o próprio campo de saber em pauta, genericamente considerado, passa a ser visto nas diferenças e conflitos que estabelece com outros campos do conhecimento das ciências humanas. O saber psicanalítico – com suas várias correntes e posições – também participa de um jogo e a historiografia, neste sentido, é o caminho a partir do qual torna-se possível marcar o lugar em que a psicanálise veio a se inscrever, entre as ciências humanas, no cenário turbulento que caracterizou o século XX. A menção à *crise adolescente* demanda que se leve em conta outras *crises* e turbulências, que então se anunciaram em diferentes planos, ainda que a primeira não encontre aí, sua última palavra.

De outro lado, tornou-se pouco a pouco evidente que a discussão da questão adolescente, tal como foi construída – entre jogos, tensões e disputas – estabelece como eixo de investigação uma perspectiva nem sempre considerada com a devida atenção no campo psicanalítico e que parece estar particularmente em destaque quando se trata do tema da adolescência. Trata-se da questão *política*, que parece ser o recorte capaz de pôr em foco os vários campos de força que de algum modo se entrecruzam. Primeiro, porque a questão adolescente está particularmente implicada às desigualdades das posições discursivas que se contrapõem em distintos contextos – clínico, institucional ou *social*, considerado este de um modo geral. O discurso adolescente se anuncia como aquele que põe à prova o instituído, de forma que qualquer saber produzido *sobre* a adolescência estaria sempre remetido à inquietação que este discurso traz, seja como resistência a ele ou tentativa de produzir sua inscrição, o que também não deixa de ser, em parte pelo menos, uma forma de apaziguamento. Os usos que são feitos de determinados saberes especializados sobre a adolescência servem como manifestação de tais implicações. Assim, falar em política é, aqui, a possibilidade de manter pulsante a tensão entre o instituído e o discurso adolescente.

Em segundo lugar, porque as próprias teorias são fruto de diferentes embates teórico-clínicos; seus conceitos, de maneira explícita ou não, carregam consigo uma história que se torna presente nos usos das teorias, como deformação exacerbada de algo que nelas de algum modo se mantém presente. Cada proposição sobre adolescência é a realização formal de determinantes que se reproduzem em práticas que se reportam ao adolescente; a compreensão destas depende, também, de uma *fricção* entre os conceitos, acirrando seus pontos de conflito, nas várias versões sobre a questão adolescente.

Em terceiro, a política parece ser o recorte de uma dimensão abafada que incide sobre o próprio objeto privilegiado da psicanálise, a saber, o corpo, em sua dimensão sexual. *Corpo* que é objeto de disputa entre tantos e ganha distintas e conflitantes leituras, se mantém como enigma, particularmente quando se pensa na adolescência e em sua relação incerta com o advento da puberdade. *Corpo* que vive os efeitos das marcas que sobre ele se inscrevem, de modo que se inverte uma equação tantas vezes sugerida, qual seja, de que o universo psíquico vive os efeitos das transformações orgânicas. Agora, o que se vê é o universo simbólico, bem como suas imagens, marcando os corpos que a ele se oferecem, lembrando que o humano é também efeito do humano. A política, então, está lá, registrada nos próprios corpos e com eles se mantém pulsante.

Se o atalho encontrado para a discussão da *crise da adolescência* parece longo e tortuoso, é porque o caminho reto não se mostra o mais rápido ou o mais conseqüente. Parece necessário, em contrapartida, ir aquém e além da psicanálise, a fim de voltar a ela e poder destacar aquilo que ali parece abafado, mas não menos presente, sobretudo quando se pensa na chamada *passagem adolescente*. Este caminhar, desde o início, está longe de ser neutro e mesmo sendo singular, distinto de tantos outros pelas diferenças que possui, obviamente, não é o único possível. É um caminho empreendido a fim de estabelecer um campo de diálogo entre o discurso psicanalítico e outras áreas afins, lembrando que se é a psicanálise um saber que colabora significativamente com a questão adolescente, por outro lado, é preciso mantê-la disponível à escuta daquilo que vem de outras margens, de algo que nela pode estar silenciado, mantendo viva a interrogação sobre o que pode parecer consolidado. Neste sentido, trata-se de um trabalho que vem resgatar o projeto moderno de sustentação da postura crítica; o sujeito inclui a si próprio em seu campo de sua investigação, fazendo da dúvida, seu primeiro passo; ela é, a partir de então, a condição de validação de um pensamento eternamente inacabado e que encontra, numa trajetória errante, seu fundamento primeiro. Neste momento, objeto de investigação e método utilizado encontram um ponto de aproximação: o sujeito adolescente e o exercício da escuta, cada qual a seu modo, produzem inquietação a partir das posições que cada um vêm ocupar. Veja-se.

Sobre o uso do termo *adolescência* desde a Idade Antiga à Contemporânea

Adolescência, *adolescencia, adolescence, adolescence.*[1] A semelhança entre estas versões em diferentes línguas indica uma proximidade no uso dos termos pelo senso comum.[2] Mas o mesmo não ocorre em relação a seus usos mais específicos no século XX, assim como em outros momentos da cultura ocidental. Levi e

1 Destaca-se deste conjunto aparentemente homogêneo, o termo em inglês *teenager*, diretamente relacionado à faixa etária, que vem sendo mais utilizado na mídia recente, sem, no entanto, obter destaque na literatura especializada.

2 Algo semelhante ocorre com o termo juventude – *juventud, jeunesse, youthness* A título de ilustração, entre os verbetes de dicionários, nestas quatro línguas, adolescência e juventude, assim como seus respectivos correlatos, apontam em geral para um período entre a infância e a idade adulta. No que diz respeito à adolescência, é recorrente a referência à idade ou ao período pubertário; quando se fala de juventude, é a referência ao coletivo que sobressai – *Novo Dicionário Aurélio; Micro Robert; Longman Dictionary of Contemporary English; Dicionario de la Lengua Española*. Já na literatura especializada, as diferenças entre adolescência e juventude são mais significativas. Ver capítulos II e III.

Schmitt, por exemplo, percebem aí, entre termos aparentemente afins, uma "falta de homogeneidade do vocabulário" e um "deslizamento semântico". Para eles, a ocorrência dos termos infância, adolescência e juventude em diferentes momentos históricos, tais como a Antiguidade, a Idade Média ou a Modernidade, não traduz uma constância semântica destes vocábulos, muito pelo contrário. Exemplo disto é, para estes autores, a "conotação afetiva" atribuída atualmente por profissionais da área da saúde à dita "crise adolescente", conforme as vicissitudes próprias deste contexto específico, que não é encontrada nos textos antigos. Se o termo adolescência ocorre tanto nos textos atuais, quanto nos antigos, seu sentido já não é o mesmo, pois "quando os termos permanecem aparentemente imutáveis, seus conteúdos semânticos não cessam de renovar-se".[3]

Adolescência é um termo de origem latina, do verbo *adolescere*, que significa desenvolver-se, crescer; é próximo, no entanto, do termo *addolescere*, que significa adoecer.[4] A proximidade entre os dois sentidos é sugestiva e anuncia a dimensão de *crise* a que ficou associado este termo, desde a modernidade, como será visto adiante. O termo *adulescentia* é encontrado em textos da cultura romana dos primeiros séculos, denotando um período da vida que sucedia à *pueritia* e precedia a *iuventus*, conforme levantamento feito por Fraschetti: "nota-se logo (...) a discrepância profunda entre essas definições dos grupos etários e ciclos biológicos reais da vida humana, como uma *adulescentia* que se prolonga em Roma até os 28-30 anos e uma *iuventus* que pode chegar até os cinqüenta".[5]

Em Roma, a divisão por idades estava diretamente marcada pela tensão que percorria as diferentes posições dos seres humanos na hierarquia familiar, referência em função da qual era

3 G. Levi, J.-C. Schmitt, *História dos Jovens*, v. 1, p. 15.

4 J. P. Machado, *Dicionário etimológico da língua portuguesa*, v.1, p.113.

5 A. Fraschetti, apoiando-se em Varrão e em Isidoro de Sevilha (este, em texto datado do século VII d.C.; a maioria dos autores utilizados na análise de Fraschetti, no entanto, são dos primeiros séculos d. C.) – O mundo romano, p.70.

determinado o estatuto de cada membro do corpo social. Se a participação na vida comunitária era possível somente à *iuventus* – após um ritual iniciático em que se passava a usar a *toga viril* –, a *adulescentia* estava marcada pela preparação para a etapa que estava por vir, numa condição que tornava o *adulescens*, pelo menos em parte, próximo ao escravo.[6]

O aparente prolongamento destas etapas (*adulescentia* até os 28 e 30 anos e *iuventus* até os 50) é justificado por Fraschetti pelo peso da autoridade patriarcal, que nesta época encontrava-se particularmente fortalecida e condizia com a estrutura de poder centralizado que caracterizava o Império Romano. Na época, o direito dos pais sobre os filhos não se restringia, segundo o *patria potestas* (pátrio poder), à vida ou morte destes, mas também determinava o prolongamento das fases da vida; era um poder "total e ilimitado", em que as diretrizes da vida de cada jovem dependiam diretamente da autoridade patriarcal, que estava sobordinada somente, no plano imaginário, ao amor pela pátria. Apesar disso, é possível perceber ambivalência nas relações entre gerações, pois se por um lado era evidente a opressão que se manifestava no exercício do poder patriarcal, por outro, também havia o respeito dos filhos à ordem familiar e o empenho em cumprir com uma hierarquia a ser reproduzida de geração em geração. Submeter-se ao pai era, também, o meio de garantir o posterior exercício de autoridade e, assim sendo, dispor dos privilégios desta condição.[7]

6 No ritual de iniciação romano, jovens corriam nus com uma tira de pele apertada na cintura e outra na mão, num ritual de purificação e de fecundidade. A corrida, particularmente, era algo próprio dos escravos e não dos cidadãos – idem, ibidem, p.64.

7 Faça-se a ressalva de que a divisão de idades era válida somente para o gênero masculino, pois as mulheres eram vistas segundo sua condição física ou social (antes ou depois do matrimônio, com ou sem filhos); quanto às diferenças entre as camadas sociais, a divisão das idades é mais clara nas camadas superiores, em função dos cargos e privilégios conquistados, mostrando-se mais complexa nas camadas inferiores. Idem, ibidem, p.72, 83.

Apesar dos termos *puer*, *adulescentia* e *iuventus* serem por vezes utilizados para indicar uma mesma pessoa, a divisão das idades demarcava as diferentes condições de cada um no contexto da época. De modo distinto da fundamentação pedagógico-científica que viria a ocorrer séculos depois, a divisão das idades na cultura romana dos primeiros séculos organizava e legitimava a rígida hierarquia que pautava a estrutura familiar e a estrutura social, em função de uma moral regida pela "ordem natural", que o pensamento médico pretendia traduzir, conforme descreveu Foucault.[8] O respeito às prescrições não se dava como garantia da salvação da própria alma, como aconteceria posteriormente com o cristianismo, mas sim para honrar cada um como ser racional, conforme a *natureza* do próprio corpo e da condição humana. A *natureza*, ao invés de contrapor-se à condição humana, compreendia-a, de modo a compor, por exemplo, uma correspondência entre as idades dos homens e as estações do ano, a ser respeitada mediante uma alimentação adequada a cada momento. Daí o esforço e a necessidade de agir *de acordo com a natureza*, cabendo à alma a tarefa de "corrigir-se para poder conduzir o corpo segundo uma lei que é a do próprio corpo",[9] assim como era próprio do patriarca a decisão sobre a vida e os caminhos da sua prole. A *adulescentia*, portanto, estava fundamentada em uma razão natural que regia as várias dimensões da condição humana, ficando submetida ao jugo imediato e rigoroso do poder patriarcal, que assim se justificava.[10]

8 M. Foucault, *História da sexualidade*, v.3.

9 Idem, ibidem, p.137.

10 Se Foucault encontra na cultura romana a possibilidade de "crise do sujeito, ou melhor, subjetivação", esta se devia ao esforço e dificuldade de cada um para "se construir enquanto sujeito moral de suas condutas", de modo a conquistar a "superioridade sobre si" que garantisse o "uso moderado e racional" de sua ascendência na família e na sociedade. Mas, sobretudo, esta *crise* não dizia respeito à adolescência, mas àqueles que podiam dispor desta superioridade naquele contexto. Idem, ibidem, p.101.

Na Grécia Antiga, não é possível encontrar um sinônimo para o termo *adulescentia*. O termo que mais se aproxima deste é *efebo* (εφηβος), que se refere ao adolescente ou jovem em formação, objeto de culto pela beleza e alto valor social.[11] Nessa cultura, que antecedeu e influenciou Roma culturalmente, o status social conquistado pelos cidadãos dependia de como cada rapaz se portava na relação amorosa, na posição de amado – *eròmenos* – em relação ao amante – *erastés*. A relação entre *erastès* e *eròmenos* tinha uma importância que ia além da dimensão erótica, pois era o próprio alicerce da *paidéia*, a educação, que no dizer de Schnapp constituía para os gregos "a coluna vertebral da vida em sociedade".[12] De modo distinto ao que se poderia supor da função da educação escolar na modernidade, argumenta Schnapp, a *paidéia* não visava a adaptação do cidadão à cidade, mas sobretudo a formação e o aprimoramento do comportamento global de cada um, a fim de cultivar valores praticados individual e coletivamente, dimensões, naquele contexto, inseparáveis.

Fazia parte do cortejo ao *efebo* que o *erastés* oferecesse presentes e introduzisse o jovem amado (*eròmenos*) em práticas eróticas, estando estas diretamente vinculadas a outras práticas juvenis, como a ginástica, a caça e a equitação, além da prática reflexiva e filosófica, assegurando-lhe uma formação ampla. Ao jovem (*efebo*), na condição de *eròmenos*, cabia se submeter (ainda que com resistência) a esta relação desigual, cedendo seus favores conforme o assédio que recebia, com comedimento e tempe-

11 Ver M. Foucault, *História da sexualidade*, v.2, p.173. Ao longo deste trabalho, Foucault chega a utilizar o termo adolescência (*adolescence*) para falar, na língua francesa, do jovem em formação não só em Roma, mas também na Grécia antiga – *Histoire de la sexualité*, v.2, p.217. Seu uso, ao que parece, ocorre em função da proximidade entre as culturas grega e romana, que apesar de terem seu apogeu em momentos distintos, chegaram a coincidir historicamente. Há autores gregos, como Plutarco, que ao utilizarem as duas línguas, usam também o termo *adolescens* (*Moralia*, v.1), mas isso não chega a estabelecer uma correspondência direta entre a *efebia* grega e a *adulescentia* romana.

12 A. Schnapp, A imagem dos jovens na cidade grega, p.14-28.

rança, condicionantes para a conquista da honra necessária ao status social almejado.[13]

A posição passiva, própria às mulheres e aos escravos, era aceitável para o *eròmenos*, mas não para um homem, o que fazia desta condição algo complexo e incômodo: "o rapaz, posto que sua juventude deve levá-lo a ser homem, não pode aceitar assumir-se como objeto nesta relação, que é sempre pensada sob a forma da dominação".[14] Dominação esta que ocorria entre o *sujeito* ativo – amante – e o *objeto* passivo – amado –, mas também para cada um destes, uma vez que era de todos os homens a capacidade de domínio sobre suas próprias paixões.[15] Portanto, o conflito e o incômodo experimentados pelo *efebo* se justificavam pela experiência de uma posição contraditória (ser admirado como objeto passivo a fim de se tornar *sujeito* ativo), pela exigência de domínio sobre suas paixões e seus atos, assim como pelo convívio com as incertezas de seu desempenho, num percurso marcado por regras claras, mas sutis e sofisticadas.

A condição do *efebo*, na Grécia Antiga, fazia parte de "uma ordem social que, em última instância, opõe radicalmente os jovens e os velhos e forma a base natural do equilíbrio da cidade",[16] sustentando um universo cultural em que suas várias dimensões – sexualidade, organização familiar e política, entre outras – encontram-se diretamente articuladas e dependentes entre si.

13 M. Foucault, *História da sexualidade*, v.2, p.181-189. Este modelo de relação homossexual era praticado especificamente na cultura cretense, servindo, no entanto, de referência para todos os dórios.

14 Idem, ibidem, p.195.

15 Há que apontar o perfil aristocrático do cortejo sexual do *efebo*, marcado por festividades e prestígio, um tanto distinto da severa condição dos mais pobres, que se organizavam em grupos de crianças em situação constante de combate – formando os *aghélé* – como modo de iniciação, dependendo para sua subsistência de seus esforços e da ajuda do povo – Estrabão, citado por A. Schnapp, A imagem dos jovens na cidade grega, p.25.

16 A. Schnapp, A imagem dos jovens na cidade grega, p.30.

A imagem da juventude na Idade Média ocidental, pré-Modernidade, é incerta e heterogênea, não só em função da concisão deste recorte, mas sobretudo pela falta de uniformidade que há no universo medieval, fazendo coexistirem, por exemplo, concepções distintas acerca das etapas da vida. Segundo Pastoureau, há dois grandes sistemas, um profano e um erudito, cada qual com suas variações. Na cultura profana, fazendo lembrar a proximidade entre condição humana e natureza da Antigüidade, há uma correspondência entre as quatro estações do ano e quatro idades: infância, primavera; juventude, verão; "idade média", outono; e velhice, inverno. Na cultura erudita, além da relação com elementos naturais (planetas), também está presente uma lógica aritmética: "*infantia* (do nascimento aos sete anos), a *pueritia* (dos sete aos catorze) a *adulescentia* (de catorze a 21 ou 28 anos), a *juventus* (de 21 ou 28 anos a 35 anos), a *virilitas* (de 35 aos 55 anos) e a *senectus* (acima de 55 ou 60 anos)".[17]

Um autor desconhecido da época, resgatado por Ariès, descreve a *adolescência* (*adolescence*) com uma variação ainda maior, como uma etapa que dura dos 14 aos 21 anos, podendo se estender até os 28 ou 35. É caracterizada como momento em que "a pessoa é bastante grande para procriar" e "os membros são moles e aptos a crescer e a receber força e calor natural". Curiosamente, a juventude é a idade que vem a seguir, durando até 45 ou 50 anos, quando sobressai a "força que está na pessoa, para ajudar a si mesma e aos outros".[18]

Nota-se que a busca por uma correspondência entre o humano e o natural já não encontra consenso no corpo social, traço este que viria a se consolidar nos séculos seguintes. O termo latino *adulescentia*, aqui também presente, encontra uma delimitação precisa somente em determinadas classificações do discurso erudito, havendo uma variação significativa no vocabulário utilizado, como assinala Pastoureau:

17 M. Pastoureau, Os emblemas da juventude, p.245-246. Nesta referência, o planeta correspondente à *adulescentia* é Vênus. Vale acrescentar que na mitologia latina *Vênus* é a deusa correspondente à *Afrodite* grega, deusa do amor.

18 P. Ariès cita o livro *Le Grand Propriétaire de toutes choses* (sem autor), em *L'enfant et la vie familiale sous l'Ancien Régime*, p.37.

> O [vocabulário] da adolescência e da juventude é particularmente rico e flutuante, tanto nas línguas vernáculas como em latim. Entre *puer* e *juvenis* inscreve-se uma quantidade de termos e expressões: *impubes, pubes, adulescentulus(a), adulescens imberbis, puella, puer iam juventutis aetatem contingens, virguncula, virgo, juvenculus(a)* etc. Cada autor os emprega e os articula a seu modo.[19]

Soma-se a isto o fato de que tanto entre camponeses quanto na aristocracia, poucos tinham noção clara da própria idade, de modo que as práticas comunitárias e aldeãs da época respeitavam mais as funções sociais do que as idades propriamente ditas – como crianças, jovens, recém-casados, pais, velhos e outras. As funções dos jovens, no final da Idade Média e primórdios da Idade Moderna, caracterizam-se pela ambivalência, tendo em vista que exerciam um papel transgressor ao mesmo tempo em que se responsabilizavam pelo controle da moral e da ordem da vida cotidiana.[20] Schindler utiliza uma expressão que caracteriza com propriedade esta ambivalência, nomeando os grupos juvenis medievais pré-modernos de "tutores da desordem": são eles que organizam as festividades e adotam nelas a conduta mais expansiva;[21] assumem a função de fazer valer modos e costumes que deveriam ser praticados nos espaços públicos, por exemplo, pelas moças casadoiras de cada aldeia, assim como o controle da sexualidade em geral;[22] também eram responsabilizados por todas as ações que promoviam turbulências nos hábitos cotidianos, fossem ou não eles os autores de tais ocorrências.

19 M. Pastoureau, Os emblemas da juventude, p.247.

20 N. Schindler, Os tutores da desordem, p.278.

21 M. Pastoureau, Os emblemas da juventude, p.247.

22 Idem, ibidem, p.282-284. É preciso destacar, mais uma vez, que a descrição feita refere-se sobretudo ao universo masculino, havendo uma segmentação clara do universo feminino, que foi ficando mais e mais restrito ao espaço doméstico. A diferença entre o espaço urbano e rural, inicialmente, não era significativa, havendo apenas variações específicas quanto aos conteúdos das transgressões – p.292.

No entanto, se agiam como transgressores, faziam-no "em nome dos adultos e com tácito consentimento destes", que assumiam uma posição mais recatada, mas freqüentemente partilhavam da inquietação que movia os mais jovens, fazendo crer que cabia a estes dispor de uma "liberdade" própria do momento da vida pelo qual passavam.[23] Situação exemplar desta cumplicidade são as ações transgressoras cometidas contra representantes da Igreja, nos pequenos vilarejos, quando estes não encontravam respaldo para sua política entre os membros de cada comunidade. Há relatos datados do século XVII sobre religiosos imbuídos das propostas da Contra-Reforma que buscavam cercear condutas juvenis que feriam as diretrizes previstas pelo clero. Seu discurso ecoava no vazio, pois a ação transgressora juvenil expressava a oposição da comunidade a uma moral com a qual não concordava: "para essa Igreja, os adolescentes barulhentos eram (...) uma espinha na garganta, com suas prepotências e suas brigas".[24] Mas, se por um lado sua conduta incomodava os cânones da Igreja então praticados, por outro, a juventude serviu como álibi para a intervenção desta instituição, a partir da reordenação das forças sociais que compunham as diferentes comunidades locais.

Durante o século XVIII, com o crescimento das cidades, os grupos sociais de cada localidade perderam sua unidade e constância, pois o deslocamento populacional crescente dificultava o conhecimento mútuo entre os habitantes, limitando a cumplicidade até então existente nas comunidades. Forasteiros e jovens locais eram confundidos, limitando o apoio que estes últimos encontravam entre os seus. Se antes a transgressão, sempre anônima, adquiria facilmente uma conotação de reivindicação coletiva, passava agora a ser vista como ação individual e fonte de ameaça. Além disso, as condutas grosseiras da juventude foram se mostrando inadequadas para uma cultura "civilizada", que aos poucos se impunha, deslocando o papel da representação moral da

23 N. Schindler, Os tutores da desordem, p.266, 278.

24 Idem, ibidem, p.295.

juventude para outros segmentos locais mais próximos da Igreja e das instituições formadoras. Como diz Schindler, "na orgia da ordem que caracteriza o culto iluminista do Estado, nos tranqüilizadores efeitos do projeto de veneração burguesa dos heróis, não havia mais nenhum lugar para aqueles que devem ter responsabilidades diretas".[25] As coletividades davam lugar aos *indivíduos*.

A partir do nascimento do Estado moderno, adolescência e juventude adquirem gradualmente um status mais discriminado. Do final do século XVIII ao final do XIX, ocorre a instalação do ensino secundário, resultante dos "projetos de reforma iluminista e da obra legislativa da Revolução" que, num "esboço de democratização", promoveram o acesso ao colégio e ao liceu.[26] Esboço na medida em que aqueles que tinham a oportunidade de acesso ao ensino secundário eram somente os privilegiados que não eram premidos a trabalhar. Ainda assim, foi decisivo o papel das instituições educativas na constituição do homem moderno, na medida em que estes serviam de modelo aos demais. Como assinala Caron: "do bebê ao rapaz, o século XVIII reinventa as idades da vida, ritmadas pela educação e a instrução que, por etapas, permitem fabricar o homem esclarecido",[27] sobre o qual Locke, Rousseau e tantos outros filósofos haviam se debruçado.

O entendimento de Rousseau sobre o homem em formação e os cuidados exigidos para se evitar os *perigos do ambiente* buscam sobretudo garantir a emergência do *homem livre* – um dos fundamentos da concepção de *indivíduo*, que surge na Modernidade. Para ele, um dos momentos frágeis deste processo é a adolescência (*adolescence*), como "*momento de crise* [que], embora muito curto, tem longas influências". É quando ocorre o "segundo nascimento" do ser humano, quando o simples existir torna-se viver, em função da emergência das paixões e do sexo.[28] É um momento

25 Idem, ibidem, p.306-308.

26 J.-C. Caron, Os jovens na escola, p.138.

27 Idem, loc. cit..

28 J.-J. Rousseau, *Emílio*, p.271-272. Grifo meu. O termo no original – *Émile*, p.426.

decisivo na formação de cada indivíduo, uma vez que é uma "... *idade crítica* em que o espírito abre-se à certeza, em que o coração recebe sua forma e seu caráter e se fixa para toda a vida, quer para o bem, quer para o mal. Mais tarde a substância se endurece e as novas marcas já não se fixam".[29]

Porém, alerta o autor, "podemos enganar-nos sobre as causas e muitas vezes atribuir ao físico o que devemos imputar ao moral", pois o crescimento tanto físico quanto intelectual não depende somente da ação da natureza, mas também da própria educação, de modo que é possível retardá-lo ou antecipá-lo conforme a condução empreendida.[30] Frente ao caráter decisivo deste momento, é função da educação guiar o espírito humano, conforme sua natureza, a fim de ter autoridade sobre as próprias paixões, condição para a conquista da liberdade. Porém, para Rousseau, "só conquistamos autoridade sobre as paixões através das paixões" e, conseqüentemente, a educação efetiva será aquela que for capaz de governar o indivíduo à distância, uma vez que "o coração só recebe leis de si mesmo".[31]

Este pensador, distintamente de Locke, não acreditava que fosse a razão (e a experiência empírica) o verdadeiro instrumento do conhecimento, mas sim o sentimento e a experiência lúdica.[32] Rousseau é visto então como precursor dos conceitos modernos de infância e de adolescência, na medida em que, conforme o argumento de Ariès, a afetividade e a intimidade são características privilegiadas da noção de subjetividade que se

29 J.-J. Rousseau, *Emílio*, p.424. Grifo meu.

30 Idem, ibidem, p.277-279.

31 Idem, ibidem, p.449, 307, respectivamente. Educação distanciada, mas que nem por isso deixava de ter a pretensão de *prevenir* e *dirigir* a conduta adolescente, por meio de sua observação atenta e orientação cuidadosa – p.304.

32 Locke, um dos principais representantes do empirismo, defende o uso da razão a partir da experiência sensível como modo de constituição do conhecimento. Ver também B. R. Santos, *A Emergência da Concepção Moderna de Infância e Adolescência*, p.132.

consagrou posteriormente.[33] Locke e Rousseau, cada qual a seu modo, ilustram bem a formulação de um projeto próprio para a criança e o adolescente, tendo em vista a formação do adulto. Locke, segundo Caron, leva em conta "a integralidade da criança e do adolescente, suas necessidades físicas e morais, sua educação e sua instrução, incluindo-se aí a educação física e o aprendizado de um ofício, em uma obra destinada aos filhos dos gentis homens". Rousseau, 70 anos depois, já se encontra imerso num cenário propriamente iluminista, marcado pela "crença, nova, de que a transformação da sociedade passa prioritariamente pela educação do cidadão esclarecido", idéia pela qual ele próprio também é responsável.[34]

Com a Revolução Francesa, eclode de modo decisivo o ideário que dará sustentação à noção de *indivíduo*. Junto ao processo histórico que a acompanha, fortalece-se a concepção de que a formação do indivíduo depende da ocorrência de etapas sucessivas que passam a ser vividas e compartilhadas nos hábitos e costumes das sociedades européias. Trata-se do processo de *periodização das idades da vida* que irá se consolidar ao longo do século XIX, em função da escolarização, da primeira comunhão e do serviço militar, experiências que acompanham o fortalecimento de instituições tais como a Escola e o Exército. A Igreja, por sua vez, participa deste processo não somente ao sustentar a importância e o momento da primeira comunhão (que gradualmente passa a ser melhor delimitado cronologicamente, passando a ocorrer, no século XIX, por volta dos 12 anos), mas também no estabelecimento das diretrizes que deveriam pautar a educação infantil, tanto no meio familiar quanto nas emergentes instituições escolares. Além disso, as instituições religiosas, em função

33 P. Ariès, *L'enfant et la vie familiale sous l'Ancien Régime*. O argumento primeiro de Ariès é relevante, mesmo que seu trabalho como um todo não encontre consenso entre os historiadores – sobre a crítica, ver P. Burke, *A Escola dos Annales*, p.81-82; ver também, nota no capítulo V.

34 J.-C. Caron, Os jovens na escola, p. 140. A citação se apóia no texto de Locke, *Algumas reflexões sobre a educação*, de 1693.

de seus embates, promoveram reformulações que favoreceram o processo de constituição da subjetividade do homem moderno. O catolicismo, a partir da responsabilidade de cada um ante a salvação e direito universal de acesso às escrituras, promove o *exame de si mesmo*, tendo em vista o deslocamento do pecado do ato para a fantasia e o desejo, a serem vigiados pelo regime da confissão.[35] No puritanismo, o diário íntimo exerceu uma função afim à confissão católica e, numa perspectiva mais ampla, Calvino foi a expressão do que Dumont chama de *divinização do indivíduo*, fundamento da Modernidade, aqui considerado como algo mais que um período histórico anterior à contemporaneidade, na medida em que é o próprio fundamento do modo de organização da sociedade ocidental, instaurado depois da Idade Média.[36] Em função disto, é possível notar que a periodização das idades e o fortalecimento e difusão da noção moderna de indivíduo estão diretamente vinculados a questões políticas com as quais as sociedades européias se defrontavam: a Igreja Católica buscava restabelecer seu poder ameaçado, nasciam os Estados modernos e, com eles, a idéia de *nação*.

Entre os séculos XVIII e XIX, o processo de constituição ou fortalecimento dos Estados modernos foi responsável pelo surgimento de várias guerras no velho continente. Os exércitos eram inicialmente compostos por voluntários, mas, com a necessidade de mais efetivos, sobreveio a obrigatoriedade do alistamento militar (ainda que nem todos os alistados fossem convocados), o estabelecimento de regras estritas de conduta, assim como a determinação da idade dos soldados (variando entre nações e épocas, dos 16 aos 20 anos). Na segunda metade do século XIX e início do XX, o serviço militar passou a representar uma expe-

35 Ver por exemplo, M. Foucault, *História da sexualidade*, v.1, p.23.

36 Se a Modernidade é mencionada em vários momentos deste trabalho como período histórico anterior à contemporaneidade, cabe atribuir à modernidade um sentido mais amplo e decisivo: "a modernidade não é a sociedade ocidental em nenhuma de suas fases particulares. Ela é o princípio da sociedade ocidental como tal" – K. Kumar, *Dicionário do pensamento social do século XX*, p.474.

riência de separação entre etapas da vida, particularmente para aqueles jovens que até então não trabalhavam. De modo geral, com a periodização do serviço militar, consolidou-se a idéia da aquisição de direitos e deveres a partir de uma determinada idade, conformando o compromisso social de adulto que cada um deveria assumir.[37]

Este processo de periodização das idades está diretamente vinculado ao processo de constituição do indivíduo moderno – pautado pela autodeterminação e pela racionalidade – que por sua vez é um dos fundamentos do Estado moderno. A busca da ação, da previsão e do controle sobre o *sujeito* social é o pano de fundo do processo descrito. A partir da periodização das etapas da vida e da distinção de um universo infantil com características próprias, a ser preservado e regrado, também vai se tornando mais clara a etapa situada entre este primeiro período e o mundo adulto. A delimitação de um espaço privado e intimista, próprio à família burguesa e distanciado de um espaço social mais amplo, caracteriza o campo de tensão que pauta a noção moderna de adolescência, que irá perdurar na contemporaneidade. Esta versão de adolescência está associada à transição entre os universos privado e público que, ao longo do século XIX, no imaginário social, encontram-se mais claramente caracterizados e segmentados. Se mais adiante será enfatizada a ausência de dispositivos societários que cumpram a função de rituais de passagem entre o universo infantil e o mundo adulto,[38] como um dos fatores responsáveis pela adolescência, este argumento se respalda na periodização anteriormente instaurada e no sentido que conquistou, assim como na comparação com imagens da adolescência ou juventude em outros momentos, tais como os mencionados.

Tais imagens funcionam como fotografias que, lado a lado, destacam as peculiaridades de cada momento. Se a discriminação de faixas etárias é algo que se mostrou constante nos diferentes quadros apresentados, as funções sociais e as determinações

37 S. Lorica, A experiência militar, p.35-40.

38 Ver capítulo III.

etárias de *adolescência* e de *juventude* (e suas composições afins) variaram conforme a época e o contexto. Na Antiguidade, a *efebia* ou a *adulescentia* pertenciam a universos culturais em que as várias dimensões envolvidas (o público e o privado; a moral, a sexualidade e a política) estavam diretamente articuladas. Na Idade Média e início da Idade Moderna, a dissonância entre o discurso profano e o erudito anunciam a segmentação entre áreas de saber – *ciências*? – que se aprofunda nos séculos seguintes. Esta fragmentação se mostra decisiva no modo de organização social: as pequenas unidades razoavelmente integradas, com seus vários segmentos voltados à coletividade, dão lugar a complexas organizações econômicas, sociais e culturais – os centros urbanos das sociedades industriais e pós-industriais – ancorados em um ideário que elege o *indivíduo* como fundamento.

A idéia de adolescência que se forma durante o século XIX é fruto do processo de *subjetivação* e constituição do indivíduo, pilar de sustentação do Estado moderno. A crise da adolescência se anuncia como um corolário deste processo, condição para a formação deste *indivíduo*, herdeiro do ideário iluminista. Se a *efebia* foi uma etapa da vida objeto de admiração e preocupação, suscitando o incômodo de um lugar contraditório pela passividade transitória para se alcançar a condição de agente ativo (Grécia Antiga), a *adulescentia*, etapa marcada pela submissão a uma rígida hierarquia familiar e social (Roma), a juventude, uma experiência ambivalente, de recriminação mas também de festividade e transgressão (Idade Média), é na modernidade, a partir de Rousseau, que a adolescência é considerada especificamente um *momento de crise*, turbulência de paixões decisiva na constituição do *indivíduo*.[39]

39 Numa perspectiva historiográfica, Thiercé descreve a ampliação da noção de adolescência [*adolescence*] que ocorre na segunda metade do século XIX, na França: de uma minoria masculina e privilegiada, que vive o prolongamento da experiência escolar, toda a faixa etária correspondente, nos vários segmentos sociais, passa a ser associada à idéia de crise, sendo então tomada como foco privilegiado das políticas públicas praticadas – A. Thiercé, *Histoire de L'adolescence*.

O termo crise diz respeito tanto a um *momento crítico*, quanto ao momento em que *um veredicto* pode ser anunciado,[40] o que é sugestivo quando associado à adolescência. Faz notar não só a dimensão dramática com que é compreendida a adolescência - *momento crítico* - como também sugere o potencial enunciativo que gira em torno deste tema - algo é enunciado a partir daí, seja sobre aquele que é identificado como adolescente - um *diagnóstico* sobre um provável futuro para este *indivíduo* - seja sobre a organização social à qual pertence. Não parece ser à toa que a adolescência (assim como a juventude) tenha sido, no século XX, constantemente associada ao futuro da sociedade, assim como a suas ameaças. Por vezes solução, por vezes, problema, a adolescência se tornou objeto de estudo privilegiado, ainda que de modo irregular, a partir do Romantismo.

Esta ambivalência se anuncia de modo explícito no célebre trabalho de Stanley Hall, que viria a inaugurar, no campo da psicologia, o tema da adolescência - um ano antes de Freud publicar o único texto em que destaca a puberdade como tema de discussão. Assim como Freud, Hall fora influenciado por Darwin e sua perspectiva evolucionista, mas, em conformidade com a tradição americana, era partidário de um método indutivo de investigação que fosse capaz de evitar o "subjetivismo excessivo", a partir da observação e descrição dos fenômenos.[41] Seu trabalho surpreende por já supor uma articulação entre a questão adolescente e o processo de urbanização e seus desdobramentos, argumento desenvolvido por Erikson e por tantos outros estudiosos das ciências humanas. Para Hall, a perda de reguladores [*regulatives*] sociais, característicos de países de tradição conservadora, teria propiciado uma inadequação entre a condição juvenil e o ambiente que é oferecido para seu desenvolvimento. Para ele, "nossa urbanizada

40 *Dicionário do Pensamento Social do século XX*, p. 157.

41 G. S. Hall, *Adolescence*, p.vii-ix. O papel estratégico deste trabalho fez com que se chegasse a dizer que Hall era "o criador da adolescência, seu inventor", tendo em vista a especificidade que este tema viria a ganhar ao longo deste século passado - C. Calligaris, *A adolescência*, p.76.

vida caseira [*urban hot-house life*]" tende a promover o amadurecimento de "tudo antes do tempo"; o crescimento biológico e psicológico do adolescente, ao ser antecipado, o expôs a uma situação de risco frente às ameaças que se potencializaram no espaço urbano deste contexto específico (a cultura norte-americana do início do século), tais como a criminalidade, a perversão, o sedentarismo, a falta de dever e de disciplina.[42]

Ao mesmo tempo em que viria a antecipar o desenvolvimento de tantos trabalhos posteriores sobre o tema, este argumento não deixa de ser uma referência a Rousseau e à tradição romântica, no que diz respeito ao distanciamento do homem em relação à natureza. A experiência juvenil ou adolescente seria, assim, um sinal privilegiado dos principais problemas das sociedades ocidentais, tanto moderna (Rousseau), quanto contemporânea (Hall). Numa alusão clara ao *Storm und Drung* do Romantismo, Hall vê a adolescência como um momento de "tempestade e tensão [*storm and stress*]",[43] momento de *fissura* do desenvolvimento em função do desigual e irregular crescimento do corpo e do psiquismo, a ponto de caracterizá-la como uma "grande revolução". A adolescência é, para ele, um momento em que

> a hereditariedade freqüentemente se mostra insuficiente para capacitar a criança a alcançar com sucesso [*achieve*] esta grande revolução e chegar à completa maturidade, de modo que cada passo adiante é coberto [*strewn*] com fragmentos [*wreckage*] corporais, mentais e morais.[44]

Curioso notar passagens como esta que, se por um lado faz supor a possibilidade ou mesmo expectativa de que cada indivíduo possa conquistar sua "completa maturidade", por outro, sinaliza o quanto este percurso, em função do contexto acima descrito, encontra-se comprometido, resultando na *fragmentação do sujeito adolescente* – de seu corpo, de seu psiquismo e de suas referências morais – noção que, diga-se de passagem, foi defendi-

42 Idem, ibidem, p.xi-xvi.

43 Como notou Alberti, *Esse sujeito adolescente*, p.45.

44 G. S. Hall, *Adolescence*, p.xiv.

da enfaticamente por autores do *velho* continente europeu, ainda que a partir de outra noção de sujeito.

Por outro lado, o caráter ameaçador e dramático desta etapa de vida é contraposto ao enaltecimento deste momento que, em sua plasticidade e capacidade de mudanças que tendem a se tornar definitivas, não deixa de ser, para Hall, "um maravilhoso renascer", neste momento que é a "melhor década da vida".[45] A referência a Rousseau também é clara, não somente pela ambivalência (risco e culto) deste "segundo nascimento", mas também pela busca de um projeto de formação do homem, tendo em vista a maior flexibilidade do psiquismo neste momento constituinte.

Não parece à toa que sua obra tenha ocupado uma posição estratégica no estudo sobre a adolescência: propôs um entendimento sobre este fenômeno capaz de fazer uso do saber médico, sem ficar a ele subordinado, estabelecendo um campo de investigação propriamente psicológico; além disso, resgatou referências significativas do pensamento ocidental que privilegiaram este tema, como é a obra de Rousseau e o movimento romântico como um todo. Se o trabalho de Hall foi questionado posteriormente pelo caráter alarmista em relação à adolescência, a crítica também se dava pela repercussão que o trabalho obteve e pelo fato de projetar para além da infância a preocupação da sociedade com a formação de seus novos membros.

A sociologia foi um dos campos das ciências humanas onde a questão adolescente apareceu articulada aos fenômenos contemporâneos, ainda que seu foco privilegiado fosse a juventude, a ponto de configurar uma área de pesquisa específica – a *sociologia da juventude*. Nesta, a distinção entre adolescência e juventude não é consensual e por vezes nem chega a ser clara, sendo estes termos utilizados até como sinônimos.[46] Há porém, duas recor-

45 Idem, ibidem, p.xv-xviii.

46 Como observa por exemplo, O. Galland, em relação à primeira metade do século XX (entre *jeunesse* e *adolescence*) – L'entrée dans la vie adulte en France, p. 39. Um exemplo de uso de jovens e adolescentes como sinônimos pode ser encontrado em S. N. Eisenstadt, *De Geração a Geração*, p.61-63, assim como em Morin, ao tratar do fenômeno "adolescência-juventude", *Cultura de Massas no Século XX* – O Espírito do Tempo II, p. 141.

rentes distinções utilizadas: na primeira, juventude é compreendida como um momento posterior à adolescência.[47] Na segunda, a juventude é tomada como um objeto de investigação próprio do campo sociológico, e a adolescência, pertinente ao campo psicológico, sendo que ambas dizem respeito à *passagem* da infância ao mundo adulto.[48] São duas leituras que freqüentemente se aproximam, quando o momento adolescente, pautado por intempéries subjetivas, é entendido como condição para a ocorrência do momento seguinte, a juventude, e as vicissitudes precedentes ganham uma dimensão mais ampla ao serem deslocadas de modo explícito para a rede de relações sociais em sua diversidade.

Um trabalho de relevo na produção nacional que adota esta posição é o livro de Foracchi, *A Juventude na Sociedade Moderna*, no qual a noção de crise ganha um lugar central. A autora busca articular a juventude, como categoria social, à "crise do sistema", sendo a adolescência um momento primeiro em que a "crise subjetiva" ocorre para cada sujeito.[49] Sua leitura retoma e particulariza a descontinuidade entre o sistema educacional e o mercado de trabalho, realçando a universidade em sua artificialidade, burocracia, propensão ao isolamento e dificuldade em cumprir sua função social, a saber, problematizar a vida social de modo coerente, crítico e global. O argumento utilizado supõe a exacerbação do movimento apontado por Ariès acerca da postergação da entrada na vida adulta, adquirindo uma dimensão dramática em função da esterilidade da instituição universitária.

A crise em questão, para Foracchi, é uma "*crise de socialização* que lança o jovem numa espécie de 'vácuo social'". No caso do

47 Por exemplo, R. M. Braungart, in *Dicionário do Pensamento Social do Século XX*, p. 167; J. M. Paes, *Culturas Juvenis*, p. 41.

48 Exemplo desta posição pode ser vista em F. Dubet, De jeunesse et des sociologies (p. 25, 26), onde a juventude moderna é associada ao momento de incerteza e busca de autonomia concernente à distribuição de papéis sociais, cuja contrapartida seria a *crise adolesente* – "A 'crise adolescente' é a versão subjetiva desta anomia relativa..."

49 M. Foracchi, *A Juventude na Sociedade Moderna*, p. 11. Grifo meu.

movimento estudantil de 60, a saída deste vácuo teria ocorrido por meio da socialização política.[50] No entanto, nem todo jovem encontra tal saída e as *crises da adolescência e da juventude* descrevem o impacto deste vácuo na subjetividade. Esta última – *crise da subjetividade* – ocorre quando o jovem "revive em si próprio o que há de incompleto e fragmentado na sociedade e na cultura de que participa".[51] A *crise da adolescência*, por sua vez, antecede a crise da juventude e é igualmente expressão da desproporção entre o potencial humano e o sistema que se mostra incapaz de absorvê-lo, em função de suas desigualdades. A crise da adolescência é a crise que primeiramente desponta neste processo, encontrando-se, porém, "aprisionada no mundo restrito das relações sociais (e) nos limites da idade", em comparação com a amplitude que a crise de juventude pode chegar a ter. É um momento de perturbação pelas novas situações experimentadas e de angústia na busca de uma *identidade*, que aqui se encontra *em crise*. Não se trata de uma transição simplesmente, considera a autora, mas de uma *crise*.[52] *Crise psicológica* direta e necessariamente atrelada à *crise social*, de um segmento, de um sistema e de suas instituições formadoras.

A argumentação de Foracchi destaca algo que era recorrente na *sociologia da juventude*: essa *passagem* se tornara problemática no século XX, em função dos desdobramentos ocorridos na contemporaneidade. Assim, por exemplo, a juventude era vista como fruto da descontinuidade na transmissão cultural e no *conflito de gerações* (Mannheim), da desarmonia e tensão dos padrões sociais de referência, manifestando uma disfunção no processo adaptativo (Einsenstadt) ou como uma *classe de idade* que é fruto da "crise interna de valores nas sociedades ocidentais" (Morin).[53]

50 Idem, ibidem, p. 76. Grifo meu.

51 Idem, ibidem, p. 157.

52 Idem, ibidem, p. 23-30.

53 K. Mannheim, Funções das Gerações Novas; S. N. Eisenstadt, *De Geração a Geração*; E. Morin, *Cultura de Massas no Século XX*.

Em todas estas formulações, cada qual a seu modo, havia um esforço em articular o contexto histórico e social com a experimentação juvenil. A modernidade, os desdobramentos de um capitalismo avançado, a rapidez das transformações tecnológicas e sociais, a complexidade dos sistemas sociais contemporâneos que incrementam o universo simbólico, são considerados fundamento para a investigação do problema.[54] Um ponto de convergência entre muitos autores é o reconhecimento da descontinuidade entre a escola e o mercado de trabalho, que teria se intensificado e ampliado, no último quarto do século XX, acirrando a postergação da inserção no mundo adulto anunciada por Ariès.[55] Tal descontinuidade é justificada, por um lado, pela inadequação entre os anseios ou necessidades juvenis, a preparação oferecida pelo sistema escolar e as oportunidades encontradas após a formação;[56] por outro, pelo desemprego crescente, tanto em países desenvolvidos, quanto em países do Terceiro Mundo, fator que agudiza a incerteza deste *momento de passagem*[57] – o que, para Hobsbaum, não é um problema circunstancial, mas estrutural, pois o desemprego crescente nas décadas da crise é inerente ao próprio modo de funcionamento do processo produtivo global do final do século XX.

Tais obstáculos interferiram, em diversas sociedades, na saída dos jovens da casa dos pais, de modo que a suposta passagem para a vida adulta tornou-se cada vez mais incerta ou imprecisa.

54 Respectivamente P. Ariès, *L'enfant et la vie familiale sous l'Ancien Régime*; E. Hobsbaum, *Era dos Extremos*; Mannheim, A Crise na Sociedade Contemporânea, p. 322, 334; A. Melucci, Juventude, tempo e movimentos sociais, p. 5.

55 Ver por exemplo, T. Lopes, *Tristes Escolas*, p. 39; M. M. Foracchi, *A Juventude na Sociedade Moderna*, p. 67.

56 Neste ponto, as posições de Eisenstadt e Bourdieu se aproximam – respectivamente, *De Geração a Geração*, p. 210; A Juventude é Apenas uma Palavra, p. 116. Ver também M. Foracchi, *A Juventude na Sociedade Moderna*, 133.

57 J. Paes, *Culturas Juvenis*, p. 24; C. Attias-Donfut, Jeunesse et conjugaison des temps, p. 13. No caso do Brasil, ver por exemplo, A . L. Souto, E. de Almeida, *Jovens: Políticas Públicas*.

Este processo foi denominado por muitos, como *descronologização* das etapas da vida, o que aproximava diferentes segmentos etários no que diz respeito a sua condição social. Muitos autores mantiveram tais critérios - inserção profissional e constituição de laços conjugais - como válidos para entender a juventude como período ou etapa da vida, sustentando que estaria ocorrendo um processo de *alargamento* da juventude ou da adolescência.[58] Seguindo o argumento da postergação como característica primeira da juventude, houve quem descrevesse esse momento como uma *moratória*[59] - adiamento de responsabilidades e compromissos, o que justificava a maior predisposição ao lazer e à experimentação.[60] A postergação das responsabilidades atribuídas ao mundo adulto - inserção profissional, constituição de laços conjugais e conquista de moradia própria - caracterizariam esta etapa, em contrapartida, como momento de reconhecida irresponsabilidade, quando é aceita e talvez esperada tal postura.

No entanto, vários destes aspectos acarretavam dificuldades, pois se perguntava se tomar a juventude como momento de experimentação e maior predisposição ao lazer em função da postergação das responsabilidades não era assumir como modelo a referência dos segmentos juvenis privilegiados.[61] No caso do Brasil, em particular, uma parcela significativa dos jovens das camadas menos privilegiadas convivia com responsabilidades precocemente, assim como ingressar no mercado de trabalho e sair da casa dos pais parecia há muito não representar os marcos da saída da juventude, tendo em vista o trabalho não se encontrar apartado de crianças e jovens desde os primórdios da história do País.[62] Se a experimentação permanecia presente mesmo para

58 Cf. C. Attias-Donfut, Jeunesse et conjugaison des temps, p. 15, 16; F. Dubet, De jeunesse et des sociologies, p. 26; A. Mellucci considera que a noção temporal tornou-se descontínua - Juventude, tempo e movimentos sociais, p. 9.

59 Formulação discutida especialmente por Erikson, como será visto adiante.

60 T. Lopes, *Tristes Escolas*, p. 38.

61 Cf. P.-O. Costa et all, *Tribus Urbanas*, p. 63.

62 M. D. Priore, *História das crianças no Brasil*.

este segmento social, não parecia se dar em função de uma postergação de responsabilidades, como uma *moratória*, um período de *suspensão*. Tais questões indicavam, antes de tudo, a dificuldade de estabelecer critérios apropriados para se pensar a juventude em seus diferentes contextos sócio-culturais. Como alertava Bourdieu em seu comentário tantas vezes citado, tomar a juventude como objeto de pesquisa, sem considerar devidamente as desigualdades sociais que a antecedem, é um modo de abafá-las e servir de instrumento de manipulação. Para ele,

> a idade é um dado biologicamente manipulado e manipulável;... falar dos jovens como unidade social, um grupo constituído, dotado de interesses comuns, e relacionar estes interesses a uma idade definida biologicamente, já constitui uma manipulação evidente.[63]

A posição do autor, no entanto, não chega a desqualificar este campo de pesquisa, como vieram a supor alguns. Entende que juventude se mantém como objeto de pesquisa relevante na medida que "é certo que para além de todas as diferenças de classe, os jovens têm interesses coletivos de geração", pois "há uma desqualificação estrutural da geração" nas tensões e disputas entre jovens e não jovens na transmissão do poder e privilégios encontrados.[64]

A sociologia da juventude, em seus diferentes recortes e perspectivas, se debruça sobre um fenômeno recente. Se eventualmente faz alusão a outros momentos e culturas, é no empenho de poder compreender a especificidade da juventude que, no século XX, destacou-se de modo ímpar no cenário mundial, promovendo inquietação nos demais segmentos sociais, a partir dos lugares desigualmente estabelecidos entre estes, em cada realidade particular. A sociologia colabora, assim, para a discussão de uma questão que se destaca na contemporaneidade e da qual a adolescência participa. Em diferentes recortes, a adolescência aponta para uma condição de *conflito* ou até de *crise* – de referências, perspectivas, identidade ou personalidade – efeito inevitável de um pro-

63 P. Boudieu, A Juventude é apenas uma palavra, p. 113.

64 Idem, ibidem, p. 120, 121.

cesso de socialização insuficiente ou problemático, de uma *crise de valores*, de uma distância artificial ou de uma descontinuidade entre as instituições educacionais e o mundo do trabalho, de uma *crise na estrutura* sócio-econômica que compromete as populações heterogêneas das diversas nações que participavam da rede de produção e consumo de massa, na segunda metade do século XX. Desse modo, a sociologia busca compreender a correlação entre as múltiplas variáveis que participavam de um problema complexo, sublinhando a inevitável implicação entre a experiência subjetiva e os processos sociais, culturais e econômicos que acompanharam o século XX e início do XXI. Neste empreendimento, muitas vezes se aproxima do saber psicológico, como é o caso de Foracchi, sugerindo a demanda cruzada que tem ocorrido entre as diferentes áreas das ciências humanas.

Na psicanálise, o tema da adolescência só surge secundariamente. Freud pouco fala em *adolescência* [*Heranwachsen*] propriamente, mas constantemente menciona *puberdade* [*Pubertät*], tanto ao discutir casos clínicos e a etiologia das neuroses, quanto em textos metapsicológicos ou sobre cultura. Como foi dito, elegeu apenas um capítulo de um de seus textos para discutir diretamente o tema – o último dos *Três ensaios sobre a sexualidade*, de 1905 – um dos trabalhos que mais sofreu modificações nas edições posteriores, o que sinaliza a inquietação do autor com o assunto. Sendo o tema principal deste texto, o vértice de sua obra – a *sexualidade* – tem-se uma idéia do motivo de sua preocupação. Freud, como se sabe, defendia a concepção de sexualidade infantil, em contraposição à concepção corrente na época, que situava na puberdade o início da vida sexual, como supunha, muito antes, Rousseau. No entanto, com o deslocamento da sexualidade para a infância, que papel restava à puberdade na etiologia das neuroses e na constituição do *sujeito* psíquico? O texto de 1905, seguindo o estilo do autor, tinha suas nuances e dava margem a diferentes leituras. A partir de Freud, diferentes autores buscaram responder a esta questão – Anna Freud, Erikson, Aberastury e tantos outros, mais recentemente, seja da escola inglesa, seja da francesa e seus simpatizantes, como será visto adiante.

O que se nota de antemão é que, entre estes, a referência à *crise da adolescência* é recorrente, variando seu entendimento conforme o sentido dado a cada uma destas noções, assim como à tradução feita do texto freudiano. De que crise se trata? O que a determina? É possível considerá-la universal ou é um fenômeno datado historicamente e que, conseqüentemente, faria os psicanalistas caminharem pela borda de seu saber? Esta discussão converge para qual concepção de corpo está sendo utilizada, o que tem variado desde uma maior proximidade das determinações biológicas, naturalmente pré-estabelecidas, até o gradual desprendimento promovido pela operação simbólica da herança anatômica. Ainda que cada construção parta de Freud, este não parece ser o mesmo para cada um de seus sucessores e a disputa que então se estabelece gira em torno de qual seria o caminho que melhor representaria o espírito do velho mestre.

Não estando claramente anunciado na obra de Freud e somente de passagem comentado por Lacan, o tema da adolescência veio a se oferecer como um campo de pesquisa a ser retomado pelos psicanalistas, em suas várias linhas, no último quarto do século XX. De início, foi um tema específico da *ego psychology*, que inaugurou a discussão entre psicanalistas e deixou ali sua marca. Nas últimas décadas do século, suscitadas talvez pelas mudanças sociais que, promovidas nas diferentes partes do globo, colocaram em destaque os jovens personagens adolescentes, surgiram outras várias versões para o *trabalho psíquico* que veio a caracterizar a adolescência. O saber psicanalítico, que marcara irreversivelmente não só as ciências humanas como um todo, mas a própria cultura ocidental – em função do sentido atribuído à sexualidade e ao efeito deste na experiência de vida cotidiana de cada um –, já não encontrava neste segundo momento o mesmo status e receptividade de outrora. Os desdobramentos da contemporaneidade, a presença marcante de uma cultura juvenil que se contrapunha a uma série de determinações e saberes instituídos, surgiam como oportunidade para a psicanálise mostrar que se mantinha viva e atuante, com capacidade de ir além da reedição das obras de seus grandes nomes. O corpo adolescente, em suas múltiplas roupagens, era posto em cena e se apresentava como enigma para quem estivesse disposto a desvendá-lo.

As concepções de adolescência então produzidas, como foi dito, vêm sustentar e acompanhar as distintas práticas voltadas àqueles que são identificados como jovens ou adolescentes, de modo que entre as formulações conceituais e as experiências destes *indivíduos*, a crise é reinventada, reproduzida e legitimada. É em função de sua implicação direta com a prática e as experiências dos *indivíduos* em sua condição cotidiana que se torna relevante a discussão sobre a questão da adolescência e a *crise* que lhe é atribuída. Se por um lado, não é possível estabelecer uma relação linear de causa e efeito entre produções teóricas e experiências subjetivas de indivíduos identificados como adolescentes ou práticas sociais voltadas à formação ou cuidado, por outro, a constatação da implicação necessária entre tais universos indica o compromisso que o exercício da reflexão possui com a *realidade* à qual está vinculado. Realidade construída com a participação das produções imaginárias, que incidem sobre os corpos que dela participam. É em função deste compromisso que este trabalho pretende compreender a formação da chamada *crise da adolescência* que se consolidou no século XX e problematizar o conceito, tal como foi e tem sido abordado na psicanálise.[65]

A formação da crise levou ao resgate da perspectiva historiográfica, aquela a partir do qual seria possível pensar na adolescência tal como se configura na contemporaneidade, ou seja,

65 A crítica à noção de crise da adolescência não é propriamente nova, inclusive entre psicanalistas. E. Saggesse, em sua dissertação de mestrado, entende a crise da adolescência como efeito das mudanças sócio-culturais da sociedade ocidental, inscrevendo aí a produção psicanalítica – *Adolescência: as ideologias das teorias*. Em seu trabalho posterior, o autor caracteriza a adolescência como momento de conflito e indefinição próprio das sociedades modernas – *Adolescência e psicose*, p.57. S. Alberti aponta a inscrição histórica da naturalização da crise da adolescência, mantendo-se atrelada à referência lacaniana – *Esse sujeito adolescente*, p.95-101. G. A. Campos, com quem foram compartilhadas algumas das hipóteses preliminares deste trabalho, apresentou um trabalho recente em que desenvolve temas aqui discutidos – *Adolescência: de que crise estamos falando?*

como uma experiência *individualizada*, na qual cada um se vê frente à demanda de estabelecer um caminho próprio diante dos impasses que neste momento de passagem surgem para o sujeito aí implicado, em função do modo de organização social que se estruturou com a modernidade. Resgate historiográfico capaz de discriminar esta, das demais versões de adolescência ou suas correspondências mais próximas (como a *efebia* ou a *adulescentia*) há pouco indicadas. Resgate historiográfico que permite escrever história na psicanálise, história de seus conceitos e percursos, assim como faz ver a tensão que surge entre o pensamento psicanalítico nascente e a tradição de história que até então prevalecia. Resgate historiográfico que permite, ainda, desenhar o cenário aonde é possível reinscrever na teoria a perspectiva política que ela porta, na medida em que oferece a possibilidade de compor os *campos de força* em meio aos quais os conceitos foram produzidos – tensões próprias à realidade simbólica onde surgiu esta concepção de adolescência, tensões que acompanharam o embate teórico entre os autores que se detiveram neste tema e as tensões com a estrutura argumentativa de cada autor. Para tanto, o trabalho fez uso de um conceito pouco comum em psicanálise – a *ideologia* – aqui tomada não em seu sentido tradicional, como *falsa consciência*, mas como algo que diz respeito tanto aos usos feitos pelas teorias, quanto à própria realidade socialmente construída. É o recurso a partir do qual se mostrou possível manter vivo o espírito crítico e analítico próprio deste campo de investigação que, desde seu primórdios, procurou questionar aquilo que era dado como certo, evitando as armadilhas que a *consciência* laboriosamente vinha construir, bem como fazer questão daquilo que foi recalcado ou renegado em cada campo simbólico socialmente estabelecido.

O conceito de *ideologia*, a partir de Zizek, se prestava a isso. Se trazia dificuldades pela abrangência de sua concepção, por outro lado, permitia a superação das dicotomias entre realidade e representação, entre prática e teoria, assim como entre mundo externo e mundo interno, estabelecendo uma lógica entre estes significantes, de acordo com a perspectiva política que fundamenta o *sujeito* psíquico. Assumindo que não há como garantir uma posição isenta de ideologia, a formulação aqui presente permite pensar nos diferentes momentos da constituição da ideologia, quando a naturalização dos conceitos e a institucionalização de práticas e discursos se entrelaçam, produzindo realidades que, como tais, são vividas como algo dado e inevitável.

Montado o cenário, anunciadas as ferramentas, tornava-se possível vislumbrar um norte: a *crise da adolescência* despontava como um componente do campo simbólico que se inaugurou com a modernidade e que, por sua vez, fundamenta-se na noção de *indivíduo* (Dumont) – este ser auto-determinado, autônomo e possuidor de uma identidade própria – sendo reproduzida nas práticas institucionais, que favorecem a identificação de diversos *sujeitos* em torno do significante *crise da adolescência*, tornando-se este um ponto de sustentação na referência simbólica primordial dos diversos indivíduos aí implicados. Ao que tudo indica, a *ideologia do indivíduo*, que é o fundamento dos diferentes campos simbólicos que se constituem a partir da modernidade, encontra na noção e advento da *crise adolescente* – subjetiva, individual, necessária – um suporte indispensável para sua efetivação.

Este trabalho é composto por três partes: pesquisa sobre os fundamentos da *crise da adolescência*, a partir da discussão sobre a *ideologia do indivíduo*, que surge com a modernidade (I); as concepções de adolescência nas principais vertentes da psicanálise, de modo a confrontá-las, destacando suas diferenças e as implicações resultantes (II); reflexão, a partir do tema da adolescência, de dois pontos de tensão que se mantêm pulsantes entre a psicanálise e outras áreas das ciências humanas, a saber, a perspectiva histórica e a política (III). Dada a amplitude da investigação, houve a necessidade de delimitar as fontes a serem utilizadas. A escolha priorizou os trabalhos que se destacaram como referências privilegiadas, seja por sua consistência, seja pela difusão que conquistaram no meio psicanalítico ou fora dele, assim como os comentadores que se mostraram relevantes no entendimento ou explicitação dos pontos de conflito e desdobramentos das diferentes concepções. A fim de considerar os desdobramentos de tais formulações nos meios acadêmicos e institucionais, também foram abordadas as produções mais recentes, que direta ou indiretamente reportavam-se às anteriores, indicando assim os pontos de apoio que as primeiras disponibilizavam para os usos e práticas em voga na atualidade.

O caminho aqui percorrido não é resultado propriamente de uma escolha, no sentido mais coloquial do termo, como algo deliberado e independente. É, a bem dizer, uma condição de necessidade, um caminho para onde se é levado, sem saber ao certo se o que surge é algo que já está, esperando para ser finalmente anunciado, ou, inversamente, é fruto do desejo de refazer, de modo inaugural, uma trilha tantas vezes percorrida. O certo caminho da dúvida, ao que tudo indica, diz respeito àquilo que se busca anunciar. O discurso adolescente se apresenta como lugar de inquietação, a partir do qual é possível manter vivo o *sujeito*, que depende de alguma irreverência para encontrar o jogo de sua palavra.

1
Fundamentos da crise da adolescência e ideologia do indivíduo

... Deus está morto tem como resposta
(que) nada mais é permitido.
J. LACAN, *O seminário, livro 17*, p.113.

A realidade, o real e a ideologia

A discussão acerca do estatuto da realidade é antiga e a psicanálise, em suas distintas vertentes, participa deste debate. As dicotomias entre teoria e prática, *mundo sensível* e *mundo inteligível*, entre o *objeto* e sua *representação*, já mobilizaram muita discussão e escrita, assim como ocorre com as versões mais recentes de *mundo interno* e *mundo externo* ou outras variações sobre o tema. Foram várias as tentativas de se estabelecer um trânsito entre tais polaridades, a fim de encontrar um arranjo capaz de equacioná-las de modo satisfatório. Mas os caminhos propostos foram também alvo de críticas, como é o caso da vertente idealista – que privilegiou o mundo das idéias ou o *mundo interno* – assim como da vertente empirista – que buscou no mundo sensível e na inquestionável realidade, o porto seguro para a produção de seu conhecimento.

A entrada da psicanálise em cena incrementou o debate, pois veio mostrar a complexidade que percorria várias destas dicotomias e a dificuldade de sua sustentação, no que diz respeito à condição humana. Quando Freud anunciou que o então desacreditado discurso histérico e o caótico mundo onírico possuíam uma lógica própria, ampliou os horizontes dos saberes ditos científicos para além do campo da consciência, subvertendo as leis da lógica formal e fazendo cair por terra sua pretensa auto-determinação que durante muito tempo fora cultuada. Tanto o universo psíquico ganhou outro estatuto, com bordas e determinantes menos claros e definidos, quanto a noção de *realidade* foi posta entre aspas, pois se tornava difícil falar desta sem considerar uma outra, a então chamada *realidade psíquica*.

No entanto, se a psicanálise havia colaborado para tornar mais complexo o problema, não deixou de fazer uso de várias destas dicotomias. Nas publicações psicanalíticas que dizem respeito à adolescência, inconsciente e desejo são freqüentemente descritos como *mundo interno*, assim como se faz reiteradamente alusão à *realidade*, dispensando qualquer consideração sobre a dificuldade do termo, como se ele possuísse uma legitimidade conceitual subentendida e consensual. Se o termo freudiano *realidade psíquica* veio questionar a própria noção de *realidade*, não impediu Freud de chamar de verdade, a suposta "concordância com o mundo exterior objetivo {real}".[66] Numa outra vertente, a noção de realidade psíquica provocou o risco de um relativismo cético, deixando supor que nada além da realidade psíquica, singular, pudesse ser considerado, como se a única verdade possível fosse aquela que faz de cada um, prisioneiro em sua própria ilha.

A questão é extensa. Foi abordada de diferentes modos pelos vários sucessores de Freud, que viriam a privilegiar ora o universo das fantasias e das pulsões, ora a realidade à qual se deveria se

66 S. Freud, *Nuevas conferencias de introducción al psicoanálisis*, p.157.

ajustar, a fim de buscar o caminho mais satisfatório, ou ainda, um *espaço intermediário* entre cada um destes argumentos. Mesmo Freud, nos diferentes momentos da elaboração de sua obra, como será visto adiante, oscilou entre estes argumentos, sem abrir mão dos demais, procurando gradualmente equacioná-los de modo mais eqüitativo, tendo em vista as diferentes reformulações que empreendia em sua teoria.[67] Seus herdeiros, como talvez não pudesse ser diferente, privilegiaram determinados momentos de sua obra, deixando em segundo plano os demais aspectos que não se ajustavam ao conjunto, fazendo realçar, nas discórdias que produziam com os demais sucessores, as tensões anunciadas no texto freudiano.

Foi sobre a *realidade* que também Lacan, leitor de Freud, e Zizek, leitor de Lacan, se detiveram, seja para depurá-la das imagens e construções a ela deslocadas, seja para marcar o que estaria nela silenciado. Com Lacan, a suspeita sobre a *realidade* se intensifica, alertando para a sedutora ilusão de querer encontrar a verdade em uma realidade empírica, com leis lógicas e previamente determinadas. Entende que quando alguém faz alusão à *objetividade*, como ocorre com os empiristas e seus simpatizantes, como meio de depuração de qualquer acréscimo subjetivista, está imaginariamente encerrando uma determinada visão sobre a realidade, como se fosse uma totalidade dada, ainda não suficientemente apreendida.[68] Não se percebe que a realidade, numa primeira medida, é determinada pelo campo simbólico que sustenta o pensável, rede infinita de significantes, própria de cada cultura, pois, como lembra Zizek, "(o que vivenciamos como) realidade não é a 'própria coisa', é sempre simbolizado, constituído e estruturado por mecanismos simbólicos".[69]

No entanto, o que aos poucos se intensificou no discurso de Lacan, é que a *realidade* também não se encerra no campo simbólico, pois dela também consta o terceiro registro da experiência

67 Ver capítulo II.

68 Ver por exemplo, J. Lacan, *O seminário, livro 8*, p.256.

69 S. Zizek, *Um mapa da ideologia*, p.26.

humana, que ironicamente chamou de *real*. A semelhança entre os dois termos sugere a provocação que propõe: na dita *realidade* há algo que se mostra dissonante, algo que escapa ao discurso que sobre ela se produz e é incompatível com qualquer explicitação lógica. É precisamente aí, neste momento de insuficiência da palavra, que se encontra anunciado o *real*.

A distinção entre real e realidade é apontada por Lacan quando, por exemplo, resgata o sonho do filho morto, descrito por Freud, na *Interpretação dos sonhos*. Trata-se de um pai que, abalado pela perda do filho e esgotado pela vigília que se estendia, tentava descansar, enquanto o corpo era velado por um velho na sala ao lado. Sonha então, com o atroz chamado do filho, que queimava em brasas e lhe pergunta: *pai, não vês que estou queimando?* O pai vive o remorso de ter delegado a função a outrem, alguém que não estaria à altura de sua função, a ponto de deixar a vela queimar a mortalha e um braço do filho falecido. Sua dor arde em brasa, assim como seu filho teria queimado de febre, quem sabe clamando por ajuda. Acorda aturdido com algo que lhe parece *mais real que a realidade*, de modo que *desperta para seguir sonhando* e não ser obrigado a se encontrar com o insuportável real que lhe bate à porta. Numa inversão lógica, Lacan sugere a vida em vigília *como um sonho*, realidade que visa obscurecer o real, tornando-o menos ameaçador. No sonho, em contrapartida, o real se anuncia; mas, do traumático à fantasia, é uma dissimulação tanto mais eficaz quanto melhor for capaz de *proteger* o real, *realizando-o*. Da realidade, o real faz uso de um fragmento, como o barulhinho que fortuitamente aparece para testemunhar a concretude do vivido.[70]

Ainda que demonstre alguma simpatia por filósofos da tradição idealista, Lacan apresenta sua discordância desta vertente, que desloca da realidade para o mundo das idéias a verdade a ser conquistada. Ele, por sua vez, defende que o real não está propriamente *fora* da realidade, mas também não se encontra nas *representações* que a consciência pretende apreender e determinar. Nem aqui, nem ali, Lacan desloca para um ponto impossível

70 J. Lacan, *O seminário, livro 11*, p.59-61.

a verdade e sua determinação. Impossível na medida que errante, mas não inexistente ou pura transcendência. No máximo, algo *além de*. Neste sentido, é pela *negatividade* de sua formulação que o conceito de real ganha peso e mostra sua fecundidade, pois se por um lado é um conceito que sofre da dificuldade de apreensão, por outro, é exatamente como "sede de uma indeterminação radical" que encontra seu diferencial, como diz Evans.[71]

Sua indeterminação se deve não somente à oscilação que é possível notar na conceituação que Lacan faz do real ao longo de seus seminários e escritos – do pulsional à matematização, da "presença real" a uma ausência que revela;[72] o que retorna, o impossível ou o sem sentido – mas também, e talvez, sobretudo, à subversão da determinação causal que daí resulta. O modo como a causalidade era vista pelas distintas vertentes filósoficas com as quais Lacan dialoga, se mostra por princípio comprometida, em função da noção de inconsciente apresentada por Freud.[73] Para o francês, o texto freudiano traz uma lógica causal de outra ordem e é no campo das fantasias e das pulsões que se anuncia com maior clareza o sujeito do inconsciente, que não corresponde nem ao eu, nem ao *individuo* em sua subjetividade ou substância física, e muito menos à consciência, que vive o desassossego frente a este que lhe rouba a cena.

Lacan, então, faz uso da lingüística a fim de depurar o sujeito do inconsciente de qualquer *essencialismo* ou *subjetivismo*: o sujeito é aquele que se anuncia na produção da cadeia significante, em função mesmo da insuficiência da palavra frente ao desejo. Se é este o responsável pelo infinito desdobramento da cadeia, na incansável repetição que se produz, é porque a cadeia não é capaz de *esgotar* o desejo ou *resolvê-lo*. Para Lacan, o que fica em suspenso e responde pela repetição, é o que, *de fato*, é real. É, an-

71 D. Evans, *Diccionario introductorio de psicoanálisis lacaniano*, p.163-164.

72 Ver J. Lacan, *O seminário, livro 8*, p.244; *O seminário, livro 11*, p.42, 57, 195; *O seminário, livro 20*, p.178. Ver G. Lombardi, *Vestígios de lo real en el hombre de los lobos*, p.28-29.

73 Idem, *O seminário, livro 11*, p.123.

tes, o lugar da insuficiência de qualquer formulação simbólica frente àquilo que fundamenta a condição humana; é o que Freud anunciara quando sugeria haver algo *além do princípio do prazer*. Mas sim, se o real se encontra na posição paradoxal de uma *causa impossível*,[74] que resulta na repetição da produção simbólica, em contrapartida, não é possível ver aí uma *anterioridade* do real sobre o simbólico, muito pelo contrário: só há real na medida em que há um simbólico que se mostrou insuficiente.

A argumentação empreendida por Lacan leva a uma *desconstrução* de vários fundamentos que pautam as tradicionais correntes filosóficas ocidentais. A noção de causalidade, alicerce da lógica formal, é questionada a partir da insuficiência de qualquer explicação teórica ou produção simbólica, o que por sua vez vem pôr sob suspeita toda investigação sobre as origens ou perspectiva histórica, sobretudo aquela que pretende estabelecer um encadeamento dos acontecimentos sociais como condição necessária e última de cada realidade social, como será visto adiante.[75] Além disso, a realidade já não cabe nas dicotomias anunciadas entre *mundo exterior* e *mundo interior*, entre o *sensível* e o *inteligível*, pois há algo *mais real* que a realidade; a linguagem, que agora se impõe como fundamento da condição humana, possui materialidade; o sujeito não coincide com a *interioridade*, mas se anuncia aqui ou ali, conforme o encadeamento significante; o inconsciente também não é uma *profundidade íntima*, como consideravam alguns, mas está na *superfície*, na dissonância discursiva que surpreende os ouvidos, assim como o pulsional está na *borda* do corpo, aonde letras se inscrevem e deixam suas marcas.

Em lugar das dualidades anunciadas, Lacan opera com a *tríade* dos três registros – o imaginário, o simbólico e o real – igualmente presentes no campo da linguagem, atados em *nós* que se

74 "Como por acaso" é a descrição que faz de *tikhé*, apoiando-se em Aristóteles, em contraposição à *automaton*, causa não deliberada; como por acaso não é o mesmo que *acaso*, fortuito, mas sim aquilo que *parece* casual – idem, ibidem, p.56.

75 Ver capítulo III.

sucedem num percurso não cronológico, mas infinito, tal como descreve a *banda de Moebius*. Assim, *exterior* e *interior*, *dentro* e *fora*, não mais se sustentam como universos distintos, pois são duas faces que se acompanham e se alternam no percurso errante do encadeamento dos nós, sem porto seguro, sem ponto de chegada.

A *radicalidade desconstrutiva* de Lacan leva-o a cuidar de não inscrever qualquer conceito como fundamento último para a estrutura da linguagem. Não há um *centro* de circunferência a ser definido. Se o real possui um núcleo, este se assemelha mais à lógica da *elipse*, na medida em que seu foco de referência possui como ponto simétrico, um *nada* em torno do qual a órbita se desenha.[76] É neste sentido que se pode dizer que Lacan faz uma depuração de qualquer *ontologia* ou mesmo de qualquer *positividade* discursiva que venha sustentar alguma ação propositiva. Se há uma posição a ser defendida, esta se encontra fundamentada na *ética da psicanálise*, que visa evitar a nomeação de qualquer saber como último; se há uma ação, esta depende do discurso do analista, que mantém aberta a ferida da condição humana a fim de garantir a multiplicidade criativa do potencial discursivo. A radicalidade desconstrutiva é, conseqüentemente, para Lacan, condição da busca do fundamento da proposta psicanalítica; é a tentativa de suspensão de qualquer inscrição de saber como princípio ontológico por um lado, ou como proposição de qualquer tipo de conduta, por outro, que não esteja estritamente anunciada na ética psicanalítica.[77]

Zizek apóia-se em Lacan em larga medida, mas dele se diferencia quando indica a perspectiva política de seu trabalho, a partir das próprias pegadas deixadas por Lacan. Constrói um diálogo entre marxismo e psicanálise, a partir das questões e do objeto

76 Trata-se da órbita descrita por Kepler, descrita por Lacan como contraposição à formulação de Copérnico, que descreve um centro gravitacional em torno do qual tudo gira – *O seminário, livro 20*, p.59.

77 No que diz respeito à perspectiva *política*, este aspecto será retomado no capítulo III.

de investigação específicos de cada um, a fim de pensar a tensão que subsiste entre o sujeito psíquico em sua perspectiva singular e inconsciente, e a realidade social à qual se reporta, tal como esta veio a se configurar na modernidade, a partir do advento do capitalismo.

Para tanto, resgata a noção de fantasia como fundamento da realidade; fantasia tomada primeiramente em sua dimensão singular, a partir da qual cada um se organiza imaginária e simbolicamente. É o lugar primeiro no qual o sujeito se anuncia, dando forma ao desejo que, insaciável, se repete infinitamente nas múltiplas versões de um único enredo. Como proteção frente ao persistente *real do desejo*, a fantasia é também um momento de alienação, em função do velamento que suas modulações imagéticas representam em relação àquilo que as ultrapassa, que Lacan nomeia como *mais gozar*. Porém, é a insuficiência de sua produção que a faz se reproduzir indefinidamente, numa persistente repetição.

Zizek entende que algo semelhante ocorre nas organizações sociais, a partir do capitalismo, quando passam a se estruturar em função do *fetichismo da mercadoria*. Resgatando Marx, considera que nas sociedades pré-capitalistas, a relação entre os homens era de dominação e servidão, a partir da qual a organização social se estabelecia numa rígida hierarquia, assim como seu sistema produtivo, tido como *naturalmente* determinado.[78] Com o incremento das redes de troca de mercadorias e dos processos produtivos que acompanharam o fim do sistema feudal e o início de uma nova estrutura social, o uso da moeda anuncia mudanças estruturais nas relações sociais. Para que as trocas se efetivassem, era necessário que as peculiaridades das mercadorias e suas distinções fossem abstraídas, juntamente com seu *valor de uso*, fazendo prevalecer o *valor de troca*, do qual dependia a legitimidade do uso da moeda.

Aí se encontra o cerne do *fetichismo da mercadoria*: o *ato* da troca, independentemente da "consciência" de seus agentes, pressupõe uma *crença* na correspondência das mercadorias,

78 S. Zizek, *El sublime objeto de la ideologia*, p.52.

como se seu valor lhes fosse intrínseco e imutável. É uma ação na qual, ainda que se saiba das diferenças entre as mercadorias e de seu valor de uso, atua-se *como se* estas não existissem, configurando o que é chamado por Zizek de "alienação prática".[79] Esta alienação é resultado do "desconhecimento da relação entre uma rede estruturada e um de seus elementos",[80] o que se percebe tanto na prática *como se* – em que as mercadorias adquirem valor como se lhes fosse inerente, sem considerar as relações de força presentes no sistema produtivo –, quanto na *atomização dos indivíduos* envolvidos na troca, em função da crença de seus agentes na *casualidade* da operação e na *liberdade* de sua ação.

O desconhecimento é responsável também pela cisão entre a prática realizada e o saber a ela atrelado, fazendo crer na possibilidade de uma *razão* isenta de qualquer implicação de contexto, sócio-política, como supunham diferentes cientistas ou filósofos devotos das ciências naturais, seja na tradição empirista, seja na tradição idealista. A concepção de uma racionalidade *pura* é também efeito do exercício da abstração – desconhecimento de sua determinação – que incide sobre o saber que acompanha a prática social e possibilita a redução da mercadoria a uma entidade abstrata. Exemplo disso é a referência aos *pressupostos* num corpo teórico, ou seja, àquilo que nas teorias é dado de antemão, fruto de um exercício reflexivo que antecederia qualquer determinação, seja numa pretensa objetividade empírico-positivista, seja por uma racionalidade supostamente auto-determinada.[81]

Seguindo o argumento de Lacan de que Marx inventou o sintoma, Zizek lembra que este desconhecimento é resultado do *recalque* das relações de dominação e servidão anteriormente vigentes, que foram então deslocadas para as "relações sociais entre as coisas". Conseqüentemente, cada mercadoria, na condição de fetiche, é um sintoma que porta a *mais-valia* obtida em sua produção. No entanto, alerta o autor, a mais valia não corres-

79 Idem, ibidem, p.41-44.

80 Idem, ibidem, p.50.

81 Idem, ibidem, p.41-42, 277.

ponde necessariamente a uma remuneração injusta pela força de trabalho desprendida, mas sim, a uma transposição de valorcs (valor *de uso* para valor *de troca*) desde o princípio incompatível, na medida em que não é possível quantificar o que ali foi depositado. Trata-se de um "excedente que ultrapassa o valor da força de trabalho", que é a mais-valia da qual se apropria o capitalista.[82]

Os indivíduos, agora sob as vestes da *liberdade* e da *autonomia*, encontram nas *coisas* a relação de necessidade e dominação da qual se tornam devotos, inevitavelmente, como se as próprias *coisas* ditassem as normas e as condutas, em função do *valor* que lhes é atribuído e que se supõe ser-lhes intrínseco. O *poder* da moeda é expressão disto; funciona como um "objeto sublime", que adquire uma "corporeidade imaterial" ao ser tomada como "substância imutável, uma substância sobre a qual o tempo não exerce nenhum poder, e que se situa num contraste antitético com qualquer material encontrado na natureza"[83]. Se possui *substância imutável*, é porque assim é considerada na rede de relações entre os homens. A realidade vivida por estes depende, portanto, de algo que se antecipa ou se sobrepõe à materialidade dos corpos; algo que nada mais é do que a "ordem simbólica, [que] é precisamente uma ordem formal... que suplementa e/ou rompe a relação dual da realidade factual 'externa' com a experiência subjetiva interna".[84] Este argumento justifica a condição descentrada do sujeito, pois se não há uma realidade *externa*, factual, passível de apreensão por ela mesma, também o universo subjetivo, *interno*, é antecipado pelo simbólico. Como diz Zizek, "a externalidade da máquina simbólica ('autômato'), portanto, não é simplesmente externa: é, ao mesmo tempo, o lugar em que o destino de nossas crenças internas, mais 'sinceras' e 'íntimas', é encenado e decidido de antemão".[85]

82 Idem, ibidem, p.48.

83 Idem, ibidem, p.53; Zizek se utiliza do texto de A. Sohn-Rethel, p.42.

84 Idem, ibidem, p. 44-45.

85 Idem, ibidem, p.73.

Assim, Zizek reafirma, na investigação do campo social, a desconstrução indicada por Lacan das dicotomias entre realidade e representação, mundo externo e subjetividade, assim como entre o individual e o coletivo, pois o que se acreditava ser próprio e inerente a cada um, está desde sempre referido a um Outro, que antecede o sujeito psíquico, e aqui, conforme sua argumentação, se estrutura a partir do modo de organização capitalista.[86] Trata-se do Outro entendido como realidade socialmente estabelecida, a partir da alienação necessária ao funcionamento do sistema. Tal como Lacan havia descrito a vida em vigília como um sonhar acordado, que funciona como dispositivo para evitar o ameaçador encontro com o real, a realidade social, para Zizek, opera como fantasia: é um construto necessário à organização capitalista, onde aquilo que ela nega é também o que serve para impulsioná-la. O que fica *de fora* da troca de mercadorias e não pode ser quantificado – a mais-valia – é o que nelas se inscreve e as torna fetiches, silenciando ali as relações de força das quais se originam.

A realidade social, conseqüentemente, depende de uma fantasia compartilhada, nomeada por Zizek de *ideologia*. Não se trata, portanto, da ideologia compreendida como *falsa consciência*, engano a ser ultrapassado pela consciência da *totalidade* das relações sociais, como entendiam vários pensadores da tradição marxista. Para Zizek,

> a ideologia não é uma ilusão de tipo onírico que construímos para escapar à realidade insuportável; em sua dimensão básica, é uma construção de *fantasia que serve de esteio à nossa própria realidade*: uma 'ilusão' que estrutura nossas relações sociais reais e efetivas e, com isso, mascara um *insuportável núcleo real impossível*...[87]

A ideologia, de modo semelhante ao que representa a fantasia na dinâmica psíquica, é uma construção que permite a sustentação da realidade compartilhada, *estruturando as relações sociais*

86 Idem, *Um mapa da ideologia*, p.38.

87 Idem, *El sublime objeto de la ideología*, p.76. Grifo meu.

reais e efetivas. Porém, ao fazê-lo, promove um velamento. Se por um lado a ideologia revela de modo deformado o processo que a constitui, por outro, mascara aquilo que não pôde conquistar inscrição simbólica, a saber, o *insuportável núcleo real impossível*, a ser visto adiante.

Althusser, quem primeiramente aproximou o conceito de ideologia do saber psicanalítico, já alertara para os efeitos que o *aparelho ideológico do Estado* produz na economia (inconsciente) do sujeito. No entanto, para Zizek, ele não foi capaz de elucidar como esta impregnação ocorria. Se a Marx teria faltado considerar a função da fantasia na compreensão da ideologia capitalista, para Althusser não ficou claro como seria possível explicar o modo como a ideologia se inscreve no aparelho psíquico. Zizek, por sua vez, considera que a realidade social não é construída somente pela via institucional, "de cima para baixo", pois, como foi dito, há um gesto na própria "atividade extra-institucional dos indivíduos", *como se fosse* algo espontâneo, que se estrutura em torno do fetichismo da mercadoria, conformando a ideologia que emerge "de baixo para cima".[88] A ação *como se* de cada indivíduo denuncia a cumplicidade aparentemente espontânea que descreve o movimento *de baixo para cima* da ideologia. Ambas são diferentes e complementares modalidades de configuração da realidade social, na qual a inscrição do sujeito no universo simbólico implica no confronto com a lacuna deste, brecha de onde emerge o real – confronto que independe de onde surge – *de cima para baixo* ou *de baixo para cima*.

A articulação entre ambos, no entanto, encontra sua potência na própria insuficiência da ideologia, ou seja, se ancora na dimensão traumática de uma falência na simbolização: "é precisamente esse excedente não integrado de trauma sem sentido que confere à Lei sua autoridade incondicional".[89] Portanto, se o sonho faz notar a presença do real que subverte a realidade, o pesadelo pa-

88 Idem, ibidem, p.23.

89 Idem, ibidem, p.74.

rece ser a expressão mais direta da injunção traumática do real na economia inconsciente do sujeito:

> o Real que retorna tem o status de outro semblante: exatamente por ser real, ou seja, em razão de seu caráter traumático e excessivo, não somos capazes de integrá-lo na nossa realidade (no que sentimos como tal), e portanto somos forçados a senti-lo como um *pesadelo fantástico*.[90]

Exemplo disso é o sujeito kafkiano, de início lançado num julgamento sem qualquer noção da acusação que lhe é feita, sendo obrigado a responder por algo que desconhece. É o que ocorre com o personagem principal de *O processo*.[91] O absurdo da situação denuncia o caráter irracional da lei, tal como no imperativo categórico kantiano, discutido por Lacan: a lei não é válida pela lógica funcional ou sentido que possui, mas se mostra efetiva e necessária por si mesma, em função de seu valor intrínseco.[92] O sujeito é então convocado a se comprometer com algo que lhe é alheio, o que o coloca numa situação de impasse e antecede qualquer possibilidade de identificação; responde por algo que ultrapassa suas possibilidades, mas que determina o lugar a partir do qual vem a se posicionar. Em termos lacanianos, o sujeito é captado pelo desejo do Outro como objeto-causa do desejo (objeto *a*), por um segredo que supõe estar no Outro, mas que é a própria lacuna deste – trata-se de um Outro incompleto, que não possui aquilo que o sujeito busca. Não compreende a lei que rege o jogo e a vive como uma "injunção vivenciada como traumática e 'absurda'", mas é precisamente aí que ela adquire sua autoridade incondicional e encontra a potência de seus efeitos no sujeito que a ela se submete.[93]

90 Idem, *Bem-vindo ao deserto do Real!*, p.33.

91 F. Kafka, *O processo*. O personagem K. busca descobrir por que o acusam, por quem é acusado e que lei ampara a acusação, defrontado-se com a impossibilidade de escolher um caminho que lhe pareça sensato ou lógico, pois o processo de que é vítima segue leis puramente arbitrárias.

92 Ver J. Lacan, Kant con Sade.

93 S. Zizek, *El sublime objeto de la ideología*, p.66-67.

A resposta que cada um dá a esta injunção do Outro, a este enigmático e impossível desejo do Outro, está em sua fantasia, a partir da qual organiza sua realidade. A ideologia, de modo afim, é a realidade ilusoriamente estabelecida que vem preencher a lacuna que é constatada no Outro, buscando estabelecer uma totalidade que, plena de sentido, *amortece* o impacto do real: idealiza um *amor que tece* a figura da *morte* – a completude imaginária da ideologia busca imobilizar a inquietude do sujeito frente às injunções traumáticas de um corpo social de início fragmentado.

Logo percebe-se que o silêncio ou desconhecimento que a ideologia produz não é resultado apenas do recalque, na medida em que há algo irreversivelmente descartado, ejetado do campo simbólico. Há uma *foraclusão* própria à estrutura simbólica, que nas sociedades capitalistas diz respeito a este *valor-gozo* a mais, que retorna em corpos que ora funcionam como objetos sublimes ou fetiches, ora como *espectros*, responsáveis pela vertigem de imagens dissonantes. Zizek resgata de Derrida a noção de *espectro*, como aquilo que emerge na lacuna entre o real e a realidade: por um lado, é o excesso de real que surge na realidade como algo não simbolizado; por outro, encobre o "recalcamento primário" da realidade, servindo para torná-la completa e suportável.[94] Trata-se do cerne pré-simbólico que surge como protuberância da totalidade ideológica, algo que destoa por uma estranheza incerta, mas que serve para fazer enxerto nas rachaduras da realidade.

Zizek usa como exemplo de sintoma social a figura do judeu, tradicionalmente percebida a partir de traços opostos, como o de ser ardiloso e avaro, mas esperto e sedutor. Sua imagem seria resultado do deslocamento de uma série de antagonismos que percorrem a cultura ocidental, de modo a concentrar nos corpos de pessoas a justificativa para a inevitável fragmentação do corpo social. Seria a personificação exacerbada de vários atributos almejados pelos agentes sociais submetidos às imposições das leis de mercado com a qual se acumpliciam, mas que, na figura

94 Idem, *Um mapa da Ideologia*, p.27.

do judeu, se tornam grotescamente deformadas (ambição que se transforma em avareza). É inevitável lembrar aqui a ambivalência com a qual são percebidas as diferentes versões adolescentes que percorrem a sociedade contemporânca na atualidade. Da fragilidade de sua ingenuidade ao vigor de sua efervescência, da beleza dos corpos cultuados à marginalidade do apego às drogas e ao crime, o adolescente é um alvo privilegiado das dissonâncias que acompanham a lógica da organização social capitalista. É o representante de um futuro que oscila entre o ufanismo, a nostalgia e o ceticismo, sendo convocado a responder pelas incongruências que inquietam de modo desigual os diferentes espectadores sociais. Distintamente do judeu, a imagem do adolescente traz a *vantagem* de permitir que cada indivíduo, num determinado momento de vida, venha a ocupar este lugar, a fim de realizar em si a lei incondicional e incompreensível que sustenta a organização social. O mandato superegóico alardeado pelo capitalismo recente – "goza!" – incide sobre o adolescente de modo exacerbado: aqueles que se identificam com este lugar se vêem não somente premidos a realizar uma tarefa que é, em última instância, impossível, mas sobre eles recai, também, a expectativa e o horror de que venham às vias de fato e cumpram com o mandato que lhes é atribuído. Gozar pelos demais é a realização de um sonho insuportável, contraditoriamente almejado e proibido, que traz a vertigem do encontro do imaginário com o real.

A análise da imagem adolescente nos diferentes discursos sociais surge como recurso para a investigação das fissuras da organização social capitalista, em suas distintas ocorrências. Como lembra Zizek, "a superfície... é... mais real que a própria realidade"[95] e cada sintoma traz, no incômodo e estranheza que suscita, a possibilidade crítica daquilo que escapa ao já simbolizado. Baseando-se na formulação de Lacan de que a verdade tem estrutura de ficção, Zizek propõe como método de investigação a análise da ideologia e dos sintomas sociais, a partir de suas deformações exageradas, pois entende que na realidade (ideológica)

95 Idem, ibidem, p.35.

encontram-se os sintomas que anunciam a verdade, o *real antagonismo* que persiste nas fissuras do corpo social. Nesse ponto, o autor estabelece uma aproximação entre o método freudiano de investigação dos sonhos e o método marxista de análise da mercadoria, realçando que não se trata, em nenhum dos dois casos, de descobrir um conteúdo oculto por trás da forma resultante; mas sim, de indagar por que o conteúdo latente assumiu essa forma, ou então, "por que o trabalho assumiu a forma do valor de uma mercadoria".[96] A forma do produto manifesto traz as pistas para o entendimento do processo que engendra o resultado apresentado.

As categorias de *verdade* e *falsidade* adquirem aqui outro estatuto, pois um determinado conteúdo pode se mostrar ideológico, mas nem por isso, falso, no que diz respeito a sua validade específica. Pode ser *verdadeiro* em seu conteúdo positivo, em sua afirmação considerada em sentido estrito, ao mesmo tempo em que se mostra ideológico, em função do "modo como esse conteúdo se relaciona com a postura subjetiva envolvida em seu processo de enunciação".[97] É neste sentido que não se trata simplesmente de denunciar e substituir conceitos ou saberes que se mostram ideológicos, pois esta sua condição depende sobretudo da função que exercem de acordo com o processo que os antecede e sustenta e não de um valor de verdade que lhes seja intrínseco. O desafio consiste em compreender o motivo pelo qual tais conteúdos adquiriram determinada relevância ou entendimento em dada realidade social.

No entanto, o exercício proposto traz dificuldades, pois se a própria realidade é estruturada pela "fantasia ideológica", de que lugar será possível empreender a crítica à ideologia? Como indaga Zizek, a pretensão de aceder a um lugar *isento* de ideologia não será o exemplo mais patente de ideologia? Forma-se assim um

96 Idem, ibidem, p.35.

97 Idem, ibidem, p.13. A possibilidade de determinado conteúdo mostrar-se ideológico sem estar desprovido de validade proposicional é também defendida por T. Eagleton, *Ideologia*, p. 193.

movimento circular autofágico, a partir do qual "o próprio gesto de sair da ideologia puxa-nos de volta para ela".[98] Além disso, a constatação de que não há isenção possível acarreta o risco de se cair numa condição de imobilidade e relativização indiscriminada dos discursos, uma vez que *tudo seria igualmente ideológico.*

A saída proposta por Zizek sustenta um paradoxo: se por um lado, "... a única postura não ideológica consiste em renunciar à noção mesma de realidade extra-ideológica", por outro, "devemos, ainda assim, sustentar a tensão que mantém viva a crítica da ideologia".[99] Trata-se, pois, de empreender a crítica a partir da própria realidade ideológica, o que lembra, neste ponto pelo menos, a perspectiva adotada por Adorno.[100] A proposta crítica de Zizek está fundamentada, conforme indica Safatle, na articulação entre o sujeito lacaniano – descentrado, marcado pelo inconsciente que resiste continuamente aos processos de auto-reflexão – e a negatividade que nele se anuncia – sua posição contínua de não-identidade e escape "dos espaços de representação, de auto-apreensão reflexiva e de identificação social", estabelecendo uma oposição definitiva à racionalidade centrada na consciência.[101]

É a partir desta articulação que se torna possível, para Zizek, inscrever a dimensão política de seu projeto, assim como anunciar a "partícula de liberdade" necessária para evitar a prisão em uma resignação cética. A condição política do sujeito é dada por

98 Idem, *O mapa da ideologia*, p.9,15. O risco da generalização do conceito é apontado pelo próprio autor (p.21) e por vários autores que se detiveram sobre este conceito. Ver por ex., L. Konder, *A questão da ideologia*, p.71; e T. Eagleton, *Ideologia*, p.194.

99 S. Zizek, *O mapa da ideologia*, p.22.

100 Porém, como aponta Safatle, Zizek diferencia-se deste ao defender de modo não evidente a "violência criadora", gesto que "rompe com o contínuo da história ao surpreender a estrutura simbólica na qual o sujeito inscreve o sentido do seu ato" – W. Safatle, no Posfácio ao livro de S. Zizek, *Bem-vindo ao deserto do Real*, p.185.

101 W. Safatle, in S. Zizek, ibidem, p.185.

uma “liberdade negativa”,[102] que se sustenta, como foi dito, na resistência à racionalidade centrada na consciência e no escape dos espaços socialmente instituídos, inscritos aliás no próprio registro simbólico. É por esse motivo que se torna necessário para Zizek salientar a finitude do campo simbólico e, conseqüentemente, não restringir seu projeto político a este registro. Assim, a defesa que faz da “autonomia da razão crítico-ideológica” está condicionada: “este lugar de onde se pode denunciar a ideologia tem que permanecer vazio, não podendo ser ocupado por nenhuma realidade positivamente determinada”.[103]

A aposta na negatividade permite a sustentação do vazio, decorrência da impossibilidade da inscrição plena do real no campo simbólico. O velamento que a ideologia promove visa, por um lado, negar a lacuna do campo simbólico – fazendo crer que este seja pleno e harmônico – e, por outro, negar a incômoda insistência do *insuportável núcleo real impossível*, que deixa seus vestígios no mesmo vazio simbólico.

A dificuldade de apreensão do real, caracterizado antes como *sede de indeterminação* (conceituação negativa) por um lado, e a ressalva frente à impossibilidade de se encontrar um lugar de isenção ideológica, por outro, não impedem Zizek de fazer sua leitura do real, inscrevendo aí o viés político de seu argumento. O autor busca “o cerne pré-simbólico, a matriz formal em que são enxertadas as várias formações ideológicas” e, para tanto, busca tirar das próprias deformações sintomáticas o que nelas estaria anunciado. Entende, assim, que o que se repete insistentemente é um *antagonismo insuportável*, seja na figura do judeu, seja no adolescente. É o que precisou ser excluído, *foracluído*, para que a realidade social se estruturasse, mas que, em contrapartida, retorna incessantemente em aparições espectrais, que por sua vez, explicitam o *furo* da realidade.[104]

102 Idem, ibidem, p.184.

103 S. Zizek, *Um mapa da Ideologia*, p.22,23.

104 Idem, ibidem, p.25-33. Bertrand esbarrou nesta questão, quando considerou o real “que rege todas as práticas e todas as trocas sociais”, a partir dos

A compreensão de Zizek quanto ao antagonismo se fundamenta nos diferentes registros em que na condição humana se encontram a *contradição* e a *oposição*. No imaginário, plano privilegiado da fantasia e da ideologia, as oposições compõem totalidades complementares, configurando imagens harmônicas que tendem à imobilidade. No registro simbólico, as oposições se organizam em equações entre diferentes elementos que se referem uns aos outros – *falo* que circula entre os sujeitos, remetendo um ao desejo do Outro, por meio de tantos outros, configurando os diversos jogos da cena social. O real, por sua vez, é aquele que reúne em si a contradição de opostos – "ponto de imediata coincidência dos pólos opostos... cada um é em si seu próprio oposto". Portanto, o antagônico é o impossível. É o registro por excelência do paradoxo, em que os opostos são um mesmo. Ainda que seja um "núcleo duro" que produz efeitos na realidade, não possui qualquer consistência ontológica. É apenas efeito da insuficiência simbólica, como resto que dela se depreende e tende a retornar sob a forma de repetição.[105] Como lugar do paradoxo, é ponto de imanente tensão, como um buraco negro que concentra um vazio pleno de densidade e força gravitacional, mas que, inversamente, dele advém a potência da qual se depreendem inscrições que alcançam significação, assim como emergem espectros que vêm desfigurar a imagem harmônica de completude que a realidade oferece.

Marx e Freud, cada qual de sua perspectiva, teriam destacado as relações de força que marcam o homem e seu modo de arranjo social. O primeiro se deteve no *antagonismo social*, elucidando o modo como a exploração econômica veio pautar a organização capitalista, estabelecendo lugares determinados para os diferentes agentes sociais conforme sua posição na estrutura da cadeia produtiva e de consumo. O segundo descreveu a contradição de

milhares de atos voluntários individuais, mas que sobre o qual a vontade e a consciência humana não possuem conhecimento nem domínio – M. Bertrand, *O homem clivado*, p.39.

105 S. Zizek, *El sublime objeto de la ideología*, p. 220-224.

forças que invadem o psiquismo e travam uma luta insana nos diferentes momentos ou modos de sua experiência. Cada um destes autores teria formulado, conforme seu próprio argumento, uma nomeação para o antagonismo, buscando elucidar os mecanismos e processos envolvidos, em cada caso, na simbolização de um real inapreensível. Quando são tomadas, cada uma delas, como versões definitivas das tensões e dos impasses que anunciam, delimitando-os a uma circunscrição específica e a um encadeamento causal plenamente estabelecido, capaz de antecipar o aparelho mental ou a organização social de classes, tais teorias tornam-se dogmáticas, prestando-se como instrumento de ideologia para a *reificação* de uma determinada realidade. No entanto, a exposição e decomposição das tensões e dos processos a elas atrelados que cada uma oferece, em seus universos específicos, é um recurso privilegiado para o exercício crítico das injunções e armadilhas que o ser humano constrói em sua realidade.

Na psicanálise, o conceito de pulsão de morte vem marcar os limites da lógica do prazer, fazendo cair por terra qualquer expectativa finalista acerca das possibilidades do ser humano. Propõe uma dialética sem síntese, na qual o confronto de opostos sempre deixa resto e aonde qualquer movimento em direção ao objeto é um tiro tangente, que, na melhor das hipóteses, passa perto de seu alvo, gira em torno de sua órbita e retorna com o erro de sua medida, atingindo na volta o corpo de onde partiu. O pulsional, entendido a partir da oposição entre pulsão de vida e de morte, é a formulação que busca apontar a contradição constante da condição humana, responsável pelo *mal estar* que acompanha o percurso do desejo ao longo de seu traçado incerto e sinuoso, sem ponto de chegada.

No caso de Marx, a chamada "luta de classes" é a nomeação (simbólica) do antagonismo que "impede a realidade (social) objetiva de se constituir como um todo fechado em si mesmo". É um produto secundário do antagonismo, sendo este, a matriz pré-simbólica a partir da qual é possível fazer a crítica da ideologia. O exemplo escolhido por Zizek indica sua intenção. Relata o caso de uma aldeia em que a discordância entre as representações de dois diferentes grupos sobre ela – como uma disposição circular aproximadamente simétrica ou como dois aglomerados distintos e separados por uma fronteira visível – denuncia o antagonismo que contamina a idílica imagem da organização tribal. A situação descrita permite tratar do antagonismo para além da organização social do capitalismo. Nesta, o mecanismo se sofisticou e os limites produzidos pelo antagonismo se transformam no próprio impulso para seu *desenvolvimento* – o crescente desequilíbrio do capitalismo (entre as forças produtivas e as relações de produção), promotor de suas desigualdades, também serve como legitimação da *ideologia do indivíduo*, na qual cada um é responsável por seus êxitos e infortúnios, servindo-se dos demais como exemplo e confirmação de suas crenças.[106]

Portanto, toda ideologia e todo espectro estão sempre de algum modo referidos ao antagonismo a partir do qual a realidade se constitui. Cada ideologia é uma tentativa de velamento deste *núcleo real insuportável*, assim como um modo de estruturação da realidade, o que faz, de cada uma, um caminho para a investigação e análise do modo de organização da condição humana, em seus diferentes recortes. A experiência de cada indivíduo, por sua vez, é uma das facetas desta construção (social) da realidade. Em sua dimensão singular, efetiva e realiza a ideologia que a sustenta.

A formulação de ideologia oferecida por Zizek, portanto, rompe com uma série de postulados prevalecentes nas ciências humanas e exatas, como foi apontado; faz com que conceito, experiência subjetiva e realidade se articulem numa relação de necessidade, não sendo nenhum deles capaz de servir, por si próprio, como fundamento e garantia do valor de verdade de um saber. A articulação entre eles pode ser estabelecida a partir da discriminação que Zizek faz de três diferentes *momentos da ideologia*, configurando modalidades que se articulam, viabilizando ou mesmo demandando a ocorrência das demais. Aludindo a uma inspiração hegeliana, o autor propõe:

106 Idem, ibidem, p.84; idem, *Um mapa da ideologia*, p. 31.

a. A *ideologia "em-si"* como primeiro momento de sua ocorrência: é o "conjunto de idéias, crenças, conceitos e assim por diante, destinado a nos convencer de sua 'veracidade', mas, na verdade, servindo a algum inconfesso interesse particular pelo poder". É o que Barthes, por exemplo, considerou como a "'naturalização' da ordem simbólica",[107] Piera Aulagnier chamou de "ideologia" (teoria que pretende oferecer a garantia de conformidade entre o discurso e a realidade da qual fala), e Konder, de "abusos da abstração e [d]a unilateralidade dos discursos feitos sob o compromisso do controle dos significados".[108] Trata-se, primeiramente, do uso tendencioso de um determinado saber, que vem retirar suas implicações políticas e, conseqüentemente, apresentá-lo como condição inequivocamente necessária. Neste sentido, é quando "há uma luta pela palavra, pela "versão final do sentido atribuído, autorizado, encarnado, pela costura significante que se quer hegemônica... (quando) os interlocutores acusam os oponentes de fazerem leituras erradas...".[109]

A princípio, a conotação ideológica não estaria no conteúdo em si, mas em seu uso, no modo como se encadeia na argumentação. No entanto, percebe-se a dificuldade de separar conteúdo e argumentação, tendo em vista, inclusive, que a própria maneira como o conteúdo é tomado tende a retroagir sobre ele, de modo a redefini-lo numa nova versão. Mesmo porque, como foi dito anteriormente, não é possível estabelecer um lugar isento, capaz de determinar quando um saber estaria livre de qualquer uso tendencioso.

107 Idem, ibidem, p.15,16.

108 P. Aulagnier, *Os destinos do prazer*, p.228; L. Konder, *A questão da ideologia*, p.210.

109 J. L. Aidar Prado, O lugar crítico do intelectual, p.92. Não parece ser, no entanto, o segundo momento da ideologia, *para-si*, mas o primeiro, conforme o argumento apresentado nos dois casos.

Como perspectiva de análise, não é possível anunciar de antemão o caráter ideológico de determinado saber, tendo em vista seu conteúdo positivamente determinado, na medida em que é preciso considerar seu uso para destacar a política que anuncia. Por outro lado, não se pode também descartar a possibilidade de que a mesma já esteja inscrita no próprio conceito, tal como é apresentado. O próprio texto é, ao que parece, a melhor referência sobre a *política* que acompanha e sustenta os saberes e conceitos apresentados.

b. O segundo, é a *ideologia "para-si"*: são as práticas e rituais que *realizam* a ideologia, incidindo nas crenças ou mesmo no próprio corpo que as encena. É quando o indivíduo, independentemente de sua disposição subjetiva, realiza uma prática que vem se inscrever em sua "intimidade"; não somente sua consciência, mas também seus ideais, seu corpo e sua realidade pulsional são retroativamente marcados pela inércia do movimento. Trata-se aqui da promoção do movimento que, em sua "externalidade", se oferece à "interioridade" de cada um como realização de seu desejo, inscrevendo-se *de carona* na economia psíquica do aparelho mental. É o que Althusser descreveu a partir do conceito de aparelhos ideológicos de Estado e Foucault, como processos disciplinares que se inscrevem diretamente no corpo.[110] Ambos os autores fazem ver o peso que a realidade institucional possui nesta modalidade ideológica, colocando em foco determinados segmentos sociais que se apresentam como pontos frágeis na estrutura social, como o louco, os presidiários, mas também a criança e o jovem de modo geral. Entre estes, o adolescente ocupa uma posição estratégica, pois traz a premência do sujeito pela participação de novos espaços da organização social, portando um corpo que busca en-

110 S. Zizek, *Um mapa da ideologia*, p.18-19. Ainda que Althusser e Foucault difiram quanto à lógica do processo: genericamente, o primeiro parte *de cima para baixo* e o segundo *de baixo para cima*.

contrar forma. Não parece casual, portanto, que o adolescente seja personagem de destaque tanto nas instituições de contenção, quanto nas de formação.

Sobre o tema da adolescência, considerando-se a relevância do corpo e a experiência de si para os saberes produzidos a seu respeito, o trabalho de Foucault se mostra útil. Este autor nomeia como *bio-política* o recorte que descreve os efeitos dos saberes e das *práticas disciplinares* sobre os corpos. Não toma estes últimos como objetos plenamente *dominados* e *calculados*, pois se há uma intervenção perceptível das instituições sobre os corpos – particularmente a partir do século XVIII –, a vida humana escapa continuamente aos esforços de domesticação. A relação entre a disposição biológica do ser humano e a perspectiva histórica é, para Foucault, paradoxal: por um lado os organismos sofrem os efeitos de cada contexto histórico, por outro, caminham *fora* desta lógica, como se possuíssem determinações intrínsecas e independentes, o que o leva a dizer que "o homem moderno é um animal, em cuja política, sua vida de ser vivo está em questão".[111]

c. O terceiro e último momento é a *ideologia "em-si-para-si"*: é a "rede elusiva de pressupostos e atitudes implícitos, quase 'espontâneos', que formam um momento irredutível da reprodução de práticas [agora percebidas como] 'não ideológicas'". É quando "a ideologia penetra efetivamente em todos os poros do corpo social [e] o peso da ideologia como tal diminui...".[112] Nesta versão, o traço ideológico escorre pelos dedos e se torna fugidio, pois é o momento em que a ideologia se consolida como realidade compartilhada, dissolvendo-se nos corpos que a experimentam. Não é à toa, como lembra Zizek, que tenha se falado de um período *pós-ideológico*, fazendo crer que a injunção de forças que incide sobre os saberes e

111 M. Foucault, *História da sexualidade*, v.1, p.132-135.

112 S. Zizek, *Um mapa da ideologia*, p.19,20.

corpos poderia ser claramente discriminada e deixada de lado nas práticas sociais, agora apresentadas de modo direto, sem mediação. Isto ocorre quando a funcionalidade das práticas e dos discursos não é perceptível e se tem a impressão de que a realidade pode ser percebida como pura *objetividade*. Com o fetichismo da mercadoria, no entanto, o exercício mercantil e do consumo promove a universalização da ideologia do indivíduo, de modo que seu ideário – noções como *liberdade* e *autonomia* – fica impresso como *marca registrada* nas mercadorias e nos corpos.

As três modalidades de ideologia configuram assim os diferentes caminhos a partir dos quais se dá a "legitimação racional da ordem existente" ou de uma ordem que pretende se impor como prevalecente. São os diferentes recursos a partir dos quais se institui e legitima, de acordo com a lógica formal, uma determinada relação de forças hierárquica na ordem social, cerceando o poder disruptivo da tensão que se mantém pulsante nos diferentes arranjos da realidade humana.

A partir deste recorte, Zizek estabelece um elo entre distintas formulações de ideologia, atribuindo *historicidade* a suas diversas ocorrências. Evita, no entanto, cair no "pântano do relativismo histórico", como diz Terry Eagleton ou, segundo o próprio autor, na "armadilha historicista, que suspende o valor cognitivo inerente ao termo 'ideologia' e o transforma numa mera expressão das condições sociais".[113] Na medida em que não deixa em aberto o ponto de partida de sua reflexão crítica, Zizek sai do *pântano*, correndo os riscos de sua aposta e assumindo a impossibilidade da neutralidade no campo científico.[114] Além disso, também evita que uma possível aproximação da análise das *estruturas* possa esvaziar a possibilidade de diálogo com autores que põem ênfase

113 T. Eagleton, *Ideologia*, p.88; S. Zizek, *Um mapa da ideologia*, p.15.

114 Seguindo o argumento de P. Bordeiu, O *Campo Científico*.

nas perspectivas histórica, sociológica e política.[115] Tomando a ideologia como eixo de sua crítica, Zizek sustenta uma releitura da teoria do inconsciente na qual a questão política é condição primeira para a compreensão do sujeito psíquico, a partir da aproximação que estabelece entre Marx e Lacan.

No que diz respeito especificamente à questão da adolescência, a análise do conceito é uma possibilidade de investigação da própria experiência subjetiva, também chamada de adolescência, pois ambos, conceito e experiência subjetiva, são momentos específicos da ocorrência de uma mesma *realidade*. Nas diferentes produções teóricas que tentam elucidar o estranhamento vivido pelos sujeitos adolescentes, ecoa o silêncio do antagonismo insuportável, negação ou renegação da inscrição política que fundamenta o descentramento do sujeito psíquico. Em cada uma das formulações teóricas há pistas dos significantes disponíveis para aqueles que, em sua experiência adolescente, com elas se identificam e tentam, de algum modo, abafar o real com o qual se deparam.

Se por um lado há um velamento inevitável – tendo em vista a impossibilidade de suportar o confronto com o puro real a cada instante – a alienação ganha outras proporções quando o simbólico é aprisionado em um todo fechado, impedindo que o real pulsante possa fecundar o simbólico a partir de sua indeterminação radical. É em favor das possibilidades que representam o real que se anuncia com a adolescência, que se mostra necessário o exercício crítico do discurso sobre a adolescência, sempre no intuito de manter em aberto o campo simbólico que em torno desta se estabelece.

A discussão sobre a ideologia permite ver que teorias sobre a adolescência e sua *crise*, assim como as práticas institucionais e as experiências subjetivas correlatas, podem ser postas em foco

115 A tensão entre a perspectiva histórica e outras vertentes das ciências humanas será tratada no capítulo III. Sobre a tradição da oposição entre as perspectivas histórica e estrutural, ver por exemplo, F. Dosse, *História do Estruturalismo*, v.1.

num mesmo plano e discutidas numa perspectiva, desde o início, política, sem desconsiderar, necessariamente, a validade de qualquer conteúdo quanto a sua dimensão positiva. Ainda que o foco do debate seja o *conceito* de adolescência, mostra-se apropriado tomá-lo nem como *causa* de uma prática, nem como *efeito* de uma realidade, mas sim, como um dos vértices que compõem o triângulo ideológico anunciado por Zizek. Entende-se que a *crise adolescente*, em diferentes versões teóricas – apesar da possível propriedade de seu conteúdo específico –, passou por uma *naturalização da ordem simbólica*, servindo como instrumento de poder sem que isso fosse suficientemente reconhecido pelos vários atores sociais de algum modo implicados na questão. Foi uma *crise* praticada por diferentes instrumentos institucionais até conquistar os corpos dos sujeitos, penetrando-lhes os poros, silenciando a ideologia que a configura e, com ela, os determinantes históricos, sociais e políticos que carrega. Movimento este que não ocorre somente *de cima para baixo* ou *de baixo para cima*, mas acompanha a rede de relações sociais em seus diferentes movimentos, de acordo com suas desigualdades e tensões, que remontam aos primórdios da modernidade. A crise adolescente ocupa um lugar específico na ideologia que estrutura a organização social na modernidade: é um derivado necessário de seu fundamento primeiro, a saber, a noção de *indivíduo*.[116]

116 As diferentes concepções de *modernidade* buscam retratar o conjunto de transformações que ocorrem desde o século XVI, mas que se ampliam e consolidam a partir da Revolução Francesa, abarcando, como destaca Gentil, as esferas política, econômica e social, assim como cultural e artística, caracterizadas pela valorização do efêmero, a racionalização dos processos produtivos, a constituição do Estado Moderno e a "distinção de esferas axiológicas autônomas", a "libertação do indivíduo das esferas feudais" que acompanha o processo de urbanização, que por sua vez estabelecem uma "experiência de tempo e de espaço" que rompe com barreiras geográficas, raciais e de nacionalidade, "num turbilhão de permanente desintegração e mudança" – cf. H. Gentil, Individualismo e modernidade, p.89,90. Ver também N. Bobbio, *Dicionário de Política*, p.768.

O *indivíduo* como significante primeiro na modernidade

Diferentes autores têm discutido a questão do *individualismo* ou a função que a noção de indivíduo possui na modernidade. Alguns tratam o tema a partir de uma crítica à cultura produzida na sociedade ocidental no século XX, quando se passou a priorizar os interesses individuais em detrimento dos coletivos, num comportamento *individualista* ou *narcisista*. A análise, desta perspectiva, visa mostrar os determinantes que resultaram na propagação deste comportamento, os valores subjacentes e a dinâmica psíquica que a acompanha.[117] É o que Foucault chama de investigação da "atitude individualista", que toma o indivíduo como "valor absoluto", enfatizando sua independência frente aos grupos e instituições de que participa. Para ele, há dois outros fenômenos igualmente chamados de *individualismo*: "a valorização da vida privada" (familiar, doméstica e dos interesses particulares) que caracteriza a cultura européia do século XIX, sem que, no entanto, ocorra, naquele momento, o *individualismo de atitudes*. Por último, a terceira acepção, o individualismo ocorre quando o indivíduo toma a si próprio como objeto do conhecimento e campo de ação, o que caracteriza a "cultura de si" praticada nos séculos I e II, a época imperial.[118]

A formulação de Foucault serve, sobretudo, para destacar a falta de homogeneidade entre as diferentes análises que tratam do tema *individualismo*. Na primeira acepção, aliás – o individualismo como *atitude* – é possível destacar dois aspectos sobrepostos em sua definição, pois o enaltecimento do indivíduo como *valor absoluto* não tem como implicação imediata o *comportamento individualista* ou *narcisista*. Seria possível consi-

117 É o caso dos conhecidos trabalhos de C. Lasch, *Culture of Narcisism* e *The Minimal Self*. Lasch analisa a falta de credibilidade em lideranças, a atitude refratária à política e a propostas coletivas e o "perpétuo estado de desejo insatisfeito" – C. Lasch, *Culture of Narcisism*, p.xiii-xvi.

118 M. Foucault, *História da Sexualidade*, v.3, p.47-50.

derar, conseqüentemente, quatro e não três ocorrências para o *individualismo* – como atitude, como valor absoluto, como culto à vida privada ou ainda, como objeto de conhecimento e ação específica – que podem ocorrer conjuntamente, num determinado momento. Na modernidade, o que se anuncia em diferentes culturas, é a prevalência do indivíduo como valor absoluto, podendo ou não se apresentar em atitudes ditas individualistas ou no culto à privacidade, o que depende das particularidades de cada contexto social e das sub-culturas e segmentos sociais em questão.

O *individualismo* serve como fundamento de uma *ideologia* que passa a vigorar na modernidade, chegando a estabelecer sua realidade. Esta tese é reafirmada por vários autores, como por exemplo, Bezerra Jr., quando diz que "uma das características principais das sociedades ocidentais modernas é... a *produção de uma subjetividade individuada*, desse modo específico de experiência subjetiva, que se torna progressivamente *naturalizada* na constituição dos indivíduos". Para ele, a configuração do indivíduo moderno "está na base de um *conjunto de crenças* que os indivíduos têm acerca de si próprios e daquilo que parece ser a natureza comum a todos os homens, e que funciona como uma espécie de *matriz de sentido* à qual são referidos seus atos, seus sentimentos, suas idéias", algo que "*não é apenas uma idéia* sobre o homem, *mas uma 'realidade'* sempre reafirmada pela experiência cotidiana".[119]

A posição de Bezerra destaca o relevo que o imaginário possui na construção da realidade social, assim como confirma a posição central da concepção de indivíduo na modernidade, como *matriz de sentido* a partir da qual se produzem práticas e discursos que vêm organizar e concretizar o que aqui é nomeado ideologia do indivíduo. Assim como Zizek dizia sobre a amplitude da ideologia, não há como estar fora da ideologia do indivíduo na modernidade, na medida em que ela constitui o próprio chão em que se pisa.

119 B. Bezerra Jr., Subjetividade moderna e o campo da psicanálise, p. 232. Grifo meu.

A explicação para a instauração da ideologia do indivíduo na modernidade é apresentada por Dumont, para quem a sociedade ocidental teria passado de um modo de organização *holista*, quando pautada pelo cristianismo, no início da nossa era, para um modo *individualista*, num processo que culminou com Calvino. Defende a idéia de que desde o helenismo, a ordem do universo é sustentada por uma lei transcendental, que estabelece uma hierarquia clara e rígida entre o que o autor chama de *mundano* e de *extra-mundano*. Os reis foram, durante muito tempo, encarnações da lei natural do universo, destacando-se portanto da condição mundana dos súditos. Naquele mundo cristão, "a vida... não é recusada ou negada de um modo direto, é apenas relativizada em relação à união com Deus e à beatitude no além a que o homem está destinado".[120]

Num longo e complexo percurso em que a Igreja passa a participar diretamente das disputas e articulações políticas, teria ocorrido, para o autor, uma *mundanização* da Igreja e uma *divinização* do Estado, o que equivale à contaminação do mundano pelo extra-mundano. O indivíduo, que até então só poderia ser dotado de atribuições divinas quando estivesse "*fora-do-mundo*", passa, numa cadeia de encarnações, a carregar um valor que rompe com a hierarquia que vigorava.[121] Dumont vê em Calvino a formulação desta guinada. Estaria ali a unificação da dicotomia entre o mundano e o extra-mundano, inscritos agora em cada indivíduo em carne e osso. Mais precisamente, a vontade humana teria adquirido fundamentação transcendental, uma vez identificada com a vontade de Deus. É a divinização do indivíduo que responde pelo lugar conquistado pela idéia de *indivíduo* na sociedade moderna: "aquilo a que chamamos o moderno 'indivíduo-no-mundo' possui em si mesmo, escondido sob a sua constituição interior, um elemento não percebido mas essencial de extramundanidade".[122]

120 L. Dumont, *O Individualismo*, p.48/49.

121 Idem, ibidem, p.61.

122 Idem, ibidem, p.67.

A formulação de Dumont, aqui esboçada, é preciosa, pois esclarece tanto a fecundidade do ideário que se difundiu com a Revolução Francesa, quanto a crescente problematização filosófica, sociológica e psicológica da constituição do indivíduo, seja de uma perspectiva epistemológica, política ou hermenêutica, nos séculos XIX e XX. De modo geral, cada um destes campos de investigação ou universos, de modo direto ou indireto, tem como ponto de sustentação, a noção de *indivíduo*.

Em termos lacanianos, esta noção vem a ocupar o lugar de significante primeiro na modernidade, pois, como sugere Silveira, "não apenas precede os demais significantes de uma cadeia, como é condição de toda significação".[123] A ideologia que se fundamenta no significante primeiro, *indivíduo*, configura de modo inevitável o campo do Outro que acompanha a modernidade – o *Outro da modernidade* – com o qual cada um, inserido neste universo, se depara, se confronta e se constitui. Assim sendo, a *realidade* se torna não somente impensável, mas impossível sem esta inscrição primeira – do *indivíduo* – a partir da qual se amarram *nós*, que fazem a costura dos múltiplos percursos singulares da experiência humana. É o ponto de *ancoragem* a partir do qual o *possível* se inaugura, ao preço da alienação fundamental, como foi assinalado anteriormente.

Esta *ancoragem* funciona como *ponto de estofo* – ou *point de capiton*, no original – no campo simbólico da modernidade: ponto a partir do qual sua inscrição primeira, o *indivíduo* – em si, vazia de sentido – ganha significado pleno, nas diferentes realidades sociais, contingentes e históricas como o são. Funciona como uma "espécie de garantia transcendente", no dizer de Zizek, a partir da qual o campo simbólico se organiza, inaugurando a possibilidade de construção de sentido, frente à ausência de sentido de seu marco primeiro, o *significante mestre*. A dimensão ideológica é dada de início, em função do caráter aleatório da amarração estabelecida, que detém o deslizamento metonímico num "designante rígido", configurando assim a alienação necessária que carac-

123 P. Silveira, A gênese extramundana do indivíduo, p.41.

teriza a inauguração do campo simbólico.[124] Nesta realidade, cada ser humano se torna a confirmação concreta da realidade, cada um é um *indivíduo*, portador das insígnias que lhe são próprias.

A *imagem* de indivíduo, adornada pelo ideário produzido na confluência entre a ilustração e a crítica romântica, se anuncia como um *eu ideal da modernidade*. É uma imagem que percorre e fundamenta o campo simbólico neste contexto específico e que serve de esteio no processo identificatório que antecede cada um. O *eu ideal* faz uso desta ideologia disponível, a fim de conquistar sua imaginária completude especular. Nada mais adequado para tanto, que a imagem de auto-determinação e completude que acompanha a imagem de *indivíduo*, mas que leva em sua sombra, a dramaturgia irrequieta das paixões. Na medida em que o *ideal de eu* – instância que compreende a discriminação de um *vir-a-ser* que ainda não se realizou – se forma a partir do *eu ideal* – imagem que encerra em si a fantasia de um todo narcisicamente completo – a ideologia do individualismo deixa suas marcas na inscrição simbólica que sustenta o ideal de eu. A imagem do ser humano como uma totalidade e um fim que se realiza em si mesmo, é tomada como eu ideal, a partir do qual se origina o ideal de eu, que toma os fragmentos da imagem anterior como referência primeira a ser ressignificada.

O sujeito, por sua vez, funciona como abertura para a liberdade negativa defendida por Zizek. Na condição de sujeito do desejo, o sujeito impede a sustentação da completude *eu ideal*, permitindo a distinção do *ideal de eu* do *eu ideal* especular. Conseqüentemente, é o responsável pela *falta no Outro*, ao mesmo tempo em que, em contrapartida, o sujeito está sempre remetido ao Outro, pois o desejo é, desde o princípio, desejo do desejo do Outro. Daí a idéia de que o Outro ocupa um lugar de *exterioridade* em relação ao sujeito.[125] O olhar especular do qual depende o eu para sua primeira e necessária fantasia de completude – estádio do espelho – está determinada, na modernidade, inevita-

124 S. Zizek, *El sublime objeto de la ideología*, p.136-142.

125 Idem, ibidem, p.46-47.

velmente, por este significante primeiro que realiza e confirma (para aquele que o vê) a existência de um *indivíduo*, eu idealizado.

A ideologia, ponto de sustentação da emblemática articulação entre o sujeito psíquico e a "contextura histórico-social" em que se insere,[126] produz realidades constituídas pela experiência humana em seu processo histórico. Realidades compostas por imagens que não apenas reproduzem algo, mas também produzem efeitos sobre os laços, corpos e práticas sociais, que por sua vez tornam-se agentes da própria ideologia. Trata-se do entrecruzamento dos momentos da ideologia, *em-si* e *para-si*, que por sua vez vêm efetivar a versão *em-si-para-si* da ideologia da modernidade, quando cada ser humano passa a corresponder a um *indivíduo* como algo dado de antemão, a partir de um ideário que é vivido nas práticas cotidianas e institucionais compartilhadas, assim como na intimidade que publicamente passa a ser cultuada.

Sob as distintas versões da ideologia do indivíduo há um silêncio, algo de insuportável que insiste numa tentativa (impossível) de inscrição no campo simbólico. É no rastro deste impossível silenciado nas imagens adolescentes que se faz útil buscar os meandros de seu fundamento, a ideologia do *indivíduo*.

Histórico da formação do *indivíduo* na modernidade

O trabalho de Dumont, num prisma antropológico e filosófico, permitiu lançar um olhar sobre o universo simbólico que sustenta a sociedade ocidental, em suas versões holista e, posteriormente, individualista. A partir daí, fez ver a divinização do *indivíduo* (moderno), como ponto de sustentação da própria ideologia moderna. Explorar estudos que privilegiam uma pers-

126 Seguindo aqui as inquietações apontadas em trabalho anterior, quanto à *ponte sobre o abismo* (Castoriadis) entre a psique inconsciente e o indivíduo socialmente produzido em cada contexto histórico – T. Matheus, *Ideais na adolescência*, p.187.

pectiva histórico-sociológica da emergência do indivíduo moderno é particularmente útil na investigação das modalidades pelas quais o antagonismo se inscreve no campo simbólico e na realidade humana.

No entanto, o resgate de uma perspectiva histórica tem seus riscos, dada a dimensão ideológica que pode reproduzir, sobretudo quando se supõe uma *linearidade* imposta em função da conveniência de uns, em detrimento de outros. Como se sabe, a historiografia está, por princípio, marcada por rupturas e bifurcações: determinados caminhos tendem a se sobrepor a outros de acordo com os interesses e forças em jogo. Conseqüentemente, buscam-se interpretações que, em contrapartida, são

> ... capazes de mostrar-nos não só a evolução simultânea de linhas distintas, mas o fato de que em cada uma delas, incluindo a que acabará sendo a dominante, não há um avanço contínuo numa direção, mas sim uma sucessão de rupturas, de bifurcações em que se pode escolher entre diversos caminhos possíveis, e nem sempre se elegeu o que era melhor em termos do bem-estar do maior número possível de homens e mulheres, mas sim o que convinha – ou, pelo menos, o que parecia convir – a aqueles grupos que dispunham da capacidade de persuasão e da força repressiva necessárias para decidir.[127]

Portanto, se as distintas escrituras da historiografia carregam consigo uma inevitável implicação ideológica, por outro lado, é a partir desta mesma superfície que se torna possível investigar o real que aí se faz presente, seja como silêncio, seja como parcela do real que conquistou inscrição simbólica. A historiografia, ao ser tantas vezes reescrita, em tantas variações e ressignificações, permite a investigação das distintas realidades sucessivamente produzidas no velamento do antagonismo que as acompanha, ou, como propõe Bertrand, do real que *rege todas as práticas e todas as trocas sociais*.[128]

127 J. Fontana, *História: análise do passado e projeto social*, p.275

128 M. Bertrand, O *homem clivado*, loc. cit..

Porém, se aqui se recorre à história, não é para produzir um estudo *de história*, mas para resgatar na história do *indivíduo*, o que foi recalcado pelo conjunto das instituições sociais e retorna, de algum modo e heterogeneamente, nos indivíduos em sua constituição subjetiva. Mais precisamente, supõe-se que o advento da adolescência – como significante que se oferece como ponto de identificação entre determinados indivíduos que vivem uma experiência subjetiva particular – seja também um dos efeitos desta ideologia. Acredita-se que a adolescência, tal como é vista na modernidade, não só traz consigo o traço *extramundano* que fundamenta o *indivíduo*, como se tornou condição necessária para esta ideologia. Por ora, cabe investigar a formação desta ideologia, a partir de sua própria historicidade, a fim de compreender o lugar ocupado pela adolescência; ou, em outras palavras, se a constituição de cada sujeito é atravessada pela ideologia do indivíduo, cabe compreendê-la a partir das lacunas e velamentos que carrega, que por sua vez seguem presentes nos retratos da realidade tal como foram transcritos.

Se Dumont abre a perspectiva de investigação da história que acompanha o campo simbólico em sua modalidade conceitual, o trabalho de Elias privilegia os jogos de poder que acompanham as experiências cotidianas nos antecedentes e origens da modernidade.[129] Adepto de uma história de longa duração, este autor estabelece um paralelo entre a história dos costumes e o processo que permitiu a formação do Estado moderno, desde a Idade Média até a consolidação do absolutismo francês, que toma como modelo, dada sua supremacia e ascendência frente aos demais estados europeus, durante boa parte desse período.[130] Afirma que o

129 N. Elias, *O processo civilizador*, vol.1/2. Como assinala R. J. Ribeiro no prefácio do primeiro volume, o trabalho de fôlego de Elias parece não ter tido a receptividade que mereceria pela posição que adota com relação ao processo que descreve, a saber, o processo civilizatório seria irreversível e tenderia a universalizar-se. Esta ressalva não parece diminuir o trabalho de Elias, mas o circunscreve ao contexto histórico no qual foi produzido.

130 Idem, ibidem, v.2, p.17.

processo de centralização do poder em torno do soberano acompanhou uma prescrição mais estrita das boas maneiras e conduta dos indivíduos, ao longo dos séculos, nas diferentes camadas sociais. Tais processos teriam sido responsáveis por mudanças na própria experiência subjetiva,[131] uma vez que o modo de *expressão dos sentimentos* passava a ser um dos critérios preponderantes na disputa por status e prestígio. Com a fragilização da nobreza feudal, surge a *sociedade da corte*, segmento composto primeiramente pela aristocracia – formada de nobres que passaram a servir diretamente ao rei – e aos poucos pela camada social emergente, a burguesia. Frente à concentração do poder, os privilégios dependiam agora de um intrincado jogo de influências e articulações em torno da figura do soberano, que por sua vez, fazia uso de tais disputas para se fortalecer ainda mais. Comportamentos, sinais, gestos passam a ser cuidadosamente medidos e estudados, pois

> ... o segmento cortesão concorria pelas oportunidades dispensadas pelo governante monopolista, e ela (nobreza) vivia ao mesmo tempo sob a constante pressão de um exército de reserva formado pela aristocracia do interior do país e por elementos em ascensão da burguesia. A corte era a forma organizacional dessa competição restrita.[132]

De modo que, na corte, surge a *cortesia*, conjunto de hábitos e novos costumes entre seus seletos membros, que incluíam hábitos mais estritos à mesa, uso de talheres próprios para cada situação e proibição de outros, valorização de uma linguagem apropriada a diferentes momentos e interlocutores, *cultivo de sentimentos* tais como a vergonha[133] e modos apropriados ao *cortejo* amoroso. Para Elias, estas mudanças acompanhavam a organi-

131 Elias fala n"um controle *mais forte* (das próprias) emoções". Difícil estabelecer uma graduação em torno de aspectos subjetivos, mas mesmo assim é possível considerar que a prescrição mais estrita sobre a conduta das pessoas tenha tido efeitos na subjetividade e seus mecanismos de funcionamento – ibidem, v.1, p.84.

132 Idem, ibidem, v.2, p.170.

133 Idem, ibidem, v.1, p.139.

zação social absolutista: sob o monopólio do uso das armas e da violência física, restava à corte desenvolver instrumentos mais sutis na disputa pela hierarquia do poder:

> Os meios de luta foram refinados ou sublimados. Aumentou a restrição dos afetos, imposta ao indivíduo por sua subordinação ao governante monopolista. E os indivíduos assim oscilam entre a resistência à compulsão à qual estão submetidos, o ódio à dependência em que vivem e à falta de liberdade, a nostalgia da livre rivalidade entre cavaleiros, por um lado, e o orgulho pelo autocontrole que adquiriram ou a satisfação ante as novas possibilidades de prazer de que desfrutam por outro.[134]

Elias utiliza aqui noções formuladas posteriormente à época, como *sublimação* e *compulsão*. O autor esboça, deste prisma, uma configuração daquilo que poderia ser chamado de *experiência de si* da época, conforme os termos de Bezerra.[135] Descreve conflitos que os membros da corte supostamente viviam, mas que não podiam ser manifestados de modo direto e claro, idéia que exige noções próprias a um universo subjetivo, não acessível diretamente. Seria o primórdio do que foi denominado nas épocas seguintes de "*interioridade*",[136] pré-condição para a emergência das ciências do *mundo psi* nos séculos seguintes.[137]

A indeterminação entre o refinamento e a sublimação permite ao autor deixar em aberto os pormenores dos mecanismos psíquicos envolvidos no processo, mas isso não o impede de argumentar que nos instrumentos de cortesia então produzidos, estariam contidos afetos contraditórios resultantes de uma submissão imposta. Estes, por sua vez, estariam diretamente atrela-

134 Idem, ibidem, v.2, p.104.

135 Numa clara alusão à "cultura de si" discutida por Foucault – B. Bezerra Jr., *Grupos*, p.129; M. Foucault, *História da Sexualidade*, v.3, p.49.

136 B. Bezerra Jr., A subjetividade moderna no campo da psicanálise, p.228. Esta dicotomia entre *eu interior* e *exterioridade* é uma das produções imaginárias que freqüentemente acompanha o significante Indivíduo, produzindo efeitos na constituição dos indivíduos.

137 Argumento desenvolvido por L. C. Figueiredo, *A invenção do psicológico*.

dos às disputas entre cavaleiros – nobreza feudal – e governante monopolista. Conseqüentemente, os hábitos cultivados não seriam somente *instrumento* no jogo político da corte, mas também, *sintoma* das transformações na estrutura de poder e modo de organização social.[138]

Nesta linha de raciocínio, Elias atribui historicidade à ambivalência das relações humanas: "uma característica especial dos relacionamentos humanos que estavam surgindo com a crescente divisão de funções na sociedade: sua ambivalência, *declarada ou latente*". A indefinição entre ambas se deve, talvez, à própria transitoriedade de um processo, que no entender do autor, exigia maior contenção dos impulsos. A seguir, Elias estende sua hipótese sobre a ambivalência "nas relações entre indivíduos", sugerindo que "também entre diferentes estratos funcionais, manifestava-se mais fortemente uma dualidade ou mesmo multiplicidade de interesses específicos, na medida em que se ampliava ou adensava a interdependência social".[139]

O autor passa das relações entre indivíduos às relações entre classes. No paralelo entre a história dos costumes e a formação do Estado moderno, busca implicar mutuamente os processos relativos aos indivíduos e sua relações por um lado, e as transformações econômicas e políticas por outro, evitando a antecipação de um ou de outro numa determinação causal: o Estado moderno, enquanto ideologia, como projeção (do inconsciente) dos indivíduos ou, inversamente, como determinante da constituição destes últimos. Para Silveira, Elias tem o mérito de "'superar' essa unilateralidade [de privilegiar uma ou outra linha causal], reservando, então, um espaço para uma dialética entre a sociedade e os indivíduos, entre o 'todo' e as 'partes'".[140]

138 Elias fala em "instrumento de dominação" – N. Elias, *O processo civilizador*, v.2, p.259; assim como, em "... sintoma de mudança, uma concretização de processos sociais" – ibidem, v.1, p.69.

139 Idem, ibidem, p.145. Grifo meu.

140 P. Silveira, A gênese extramundana do indivíduo, p.35. Ainda que mantendo a dicotomia entre *parte* e *todo*, a posição de Elias se mostra compatível com

Na tese de Elias, a idéia de *interdependência social* é essencial para a sustentação desta *dialética*. No regime feudal, imperava o cultivo de subsistência e a auto-suficiência de cada um dos feudos em relação aos demais. Já no século X, a Europa estava densamente povoada e as terras e a produção eram escassas para a população existente, o que levou a um deslocamento gradual de contingentes de servos que se instalaram "em torno de sedes feudais bem situadas", onde iriam se desenvolver as futuras cidades. O assentamento destes contingentes foi possível na medida em que ocorria o incremento de serviços e de produtos manufaturados e comercializados, qualificando seus agentes como artesãos ou comerciantes, considerados "homens livres" – não mais presos aos feudos – e que iriam compor uma terceira classe, denominada burguesia.

Com o paulatino fortalecimento da atividade comercial nestes pequenos aglomerados, o uso da moeda se intensifica, estabelecendo um maior dinamismo econômico social na ordem social vigente. Logo, as cadeias de troca se ampliam e tornam-se mais complexas, ocorrendo maior "interdependência e diferenciação social". Neste sentido, "o dinheiro era, na verdade, uma encarnação do tecido social, um símbolo da *teia de atos de troca e cadeias humanas*",[141] idéia compartilhada por Zizek.

Curioso notar a imagem de *liberdade* associada a estes que se encontravam numa posição central nas cadeias de troca e que, portanto, eram os representantes primeiros da *interdependência* social destacada por Elias. Não parece uma contradição aleatória. Sem dúvida, ao migrarem para os incipientes centros urbanos, afastavam-se da estrutura hierárquica estrita e rígida que se mantinha nos feudos, o que justificava a idéia de liberdade – ain-

Zizek – ambos evitam uma determinação linear entre indivíduo e sociedade, *cima* e *baixo*.

141 N. Elias, *O processo civilizador*, v.1, p.48-50. Grifo meu. Também em relação às produções humanas tais como a moeda, Elias tem o cuidado de não imbuí-las do poder que lhes seria inerente, vinculando-as às transformações da organização social em questão.

da que este certamente não tenha sido um processo pacífico e harmônico. Mas a ênfase de Elias na interdependência social faz notar o imaginário construído em torno desta classe. Classe aliás, desde o início heterogênea e pautada pela mobilidade social, que conquistou direitos políticos e sociais, por meio de "lutas sangrentas", entre os séculos XI e XII,[142] o que lhe garantiu um lugar diferenciado em relação à classe subalterna da qual se originara.

No entanto, a burguesia, "pela própria natureza de suas funções sociais" (ocupava papel preponderante nas cadeias de troca), era fortemente exigida na contenção dos impulsos, de modo que nesta classe, segundo Elias, "a pacificação e a geração de limitações internas eram muito mais complexas e compulsórias".[143] A mobilidade social inaugurada com a burguesia representava uma ameaça aos estratos conservadores. Provocava resistência e oposição numa aristocracia que não estava acostumada a depender do trabalho diário para sua manutenção; isso exigia dos emergentes burgueses não só empenho e qualificação nas atividades e funções que justificavam sua mobilidade social, quanto na política das relações com aqueles que tradicionalmente lhes eram superiores na hierarquia de poder. Ou seja, se por um lado a burguesia estava particularmente identificada com a idéia de liberdade, por outro, estava comprometida com o que o autor chama de *auto-controle*, que caracterizava o ideário de cortesia e civilidade que viria a se desenvolver.

A cortesia, porém, não era privilégio da burguesia nem por ela havia sido inaugurada. Como foi dito anteriormente, a cortesia servia como instrumento nas disputas políticas na corte, que se formou inicialmente com membros da nobreza. Estes já não possuíam o poder da *nobreza feudal* de outrora, quando, segundo Elias, "suas afeições tinham livre e ilimitada expressão em todos os terrores e alegrias da vida" e somente "a compulsão direta,

142 Idem, ibidem.

143 Idem, ibidem, p.248.

física, externa, é que podia levá-los à moderação" (como no caso de uma derrota militar).[144]

Com a sociedade da corte, o confronto de forças foi se tornando mais sutil, nuançado e complexo, uma vez que a nova composição de forças assim o exigia. A aristocracia procurou fazer uso da cortesia como forma de legitimar uma superioridade hierárquica que permitisse a manutenção de seus privilégios. Era um meio de oferecer resistência à ascensão dos membros da burguesia que almejavam ascensão: gestos, sinais e a linguagem utilizada denunciavam quem fazia parte e quem não fazia parte da corte. Os burgueses por sua vez, buscavam incessantemente conhecer e absorver os "costumes, comportamentos e modas da corte", como condição para a aquisição de títulos aristocráticos e dos privilégios que os acompanhavam.[145]

Por outro lado, o fortalecimento e aprimoramento da máquina governamental exigia atribuições e funções às quais a nobreza não estava acostumada e para as quais não se mostrava disponível. Funções estas que mais se aproximavam, por exemplo, das atividades desempenhadas por comerciantes qualificados. Foi assim que os primeiros burgueses passaram a participar da corte e gradualmente conquistaram privilégios. A participação da burguesia na corte e a interdependência entre estas classes favoreceu o que Elias chamou de um *aburguesamento* da sociedade da corte, que implicou numa assimilação de elementos próprios à burguesia emergente pela aristocracia. De modo que as diferenças de categoria social entre ambas, ainda que nunca tenham desaparecido por completo, foram aos poucos se tornando menos claras.[146] Vale notar que este quadro faz supor a ambivalência, a identificação, a hostilidade, a oposição e a dependência, que provavelmente caracterizavam a relação entre estas classes. Casamentos e conchavos, disputas e traições sucediam-se incessantemente. Processos

144 Idem, ibidem, p. 70.

145 Idem, ibidem, v.1, p.110.

146 Idem, ibidem.

pautados por uma educação cortez lapidada pelo (e para o) indivíduo moderno quc se formava.

Para Elias, portanto, "foi nessa sociedade de corte que se formou o elenco básico de modelos de conduta que depois, fundidos com outros e modificados de acordo com a posição dos grupos que os adotavam, difundiu-se... por círculos de funções constantemente maiores".[147] Trata-se de um intrincado processo que o autor busca recortar num longo período, articulando sociedades distantes e que tem na sociedade da corte um marco, mas não o *marco zero*.[148] Para ele, a interdependência entre as camadas, ao se tornar mais complexa e com uma gama maior de funções específicas, promove uma rede de relações onde as classes superiores tendem a prevalecer sobre as inferiores de acordo com as (ambivalentes) identificações ocorridas. As inferiores, no entanto, também podem exercer influência, dada a dependência que delas possuem as classes superiores.[149] O *aburguesamento* da aristocracia é citado por Elias como exemplo de mecanismo que pode ocorrer *de baixo para cima*.

Se Elias considera que um *elenco básico de modelos de conduta* teria se difundido ao longo do tempo e do espaço, não deixa de avaliar que este elenco teria sido *modificado* pelos diferentes grupos que o adotaram, de acordo com sua posição na rede de relações sociais. Ressalva importante para salientar que não se trata de uma transposição estanque de um modelo de conduta, mas de um processo aonde quem *adota* determinado traço, participa de sua lenta transformação, o que demanda a consideração da complexidade de noções como *ambivalência* e *identificação*, como Elias salienta ao longo de seu trabalho. Argumento importante quando se pensa na propagação da ideologia do indivíduo nos diferentes contextos sociais, mas também na amplitude conquistada pela crise da adolescência nestas últimas décadas, tal como será visto adiante.

147 Idem, ibidem, v.2, p.215, 216.

148 Idem, ibidem, v.1, p.162.

149 Idem, ibidem, v.2, p.267.

Fazendo esta ressalva, a *difusão* assinalada por Elias respeita um movimento radial do centro para a periferia. Era grande a proximidade entre as cortes européias (principalmente durante o Absolutismo), de modo que a afinidade de interesses e hábitos entre membros das cortes de diferentes nações era maior que em relação às demais classes sociais da mesma nação. O centro de influência era a corte francesa que, em função da posição política da França na Europa do século XVIII, tinha maior ascendência sobre as demais, sendo então tomada como modelo. Mas também, em cada nação, sua corte era um centro, que tendia a promover lentamente determinados valores entre as demais classes, em função das relações de interdependência em expansão.

No entanto, para Elias, a difusão deste modelo não para por aí: "em combinação com formas preexistentes de civilização, a mesma transformação das funções sociais e, destarte, da conduta e de toda a personalidade, começou a ocorrer fora da Europa",[150] de acordo com a formação do Estado moderno (considerado como estrutura administrativa complexa que sustenta o monopólio da violência e da tributação). O indivíduo moderno, originário da sociedade da corte, dotado de *interioridade* e pautado por um modelo de conduta bastante estrito em comparação com a fase precedente, tende a se *modificar* e a se *difundir*, ao longo dos séculos e sociedades.[151] Esta difusão pode ser compreendida a partir da noção de ideologia que vem descrever a constituição do campo simbólico próprio à modernidade, que é atravessado pelas diferentes produções imaginárias em torno de uma nova visão de homem.

150 Idem, ibidem, p.215. Não se pretende aqui discutir a noção de *personalidade* de Elias, mas simplesmente resgatar a tese do autor de que os processos sociais em questão acompanham transformações das produções subjetivas.

151 Como assinala Corbain, "o sentimento de *identidade individual* acentua-se e difunde-se amplamente ao longo de todo o século XIX" – A. Corbain, O Segredo do indivíduo, p.419. Grifo meu. Este autor cita como exemplo de seu argumento, a crescente preocupação em circunscrever "marcas identitárias", tais como as digitais ou a idéia de *vocação*.

A noção de indivíduo, central nesta ideologia, é resultante da relação entre uma conduta prevista (normatização dos hábitos) e a estrutura política e social que passa a vigorar com a modernidade (centralização do poder e monopolização da violência e da tributação). Aquilo que veio a ser chamado de *interioridade*[152] está necessariamente atrelado aos conflitos e tensões de tais processos nas produções subjetivas que então se fortalecem. O que nem sempre é lembrado, porém, é a implicação necessária entre estes dois extremos do processo – *interioridade* e organização social – apesar da imagem de um *eu interior* levar a pensar o contrário, ou seja, em uma diferença essencial em relação a um *exterior*, o que pode ser visto a partir da *autonomia* que é atribuída ao indivíduo moderno. A imagem construída é de uma subjetividade tomada como autônoma, identificada aos seres humanos empíricos, convocados a responsabilizarem-se pelas próprias ações, seus próprios valores e sentido para o mundo, assim como, por outro lado, outorgando-se o direito de defender uma singularidade própria intransponível e intocável.[153]

Nesta imagem, cada corpo humano é portador de uma *individualidade*, caracterizada pela capacidade de produção de sentido e de deliberação própria sobre suas ações, o que lhe conferiria uma diferença intrínseca em relação a todos os demais.[154] Daí se depreende que a responsabilidade de cada um ante os próprios atos, valores e sentido, é a contrapartida da conquista dos *direitos* que conquista e o reconhecimento de sua *singularidade*. Esta concepção está diretamente vinculada aos princípios, nem sempre

152 Pode-se assinalar como manifestações deste processo, a importância que a leitura passa a ter, assim como as transformações na própria arquitetura: busca-se separar mais claramente um espaço de intimidade tanto entre os membros da família, quanto destes em relação aos visitantes. Sobre a leitura, N. Elias, *O processo civilizador*, v.2, p. 229. Sobre as mudanças na arquitetura, ver P. Áries, *História social da criança e da família*, p.259-261.

153 Ver H. Gentil, Individualismo e modernidade, p.93.

154 O tema da *autonomia* é vasto e foi abordado por diversos filósofos. Para este trabalho, por ora, é suficiente notar uma imagem que se difundiu em torno da idéia de indivíduo.

convergentes, defendidos pela bandeira da ilustração – igualdade e liberdade – uma das heranças do movimento reformista que já vinha desde o Renascimento. Como assinala Gay, "a individualidade era o pré-requisito daquilo que veio a ser denominado 'o homem do Renascimento', liberto da tradição e das convenções, mas também em grande parte liberto da religião e da moralidade".[155] Não foi à toa que as investigações epistemológicas passaram a mobilizar muitos pensadores na época, pois representavam uma tentativa de estabelecer fundamentos tanto de um conhecimento que pudesse se desprender do dogmatismo religioso em voga, quanto de construir bases para um projeto de formação dos membros das novas gerações, inaugurando uma pedagogia capaz de favorecer o desenvolvimento próprio ao *indivíduo* em sua formação. Trabalhos de Locke e Rousseau, por exemplo, encontram-se nesta linha de pensamento.

Ora, esta visão de homem, autônomo e possuidor de uma interioridade singular, que buscava romper com as tradições, surgiu com as transformações ocorridas na estrutura das sociedades européias descritas por Elias – a mobilidade social decorrente do nascimento de uma terceira classe, a intensificação e expansão das cadeias de troca, o nascimento do Estado moderno a partir da centralização de poder. Esta visão de homem era condição para a instauração e consolidação desta nova forma de organização social, que previa uma interdependência funcional crescente entre os indivíduos, governada por um aparelho administrativo complexo e monopolista. Na medida em que são explicitadas e fomentadas as responsabilidades e direitos de cada um, descentraliza-se a responsabilidade ante a manutenção da estrutura social como um todo.[156]

Alguns dados evidenciam esta relação, uma vez instaurado o Estado moderno. A partir do século XVIII, ocorre um aumento populacional significativo na Europa (entre 1750 e 1850 a população

155 P. Gay apoiando-se em Burckhardt – *O século de Schnitzler*, p.291.

156 Ver por exemplo, L. C. Figueiredo, *A invenção do psicológico*, p.137. O autor comenta a relação estabelecida por Tocqueville entre a "cultura individualista" e as "novas formas do despotismo".

passa de 150 para 260 milhões), o que provoca tanto a migração para fora do continente quanto o deslocamento da população rural para as cidades.[157] Desde o século precedente a Europa já passara por muitas guerras, rebeliões e "guerras revolucionárias", que se seguiriam, entrecortadas por ondas pacifistas, até a I Guerra Mundial, no século XX.[158] Com o aumento populacional e o desenvolvimento do suporte bélico, as guerras foram aumentando de dimensão e os exércitos se incrementando. O século XVIII, quando houve um aumento desigual da população, foi também o período em que os exércitos foram ampliados em proporções nunca vistas. A formação do soldado passou a ser uma preocupação das nações, que se utilizaram da disciplina praticada na instituição escolar para a preparação de seus contingentes militares. A *educação física*, como estratégia para adestrar os corpos, ilustra bem a articulação entre a proposta pedagógica e os interesses bélicos. Era um meio eficaz de disponibilizar o vigor juvenil em favor dos interesses da *pátria*. O movimento de padronização em curso, que promovia a uniformização da faixa etária para a entrada no exército – a conscrição[159] – era acompanhado pela uniformização das idades nas instituições escolares. Além disso, com a periodização da idade na conscrição, consolidou-se a idéia da aquisição de direitos e deveres de acordo com as etapas da vida, conformando o compromisso social a ser assumido pelo adulto.

A educação, por sua vez, torna-se uma necessidade na formação das novas gerações, o que impulsiona o desenvolvimento das instituições escolares. Do final do século XVIII ao final do XIX, ocorre a implantação do ensino secundário na França, resultante dos "projetos de reforma iluminista (...), da obra legislativa da Revolução" e do "esboço de democratização do acesso ao colégio e ao liceu". Esboço, entenda-se, na medida em que aqueles que tinham a oportunidade de acesso ao ensino secundário eram somente os privilegiados que não eram premidos a trabalhar.

157 P. Gay, *O século de Schnitzler*, p.162.

158 S. Lorica, A experiência militar, p.18.

159 Idem, ibidem, p.25.

Mesmo assim, como diz Caron, foi decisivo o papel das instituições educativas na constituição do homem moderno: "do bebê ao rapaz, o século XVIII reinventa as idades da vida, ritmadas pela educação e a instrução que, por etapas, permitem *fabricar o homem esclarecido*".[160] Ariès, em seu célebre trabalho, mostra que a constituição das instituições educativas é decorrente de uma nova ordem social, na qual a família burguesa, em seu universo intimista e privado, passa a ocupar papel modelar. A criança (e com ela o adolescente) passa a ser o foco da atenção do núcleo familiar, demandando atenção e cuidados específicos.[161]

Data desta mesma época a inauguração de políticas públicas, que marcam a postura ativa do Estado na atenção e no cuidado com os indivíduos, que se deu, em boa medida, via instituição familiar. Como mostra Donzelot, a partir da Revolução Francesa, o Estado fora convocado a responsabilizar-se pelos cidadãos e suas necessidades, o que exigia uma conduta diferente da opressão que pautava a relação do Estado com as camadas populares no antigo regime. Exemplo disso foi a experiência da *roda* no início do XVIII: originalmente concebida para evitar descuidos com as crianças e o comprometimento de seu desenvolvimento, passou a receber os filhos ilegítimos de famílias abastadas, que pretendiam resguardar a honra familiar; as classes populares também fizeram uso dela, a fim de se apoiarem nos benefícios propostos pelo Estado.[162] A *roda* foi então abolida e a responsabilidade pela paternidade passou a ser mais controlada. Filhos adulterinos, menores rebeldes e moças de má reputação representam uma ameaça à instituição familiar, mas ao mesmo tempo e por isso mesmo, serviram para fortalecê-la. De todo modo, os esforços exigidos nos cuidados com os desviados ou desfavorecidos levaram o Estado a estabelecer políticas públicas que considerassem os indivíduos

160 Caron, Os jovens na escola, p.138. Grifo meu.

161 Ariès, *História social da criança e da família.*

162 A criança era depositada na roda e acionava-se a campainha da instituição, que então girava a roda e recolhia a criança sem identificar o depositário – J. Donzelot, *A polícia das famílias*, p.30,31.

em suas particularidades, na medida em que se temia o "desperdício das forças vivas".

Também nesta época, surgem organizações filantrópicas voltadas para orientação e assistência à família.[163] Numa posição eqüidistante entre o Estado e o domínio privado, a filantropia serve como auxílio na mediação entre ambos, favorecendo a manutenção da estrutura social estabelecida. Para Donzelot, a filantropia e o higienismo tiveram efeito porque, frente ao modelo opressor do antigo regime, ofereciam uma idéia de autonomia à família e ao indivíduo. A poupança familiar era uma chave mestra deste projeto, pois "reduzia as formas orgânicas, festivas, trans-familiares de solidariedade, a fim de suprimir o risco de dependência e o risco paralelo de insurreição". Além de desafogar os cofres públicos com os cuidados aos desfavorecidos, a poupança promovia *a responsabilização dos próprios indivíduos* frente a sua condição.[164] Era um meio de evitar gastos futuros, mas que vai além de uma perspectiva financeira.

Há um comentário de Perrot sobre a juventude, tema central nas políticas públicas (pois estava presente tanto nas questões militares, quanto na atenção à instituição familiar e formação das novas gerações), que elucida um traço significativo da política praticada na organização social da modernidade. Comenta o autor que, no final do século XIX, os jovens deixam de possuir um "estatuto festivo e de regulação sexual", que nas sociedades tradicionais lhes permitia uma conduta menos regrada. Agora "não são mais considerados como grupos, e sim como indivíduos que só têm a obedecer e calar. É por isso que a rebelião dos jovens, apenas excepcionalmente política, é em geral *individual*, pondo-os em choque com a família".[165]

Soldados são disciplinados, pais responsabilizados e jovens, esclarecidos. Fundamenta cada uma destas ações a noção de indi-

163 O malthusianismo – preocupação com o controle da taxa de natalidade – é um exemplo deste movimento – P. Gay, *A educação dos sentidos*, p.189.

164 J. Donzelot, *A Política das Famílias*, p.65.

165 M. Perrot, *História da Vida Privada*, v.4, p.167.

víduo moderno. A ameaça dos jovens apontada por Perrot explicita algo que parece estar presente na relação do Estado com cada um destes segmentos. A noção de indivíduo serve para a mediação das tensões sociais, permitindo o deslocamento do foco de conflitos sociais em potencial para o âmbito familiar e, em última instância, individual. A idéia de uma crise subjetiva (individual) se mostra como decorrência necessária deste mecanismo – assim como sua circunscrição a um momento específico, a saber, a adolescência. A noção de indivíduo adquire um estatuto de negação da dimensão política e social que a constitui, mas que nem por isso está menos presente, ainda que de modo abafado. No entanto, esta imagem produz efeitos nos sujeitos que com ela se identificam ou ao menos corresponde a outro sujeito social, que se forma nesta nova configuração simbólica.

Donzelot faz um comentário útil à reflexão sobre a formulação do indivíduo moderno. Diz ele: "foi-se o tempo em que se podia, até certo ponto, deixar de levar em conta o que acontecia nas classes inferiores e ater-se ao recurso de esmagá-las, caso necessário, quando se agitavam; essas classes, agora, pensam, raciocinam, falam e agem...".[166] Ainda que o texto trate de um sujeito social coletivizado, a hipótese que levanta é de que o acesso à palavra e a capacidade de reflexão e de ação, nas classes inferiores, tornam-se possíveis a partir da noção de indivíduo moderno, tal como descrita por Gentil – uma subjetividade autônoma, capaz de definir suas ações, possuir valores próprios e conferir sentido ao mundo. O que quer dizer que, se por um lado, a ideologia da modernidade visa a normatização e o favorecimento da manutenção da estrutura social, por outro, os *indivíduos* – personagens que vivem cada qual em um contexto específico – podem fazer uso dela. Mas os indivíduos se estruturam como tais, a partir do campo simbólico então inaugurado, o que estabelece uma relação paradoxal entre o significante indivíduo e a experiência subjetiva de cada um. A ideologia do indivíduo, como ideologia, tende a ser hegemônica, no sentido de estabelecer a determinação de cada indivíduo de acordo com

166 J. Donzelot, *A Política das Famílias*, p.61.

uma imagem apresentada como necessária à constituição de cada um, e com a qual os *eus* se identificam. Porém, este mesmo *eu* é subvertido pelo sujeito (do desejo) que, indomável e imprevisível, rompe com a completude desta imagem, ainda que, em alguma medida, a realize, pois a posição negativa do sujeito sustenta sua singularidade, o que por sua vez faz lembrar a prerrogativa do *cada um*, preconizada pela ideologia do indivíduo. Este é um paradoxo que caracteriza o fundamento da ideologia moderna e que em sua contradição intrínseca segue inquietando aqueles que se debruçam sobre a questão, seja da ótica da *ponte sobre o abismo* entre o sujeito do inconsciente e o indivíduo produzido em cada contexto histórico, seja da ótica das dissonâncias entre os distintos saberes das ciências humanas que sobre eles se debruçam.[167]

A ideologia moderna é ao mesmo tempo efeito e condição da estrutura social e política que com ela se inaugura. Realiza e explicita as tensões próprias à estrutura que a acompanha. Se Elias centrou sua pesquisa na história da corte francesa, é porque esta ocupava papel preponderante entre as nações européias durante o Absolutismo, sendo capaz de promover um modelo de conduta que se difundiria entre as demais nações, sofrendo, no entanto, modificações, conforme as posições de cada grupo na rede de relações entre cortes. A partir deste ponto é possível pensar o caso brasileiro. Como colônia de uma corte européia, o Brasil viveu os efeitos da ideologia moderna, de acordo com as vicissitudes do contexto local e a relação com Portugal, não deixando, por sua parte, de contribuir com um tempero próprio. O trabalho de Freire Costa se mostra útil neste ponto, pois mostra que a instalação da corte portuguesa no País teve como conseqüência a importação da idéia de indivíduo moderno, sobretudo nos saberes pedagógico e higienista, sendo aqui modificada de acordo com os interesses dominantes de uma sociedade fortemente hierarquizada, tradicionalmente marcada pelo clientelismo e organizada a partir da rede de influências sociais.

167 Castoriadis, *apud* B. Bezerra, Grupos, p.134. A questão é complexa; no que tange à psicanálise, o tema será discutido no capítulo III.

Brasil: importação e adaptação de uma ideologia

Até o século XVIII, diz Costa, Portugal fora negligente com relação à política de povoamento e à urbanização do Brasil, pois estava preocupado, antes de tudo, com a exploração dos recursos disponíveis. Com a descoberta do ouro, surgiu nas incipientes cidades brasileiras uma camada composta por negociantes, homens de letras, militares, funcionários públicos, que passa a oferecer resistência à política extorsiva então praticada, fazendo com que a coroa portuguesa modificasse sua conduta, culminando na vinda da corte para o Brasil.[168] Até então, o domínio político e econômico era exercido pela elite latifundiária que, numa organização patriarcal rígida, fazia prevalecer um modo de funcionamento familiar pouco permeável aos interesses do Estado. Com a vinda da aristocracia portuguesa, habituada a uma estrutura de serviços e instalações que até então não havia no País, houve a aceleração do processo de urbanização e modificação na organização social vigente. Até então, como foi dito, a sociedade se organizava em torno da família latifundiária, estruturada por uma rígida hierarquia patriarcal, na qual os interesses do grupo – mais precisamente, do patriarca – imperavam sobre os individuais.[169] A consolidação do poder do Estado dependia, entre outras coisas, do abalo do poder patriarcal, o que veio a ocorrer de modo gradual e incompleto, com a emergência da nova concepção de indivíduo, difundida e experimentada nas novas gerações.

Se este processo não chegou a se tornar pleno, no sentido de estabelecer uma ordem social de todo *individualista*, foi porque, na tradição local, as redes de parentesco e influências pessoais faziam contrapeso à ideologia do *cada um*, exigindo do arranjo local uma outra composição que já não mais correspondia ao processo europeu. Não se tratava, portanto, da importação direta e imediata de

168 J. F. Costa, *Ordem médica e norma familiar*, p.19.

169 Idem, ibidem, p.95.

uma dada ideologia, mas de um processo de adaptação da mesma aos costumes locais, conforme a complexidade da organização social em voga, com suas desigualdades e hierarquias, bem como a posição que o País ocupava na relação de forças continental.

A medicina, no anseio de conquistar maior autonomia e legitimidade na colônia, se prestou como instrumento de intervenção na instituição familiar patriarcal, a partir de uma política *higienista*. Se por um lado era inegável que esta trazia progressos à saúde da população, por outro, exatamente por ter legitimidade científica – empírica e conceitual – era um vigoroso auxílio para os interesses do Estado.[170] O higienismo acompanhava o recente desenvolvimento urbano e a "reeuropeização" da sociedade local que a vinda da corte portuguesa iria promover.[171] Visava uma mudança nos hábitos da população local que, aos olhos dos estrangeiros, não tinha muita preocupação com os cuidados sanitários, o zelo na vestimenta, nem cuidado na preservação de um espaço íntimo familiar. A política higienista almejava a disciplina de cada indivíduo consigo próprio e com seus próximos, de modo que cada qual passasse "a sentir e a agir como fiscal da higiene".[172]

Sempre voltado para as famílias das camadas superiores – modelo hegemônico – o higienismo privilegiou, num primeiro momento, a denúncia às ameaças à própria família: a falta de cuidado com a educação infantil, com a higiene e com a alimentação. Além dos escravos serem afastados do convívio íntimo, por serem vistos como influências prejudiciais, os próprios pais podiam comprometer a formação do novo cidadão. Em lugar do poder inquestionável do patriarca, eram agora médicos e pedagogos que prescreviam a conduta mais adequada. A exaltação

170 J. F. Costa, *Ordem médica e norma familiar*, p.47.

171 Costa usando uma expressão de Gilberto Freire – ibidem, p.53.

172 Idem, ibidem, p.139. Vale lembrar que esta política já havia sido antecipada e acompanhada pelo projeto dos jesuítas de criar um "novo homem", a partir de influências humanistas e renascentistas, na qual a busca pelo conhecimento e cuidado de si já estava presente – M. Massimi, As idéias psicológicas na produção cultural da Companhia de Jesus no Brasil do século XVI e XVII, p.28-29.

do valor da mocidade era acompanhada pela depreciação do velho, nova imagem do patriarca.[173]

Com a valorização da formação e da educação dos indivíduos, a instituição escolar ganha força: "o novo homem e a nova sociedade começariam a ser construídos no colégio".[174] Até a vinda da corte, a estrutura de ensino acompanhava a fragmentação política da colônia. Eram poucos os colégios e sua estrutura estava voltada para os interesses locais e provinciais. Com o processo de urbanização, o incremento das atividades comerciais, a demanda por uma maior diversidade de qualificação profissional e o desenvolvimento do transporte ferroviário, houve uma gradual uniformização e proliferação dos colégios, acompanhando o movimento nacionalista inaugurado com a saída da corte.

Durante o período colonial, estimulada pela própria coroa portuguesa, cada província estava voltada para seus próprios interesses e o poder era dividido regionalmente entre as famílias latifundiárias. Com a vinda da corte, as disputas mobilizaram as elites locais em favor da centralização do poder, sendo a Independência, expressão de um movimento nacionalista nascente. A partir de então, a elite procuraria "consolidar sua hegemonia diminuindo o fosso que separava as famílias do poder central",[175] configurando um processo político complexo, pois a centralização do poder visava a consolidação de um Estado nacional, que tinha como obstáculo o patriarcalismo, ao mesmo tempo em que os membros da nova estrutura de governo provinham da própria oligarquia latifundiária. O higienismo, por sua vez, tornou-se um instrumento importante para a conquista de uma maior unidade do País e a uniformização dos colégios foi um dos meios utilizados para tanto.

Desse modo, percebe-se que a bagagem trazida pelos portugueses foi útil para a elite local, pois o higienismo brasileiro, que iria favorecer a consolidação do Estado, era herdeiro da mo-

173 J. F. Costa, *Ordem médica e norma familiar*, p.223-224.

174 Idem, ibidem, p.180.

175 Idem, ibidem, p.57.

dernidade européia, para a qual a corte portuguesa contribuia. Curiosamente, a medicina brasileira teve forte influência francesa, país em que o ideário democrático, contrário às injustiças sociais, imperava, pautando-se na idéia de indivíduo moderno.[176] Ainda que também este ideário tivesse suas contradições, como foi apontado, a versão brasileira parece ter promovido um ajuste ao chamado "liberalismo escravagista".

Para Costa, a higiene, por meio das instituições escolares, "apropriou-se das crianças, separando-as dos pais e, em seguida, devolveu-as às famílias convertidas em soldados *da saúde*".[177] A imagem militar evocada traduz o perfil das diretrizes pedagógicas e morais preconizadas – penitências e exercícios físicos como forma de conquistar o desenvolvimento moral e espiritual – além de indicar a finalidade almejada com a formação destes indivíduos. A prontidão a serviço da pátria era evidente, tal como no caso europeu.

Era claro o intuito de domesticar o corpo precocemente, mas era a *alma* o principal alvo, como atesta um trecho de uma tese de medicina de 1855: "... os castigos que falam diretamente *à alma*, quando manejados com discernimento, têm mais subida influência sobre a sua maneira de obrar, do que aqueles que só falam à pele e às orelhas".[178] É da perspectiva de um projeto político que buscava incidir na *alma* dos indivíduos, que Costa justapõe universos nem sempre lembrados em sua articulação, anunciando a "crescente 'intimização' e 'estatização' dos indivíduos". Diz ele:

> A higiene acoplou seus próprios interesses aos do Estado e aos da família, produzindo indivíduos extremamente preocupados com sua intimidade física e emocional. Também os ajudou a se desprenderem de suas raízes familiares extensas para colocá-los, sozinhos, face ao mundo e a este espaço absolutamente saturado de cuidados físicos e sentimentais que é a família nuclear.[179]

176 Idem, ibidem, p.132.

177 Idem, ibidem, p.204. Grifo meu.

178 Idem, ibidem, p.186.

179 Idem, ibidem, p.150.

Note-se a nuance sobre o sujeito da ação anunciada: *a higiene produziu indivíduos intimizados* – o que é quase um pleonasmo, *indivíduos intimizados* – ao mesmo tempo em que (a higiene) *os ajuda* a se desprenderem de suas raízes. Na primeira formulação os indivíduos são objeto de uma ação – são produzidos pela higiene – ao passo que na segunda, são sujeitos da ação – *desprendem-se de suas raízes familiares extensas* com a ajuda da higiene. Parece tratar-se aqui do mecanismo apontado anteriormente acerca dos efeitos da ideologia: não há como haver subjetivação sem haver identificação com os dispositivos simbólicos próprios de cada cultura, que por sua vez estão necessariamente permeados pela ideologia de cada momento histórico.

As estratégias adotadas nas escolas com relação à higiene, responsáveis pela *intimização e estatização dos indivíduos*, foram três: a promoção de hábitos incutidos pela reprodução mecânica de gestos e condutas; a promoção de um "autocontrole" incitado pela idéia de "desvio moral" capaz de produzir sentimento de culpa; e, finalmente, a promoção do julgamento entre pares, que favorece a reprodução do discurso do dominador, fazendo com que cada um passe a controlar tanto seus atos e pensamentos, quanto a ação dos demais.[180]

A estratégia adotada ganhava força apoiando-se na legitimidade que o saber científico conquistava. As prescrições argumentavam em defesa da saúde, tendo em vista o respeito à própria "natureza" humana, o que as tornava incontestáveis. A defesa da universalidade de uma determinada visão de homem (ideologia *em-si*) trazia benefícios claros numa política que aproximava os interesses médicos aos do Estado (ideologia *para-si*) e se tornava mais complexa e sutil. Como indica Costa, a sobreposição das versões física e moral da "verdadeira natureza humana" favorecia esta política:

> Este homem, como é visível, pairava acima de classes e raças. Sua existência permitiu aos higienistas falarem de humanidade, dando uma dupla conotação ao termo: a de espécie biológica, a raça, e a de organização po-

180 Idem, ibidem, p.200, 201. Grifo meu.

lítica, o Estado. Os crimes contra o Estado poderiam, em conseqüência, converter-se em atentado à raça e vice-versa.[181]

Neste trecho fica claro o uso político que um determinado saber permite e como a referência às ciências supostamente neutras, tais como a medicina e a biologia, é eficaz exatamente no momento em que sua implicação política não é reconhecida. A defesa de um desenvolvimento *natural* ao homem e da separação por idades do que seria apropriado às etapas deste percurso foram úteis à política anunciada. Inevitavelmente, os saberes médico, pedagógico e psicológico herdaram marcas desta tradição, configurando o caráter ideológico que então os acompanhou – *ideologia em-si*. O conteúdo desses saberes se prestou aos interesses de determinados segmentos sociais que disputaram espaço e preponderância no jogo de poder num país que apenas recentemente e, de modo pouco orgânico, fora proclamado república. Conseqüentemente, cada um destes saberes ficou marcado, em sua história neste País, pela política que o acolheu e promoveu. Foram saberes promovidos por práticas governamentais e institucionais que vieram a pôr em uso e tornar concreta uma *nova realidade*, configurando a difusão de uma ideologia que viria a se inscrever nos corpos dos agentes envolvidos em suas práticas – *ideologia para-si*.

Do ponto de vista da experiência cotidiana das relações sociais, no entanto, a *ideologia do indivíduo* não conquistou aqui um estatuto pleno. No Brasil, de modo distinto a países de cultura protestante ou praticantes de um capitalismo avançado, continuou presente, de modo heterogêneo, a tradição relacional de laços sociais pautados pela hierarquia patriarcal e clientelista, nas distintas realidades do país. Se o exercício da *individualidade* era uma realidade nos usos e costumes de várias sociedades do velho continente europeu e do norte-americano – cada indivíduo com seu espaço próprio, sua intimidade, seus direitos e deveres – o mesmo não ocorria no caso brasileiro, pelo menos numa primeira

181 Idem, ibidem, p.149, 150.

apreensão dos usos e costumes locais, haja vista, por exemplo, as modalidades de socialização vigentes, freqüentemente pautadas nas redes de influência de *quem conhece quem* e nos conchavos e compromissos daí decorrentes.[182]

Neste sentido, o ideário igualitário e pretensamente libertador preconizado nas culturas supostamente *mais avançadas* serviu como contraponto ao modo de organização social que tradicionalmente prevalecia, estabelecendo um campo de tensão entre o ideário individualizante e uma organização social clientelista e relacional, como é a brasileira. Tensão esta que tende a se acentuar nos espaços urbanos, aonde há, para a maior parte da população, uma retração nas redes de influência personalistas, sendo a condição de anonimato mais propícia à experiência subjetiva intimista e privatizante, algo convergente com o ideário individualizante. Além disso, o processo de urbanização se encontra diretamente atrelado ao *desenvolvimento* da estrutura capitalista em seus diferentes dispositivos – seja em seu sistema produtivo, sua complexa rede de trocas mercantis ou o incremento das demandas de consumo e a ampliação da cultura midiática – que, como mostrou Zizek, tende a favorecer a penetração da ideologia do indivíduo, em função da posição estratégica que ocupa o fetichismo da mercadoria na economia psíquica contemporânea. Mesmo que tantas manifestações, hábitos ou costumes locais sejam característicos de uma organização relacional, a participação na economia do capital, em qualquer posição de sua estrutura, convoca cada um à condição de indivíduo e o inclui na realidade

182 Ver R. Da Matta, *Carnavais, malandros e heróis*. Este autor desenvolve sua leitura sobre esta questão a partir da contraposição entre o espaço familiar personalista (*a casa*) e o espaço público anônimo (*a rua*), marcando entre ambos várias "zonas de conflito e também (...) zonas de passagem", como o são, por exemplo, a entrada no mundo do trabalho, quando o indivíduo se desprende do conhecido e bem marcado universo familiar para o anonimato das relações profissionais, até que novas redes personalistas possam então ser construídas – p.196/197.

(ideológica) hegemônica que se impõe às diferentes sociedades do globo, exigindo delas, a adaptação que lhes é possível.[183]

Logo, é possível dizer que a terceira modalidade da ideologia do indivíduo, *em-si-para-si*, teve uma inserção diferenciada na realidade brasileira, tendo em vista a particularidade deste universo cultural, heterogêneo e desigual, no qual os agentes sociais seguem produzindo modos específicos de socialização e organização social, o que, aliás, configura um campo de investigação específico.[184] É este cenário heterogêneo que compõe o universo de referência no qual tantos sujeitos, quando em sua *condição adolescente*, buscam se inserir, a fim de se verem como parte de uma cena cortejada.

Por um lado, o trajeto que se anuncia para o sujeito adolescente prevê uma *crise subjetiva*, a ser vivida como condição para a conquista do status de *indivíduo*, quando esta é a referência do *mundo adulto* a que almeja pertencer. Neste sentido, a crise surge como exercício de uma *interioridade* própria, expressão do desamparo que sua condição (imaginária) de autonomia exige, servindo-lhe de provação anônima para alcançar o estatuto de indivíduo tal como o ideário da modernidade prevê. É o preço a ser pago para a conquista da pretensa condição de independência e liberdade frente às amarras da organização social, conforme preconiza o ideário da modernidade. É a expressão de uma experiência subjetiva que carrega a negação da implicação política nela deslocada, pois o indivíduo dotado de uma *intimidade* serve de apoio à estrutura do Estado, na medida em que auxilia a reprodução de discursos que legitimam a estrutura de poder estabelecida, seja pelo poder de autocontrole e vigilância entre pares que suscita, seja pela negação de sua implicação social e política. Na medida

183 Sobre o caráter hegemônico da economia capitalista, ver adiante.

184 Há várias linhas de pesquisa, aliás, que adotam esta perspectiva, seja na sociologia da juventude – quando se pensa, por exemplo, nos processos de inserção social via produções culturais, configurando as *culturas juvenis* ou sub-culturas – seja na psicanálise, quando se pensa nos laços entre pares – *função fraterna*, no dizer de M. R. Kehl (argumento apresentado no livro *Função fraterna*).

em que tensões sociais são amortizadas pela produção desta intimidade, a crise subjetiva parece ser uma condição necessária, expressão silenciosa de conflitos previsíveis e determinados.

Por outro lado, quando se considera a perspectiva relacional e personalista que segue presente nas heterogêneas experiências cotidianas da sociedade brasileira (ou *sociedades brasileiras*, para ser mais preciso), marcada pelo modelo de hierarquia familiar patriarcal, o trajeto adolescente parece ser outro. A hierarquia que percorre os vários lugares na rede de influências, que se ramifica nos diferentes espaços sociais, exige a construção de um sinuoso caminho, de modo a poder compartilhar dos códigos e prescrições específicos de cada contexto institucional. A almejada inclusão na cena do *mundo adulto* prevê, assim, provações e alianças – silenciosas ou anunciadas, momentâneas ou ritualizadas – que vêm instaurar o incerto jogo de poder característico deste universo da informalidade. Nesta perspectiva, o trajeto adolescente dependeria mais propriamente da construção de laços com seus pares ou com representantes das hierarquias institucionais, de acordo com as vicissitudes específicas de cada contexto imediato e particular. Se é possível também aqui pensar em *crise*, esta se daria em função do possível e provável impacto que é, para cada um, se defrontar com a desigualdade de posições que tal hierarquia estabelece, assim como com o peso do exercício do poder, em sua modalidade informal e personalista.

Um contexto social heterogêneo como o brasileiro, marcado pela tensão entre referências simbólicas variadas e por vezes contraditórias, traz o desafio para cada saber que se debruça sobre a experiência humana, de rever suas formulações e conceitos, a fim de se perguntar em que medida é capaz de contemplar as particularidades de cada realidade social. A ideologia do indivíduo tende a se impor na contemporaneidade, nos diversos contextos, em função de sua articulação intrínseca com o exercício do capitalismo, que nas últimas décadas deixou clara sua contundência e envergadura com o fenômeno chamado de *globalização*, a ser considerado adiante. No entanto, se esta ideologia vem consolidar um ideário há muito anunciado, como o trabalho de Elias sugere, por outro lado, os dispositivos societários tradicionalmente praticados na sociedade brasileira funcionam como seu contrapeso, ou mesmo, como pólo de resistência a sua hegemonia. São realidades que se interpenetram e estabelecem uma tensão que se anuncia tanto na dissonância entre os saberes que são anunciados como traduções desta realidade, quanto na experiência cotidiana dos cidadãos, como trabalhos como o de DaMatta, vêm descrever.

A idéia de *crise da adolescência* como crise subjetiva, necessária à conquista de uma *interioridade* que permite a inserção no mundo adulto – seja pela cumplicidade num ideário que preconiza a liberdade e a autodeterminação como sua principal bandeira, seja como provação singular a ser vivida – encontra-se diretamente atrelada à ideologia do indivíduo, como condição mesma de sua realização. Se é um conceito que porventura é capaz de elucidar algo sobre a experiência subjetiva de muitos daqueles que se identificam ou são identificados com a condição adolescente, é porque traduz um traço relevante da organização social que se difundiu na modernidade, em função da estrutura capitalista de produção e consumo, nas diferentes partes do globo.

Neste sentido, a *crise da adolescência* é fruto de uma história e de uma política que nele se inscrevem e se silenciam – quando individualizam processos que ultrapassam o universo psíquico –, mas que nem por isso se fazem menos presentes. É um conceito que se torna instrumento político dependendo do sentido que lhe é atribuído e do uso que dele é feito, nas diferentes práticas institucionais, sejam elas médicas, pedagógicas ou mesmo clínicas. É o que ocorre quando é tomado como verdade última sobre determinados sujeitos que produzem inquietação com seu discurso, perdendo-se a dimensão de que a *crise* não deixa de ser um *sintoma* daquilo que resta, para cada um, da desmedida que sustenta a lógica mercantil e da ausência de sentido da lei que fundamenta a ordem social vigente.

Não é casual que os dois significantes que compõem esta noção – *crise* e *adolescência* – tenham passado a ocupar um lugar de destaque na contemporaneidade, estando particularmente associados ao longo do século XX.

A emergência da *adolescência em crise* no século XX

A noção de crise tem acompanhado a ideologia que nasce com a modernidade e segue ao longo do século XX. No entanto, o termo crise é mais antigo. Os gregos falavam em *krisis*, num sentido que não foi de todo abandonado nas sociedades contemporâneas. O termo *krisis* denota duplamente *crise* e *crítica*, o que implica, nesta segunda acepção, *julgamento* e *diagnóstico*,[185] uso que segue em voga na atualidade, ainda que nem sempre explicitado. Isto porque o anúncio de uma *crise* depende da realização, reconhecida ou não, de um diagnóstico capaz de sustentar o veredicto, que por sua vez depende de um saber que lhe dê legitimidade. Logo, falar em crise é realizar um julgamento.

A idéia de crise ganha força com a modernidade na medida em que o exercício do questionamento encontra-se em seu cerne, assim como a conquista de um conhecimento incessantemente revisto e reformulado. Seja de uma perspectiva filosófica, sociológica ou psicológica, a referência à crise é recorrente desde a inauguração da modernidade, em diferentes pensadores, cada qual de seu enfoque específico. No plano político, o nascimento do Estado Moderno, tal como foi descrito, compreende a constante oposição de forças num equilíbrio instável, de modo que a idéia de crise o acompanha desde as mudanças necessárias para sua instauração.[186] Brunkhorst, por exemplo, ao comentar o pensamento marxista, diz que

185 *Dicionário do Pensamento Social do século XX*, p.157.

186 *Dicionário de Política*, p.768-774.

> do Iluminismo até Marx, *a época presente é compreendida como uma crise*, e a crise como crítica prática, revolucionária, como uma causa levantada pela nova sociedade burguesa contra o antigo estado, ou pelas classes excluídas da sociedade burguesa contra as que estão incluídas.[187]

A crise aqui anunciada denota uma oposição de forças sociais que suscitam a capacidade crítica que emerge juntamente com a possibilidade de mudanças neste jogo de forças entre as classes que compõem cada organização social. Nesta formulação, o sinal de crise seria aquele que anuncia o motor transformador na ordem social.

Alguns associam a modernidade à crise do Estado e outros, à crise do indivíduo ou da subjetividade, como é o caso de Figueiredo, ao tratar do romantismo. Para ele, este movimento tinha na idéia de crise um de seus fundamentos, pois:

> há uma marca romântica muito clara na valorização da *crise* como momento e ingrediente do processo terapêutico. Toda cura devia começar com uma crise, que tanto podia ser um recrudescimento da doença como uma espécie de transe histérico com convulsões e desmaios... é uma expressão autêntica

... das "forças ocultas" em jogo.[188] Na tese defendida por este autor, a crise da subjetividade anunciada com o romantismo é um momento crucial para a constituição do objeto de investigação privilegiado no final do século XIX, denominado o "psicológico". Mas, para tanto, foi "preciso que, ao lado do fortalecimento da privacidade, esta *entrasse em crise* e se convertesse em objeto de suspeitas e cuidados especiais".[189] Para Figueiredo, foi com o romantismo que se anunciou uma subjetividade em crise, que por sua vez deu legitimidade ao saber psicológico necessário à investigação e ao tratamento desta.

187 *Dicionário do Pensamento Social do século XX*, loc. cit.. Grifo meu.

188 L. C. Figueiredo, *A invenção do psicológico*, p.125.

189 Idem, ibidem, p.127. Grifo meu.

Estado em crise, subjetividade em crise. A noção de crise ganha diferentes sentidos de acordo com aquilo a que é associada, nas diferentes correntes ou pensamentos, desde a inauguração da modernidade. Não só a freqüência, mas, sobretudo, o modo como é utilizada indica a posição privilegiada que a noção de crise conquista no universo simbólico que acompanha a modernidade. Surge quase como algo necessário, resultado de processos que põem em xeque seu próprio engendramento, como uma previsível decorrência das injunções de força ali implicadas. A crise seria, então, a própria realização do exercício auto-reflexivo que caracteriza o ideário da modernidade, como os termos julgamento e diagnóstico vêm atestar.

A aproximação da idéia de crise à adolescência ou juventude já havia sido anunciada por Rousseau e se tornara o emblema do Romantismo, mas é no século XX que passa a ser uma constante nas várias áreas das ciências humanas. Se por um lado a tradição da modernidade já apontava nesta direção, a conjuntura histórica e social deste século parecia servir como confirmação de um anúncio dado. A idéia de *adolescência em crise* (assim como a *juventude em crise*) foi particularmente enfatizada a partir da segunda metade do século XX, mais propriamente, num momento de transição entre o que Hobsbaum chamou de "Era de Ouro" – entre as décadas de 50 e meados de 60 – e as "Décadas da Crise" – anos 70 e 80.

Segundo este historiador, a Era de Ouro foi assim descrita porque, posteriormente, surgiram dificuldades de ordem econômica e social que afetaram muitas populações, tanto do ocidente quanto do oriente, e tanto em países do primeiro mundo, quanto do terceiro mundo – aliás, sobretudo estes. Mas, durante a Era de Ouro, o desenvolvimento econômico e os crescentes benefícios sociais eram freqüentemente vistos como conquistas irreversíveis. No início dos anos 60, na Europa, o índice de desemprego estacionou em torno de 1,5%, configurando o que foi chamado de "pleno emprego", condição que garantia alguma repartição das riquezas e estabilidade social. Nos países do terceiro mundo, de modo geral, o aumento da produção de alimentos nas décadas de 50 e 60 acompanhou o crescimento populacional do período, permitindo a elevação significativa da expectativa de vida, assim como a interrupção dos focos de fome endêmica – a não ser por questão de guerra ou instabilidade política local.[190]

Para Hobsbaum, tratou-se de um crescimento desigual da economia mundial que configurou "uma fase excepcional" do capitalismo desenvolvido, "embora a riqueza geral jamais chegasse à vista da maioria da população do mundo".[191] Com a disponibilidade de fontes de energia natural a preços relativamente baixos para a época, o modelo americano de produção em massa – *fordista* – espalhou-se pelas indústrias dos países das diferentes partes do globo, sustentado por um mercado de massa que passava a consumir serviços e bens anteriormente restritos a poucos, desde a geladeira e o telefone, até as sandálias de plástico e o rádio.[192] De modo que o processo de "internacionalização e globalização do mercado" incidia tanto sobre o processo produtivo quanto sobre o mercado consumidor, de acordo com suas desigualdades, de modo a estabelecer uma rede comercial que gradualmente se tornava mais intensa e complexa entre as diferentes partes do globo.

Se no plano produtivo o modelo norte-americano era a principal referência, também no consumo os EUA conquistavam lugar de destaque. Isto porque "a esmagadora hegemonia cultural dos EUA na cultura popular e nos estilos de vida" estava diretamente vinculada à posição econômica e política que este país passou a ocupar no cenário internacional, a partir do pós-guerra.[193]

A mudança de hábitos e costumes que se podia verificar de modo não homogêneo nem universal nas diferentes sociedades configurava, no dizer do autor, uma "revolução cultural", per-

190 E. Hobsbaum, *Era dos Extremos*, p.254-256.

191 Idem, ibidem, p.255.

192 Idem, ibidem, p.259-260.

193 Idem, ibidem, p.320.

ceptível nas relações familiares e entre gerações.[194] Numa concepção afim àqueles que falam da "cultura do individualismo",[195] Hobsbaum vê aí "o triunfo do indivíduo sobre a sociedade", caracterizado pela rejeição d'"a ordenação histórica (...) há muito estabelecida das relações humanas em sociedade, que as convenções e proibições sociais expressavam, sancionavam e simbolizavam", em nome não de uma outra ordenação, mas da "ilimitada autonomia do desejo humano".[196]

Trata-se, portanto, de uma versão da *ideologia do indivíduo* associada particularmente à imagem da juventude:

> a cultura jovem tornou-se a matriz da revolução cultural no sentido mais amplo de uma revolução nos modos e costumes, nos meios de gozar o lazer e nas artes comerciais, que formavam cada vez mais a atmosfera respirada por homens e mulheres urbanos.[197]

Seguindo o argumento de Hobsbaum, a "revolução cultural" da Era de Ouro está marcada pelo enaltecimento do indivíduo e de seus interesses, ideário representado de modo privilegiado pela imagem do jovem e marcado pelo processo de urbanização.[198] Neste ideário, há um paradoxo que não é novo, mas que aqui encontra um momento de expansão desigual: se por um lado há uma valorização dos interesses individuais, por outro, há uma uniformização da moda a partir de um mercado de massa, para o qual o jovem é a referência, mais particularmente aquele

194 Idem, ibidem, p.314. Para Hobsbaum, a idéia de *revolução* é associada a *crises* da família e das relações entre os sexos a partir do pós guerra – p.316-317.

195 Uma referência clássica, nesta perspectiva, é o trabalho de C. Lasch, *Culture of Narcisism*.

196 E. Hobsbaum, *Era dos Extremos*, p.327.

197 Idem, ibidem, p.323.

198 Sobre a juventude identificada com a modernidade cultural das sociedades de massa, ver E. Morin, *Cultura de Massas no Século XX* – O Espírito do Tempo II; juventude associada com "sociedades dinâmicas", ver K. Mannheim, Funções das Gerações Novas, p.92; juventude como "configuração própria da experiência moderna", A. Peralva, O Jovem como Modelo Cultural, p.16.

pertencente à sociedade norte-americana. Paradoxo, na medida em que a valorização das diferenças individuais é acompanhada pela força de um mercado de massa, sendo a homogeneização do consumo favorecida como forma de sustentação de um sistema de produção em larga escala. Este processo foi mais claramente visto no modo de se vestir e no gosto musical, sendo o *blue jeans* e o *rock* suas principais manifestações.

Não se tratava somente da descoberta dos jovens como consumidores privilegiados para uma produção em massa, que gradualmente se internacionalizava, em função de um aumento geral da população juvenil na maior parte do globo. Tratava-se sobretudo do sentido e uso que a imagem do jovem conquistava, sendo oferecida como parâmetro para uma nova ordem social. No que diz respeito ao mercado de consumo, se o atributo de "novidade" passara a ser "o principal recurso de venda para tudo",[199] o jovem era a melhor personificação de tudo o que era novo. Neste sentido, a possibilidade de abordar as questões sociais a partir da figura do jovem como representante do que é novo, que se confronta com as *gerações* precedentes – como veio a ocorrer tanto na psicanálise quanto na sociologia –, defensoras da tradição, mostrava-se um fecundo recurso para deslocar as tensões sociais para uma dimensão atemporal, supostamente universal, como se fosse inevitável o conflito do novo frente ao antigo. Ainda que fosse fácil justificar este conflito a partir do comportamento dos vários agentes sociais em questão, tomar o *conflito de gerações* como principal justificativa para os diferentes problemas sociais parece ser, acima de tudo, uma tentativa de naturalizar as tensões sociais de determinado momento histórico.

Hobsbaum salienta, em sua análise, a amplitude e a contundência das transformações sócio-culturais, apontadas como o diferencial daquele momento em relação a turbulências precedentes. Para ele, "a novidade dessa transformação está tanto em sua extraordinária rapidez quanto em sua universalidade" e, a fim de salientar a contundência das transformações, considera que

199 E. Hobsbaum, *Era dos Extremos*, p.261.

"para 80% da humanidade, a Idade Média acabou de repente, em meados da década de 1950; ou talvez, melhor, *sentiu-se* que acabou na década de 1960".[200]

Em meio a este processo, o autor destaca a rápida urbanização de diferentes pontos do globo, como um dos aspectos importantes a serem considerados e que iria aprofundar as mudanças em voga.[201] O abandono das terras como meio de subsistência de uma parcela significativa da população, tanto em países ditos desenvolvidos, quanto nos demais, acompanhava a internacionalização dos processos produtivos e de consumo, assim como a "revolução cultural" assinalada. Num momento inicial, o impacto deste deslocamento foi amortecido por dois fatores: primeiro, pela freqüente intensificação e mecanização da produção agrícola,[202] que permitia que a oferta de alimentos não se reduzisse com a migração camponesa, mas até aumentasse, durante a Era de Ouro; em segundo lugar, pelo incremento do processo produtivo e a rápida industrialização que então se internacionalizava, o que permitia a absorção de um expressivo contingente migrante pelo mercado de trabalho.

Porém, os anos dourados já anunciavam a crise que os sucederia nas décadas de 70 e 80, pois

> o ideal a que aspirava a Era de Ouro, embora só se realizasse aos poucos, era a produção, ou mesmo o serviço, sem seres humanos... Os seres humanos só eram essenciais para tal economia num aspecto: como compradores de bens e serviços. Aí estava o seu problema central.[203]

O desemprego, que a partir do final da década de 60 aumentava de modo desigual, não representaria, na visão do autor, apenas um desequilíbrio passageiro do desenvolvimento capitalista:

200 Idem, ibidem, p.283.

201 Idem, ibidem, p.283. Sobre o processo de urbanização, ver também *Dicionário de Política*, p.774.

202 Exceção feita a três regiões aonde continuava a dominar o sistema produtivo tradicional: África subsaariana, sul e sudeste da Ásia continental e China – E. Hobsbaum, *Era dos Extremos*, p.286.

203 Idem, ibidem, p.262.

tratava-se de um "desemprego estrutural", na medida em que era "necessário para a operação eficiente de uma tal economia" e portanto, irreversível, tornando impossível retomar os índices de "pleno emprego" característicos da Era de Ouro.[204]

A concentração de capital e as desigualdades sociais se intensificavam, então, não somente entre nações, desde o pós-guerra, como também entre os diferentes segmentos das sociedades premidas pelo desemprego, que crescia lenta e firmemente. No caso da maioria dos Estados – exceção feita talvez aos EUA – seus governos perdiam poder de governância em favor das grandes corporações, que ao se internacionalizarem, conquistavam maior força e independência frente aos poderes locais. Porém, a chamada globalização não distribuía as riquezas entre as distantes populações agora interligadas comercialmente, muito pelo contrário.

De modo geral, os efeitos sociais da crise foram sobretudo dramáticos para os países do terceiro mundo, pois sua população continuava a apresentar um crescimento acentuado, não mais acompanhado pela produtividade agrícola, que passava a apresentar uma relativa estabilidade. Alguns países conseguiram postergar tais efeitos, ao servirem de braço produtivo para multinacionais originárias dos países ditos desenvolvidos, que se utilizavam da mão-de-obra barata e disponível em larga escala. No entanto, mesmo estes países não ficariam imunes aos efeitos da crise alguns anos mais tarde, como é o caso, por exemplo, do Brasil.[205] O sonho do *milagre brasileiro*, de romper com a distância econômica dos países do primeiro mundo, parecia se desfazer no final da década de 70.

O desemprego elevado e constante, acompanhado pela crescente desigualdade sócio-econômica, caracterizaram, de modo heterogêneo, uma crise global que marcou o último quarto do século XX. A juventude, por sua vez, ocupou – e segue ocupan-

204 Idem, ibidem, p.403.

205 Na última década do século, Hobsbaum descreve o país como "candidato a campeão mundial de desigualdade econômica" – ibidem, p.397.

do – uma posição particular em relação às situações de *crise*.[206] Em meio às oscilações econômicas, sociais ou políticas, mantém-se como foco de preocupação, quer sendo enaltecida como solução para o futuro, quer como ameaça ou justificativa de distúrbios sociais. Esta posição ambivalente em relação à juventude e adolescência parece acompanhar a cultura ocidental desde pelo menos o advento da modernidade: como lembra Hobsbaum, é uma "crença... entranhada nas culturas sociais" que "os grupos jovens... são o *locus* tradicional da alegria, motim e desordem".[207]

Nos momentos de crise, esta ambivalência parece ficar acirrada. Para Hobsbaum, a crise econômica mundial das décadas de 70 e 80 foi acompanhada por um clima de incerteza e imprevisibilidade: "as agulhas das bússolas não mais tinham um norte, os mapas tornaram-se inúteis". Foi também o momento em que o modo de organização social do mundo sofreu profundas transformações e as estruturas familiar e comunitária perderam a força em favor do *indivíduo*.[208]

O clima de incerteza produzido pela *crise* tende, por sua vez, a penalizar os pontos frágeis do corpo social. Há uma demanda de responsabilização pela instabilidade vivida e esta é construída de acordo com o imaginário e as estruturas de poder em voga. A juventude e a adolescência, neste sentido, cumprem seu papel, pois viabilizam a incidência de uma *ideologia do indivíduo*, ao circunscreverem um momento particular da constituição do sujeito psíquico e do sujeito social considerado de modo destacado do todo – ou seja, como *indivíduo* – absorvendo a crise que o ultrapassa.

206 Morin já havia considerado as revoltas estudantis do final da década de 60 como "sintomas de uma crise mundial da humanidade" deste período, ainda que desde o século XIX, já fossem "a sede potencial ou esporádica de oposições, contestações, agitações e mesmo de manifestações revolucionárias de natureza política" – *Cultura de Massas no Século XX* – O Espírito do Tempo II, p.145, 148.

207 E. Hobsbaum, *Era dos Extremos*, p. 294. Ver também, P.-O. Costa et alli, *Tribus Urbanas*, p.12; J. M. Pais, *Culturas Juvenis*, p.26, 27.

208 E. Hobsbaum, *Era dos Extremos*, p. 334-335. Sobre a valorização da "escolha autônoma do sujeito", ver também A. Melucci, Juventude, tempo e movimentos sociais, p.9.

Algo identificável, por exemplo, na formulação de Hobsbaum, quando este destaca que "mesmo a vizinhança, última relíquia da comunidade, mal podia sobreviver ao *medo universal*, em geral de *garotos adolescentes descontrolados*, e cada vez mais armados, que tocaiavam essas selvas hobbesianas".[209] Ainda que em diversas culturas fosse possível encontrar recursos que permitissem construir o respaldo a este *medo universal*, é evidente que não é este o segmento social responsável pelos incidentes que irrompiam em cada sociedade. Porém, a imagem da juventude e da adolescência que perdura é de *descontrole* e de *ameaça*.

Não foi, porém, no século XX que o deslocamento dos ideais ou dissabores do corpo social para as figuras da juventude e da adolescência, ocorreu pela primeira vez. Como foi dito anteriormente, já no século XIX este discurso era recorrente. O que é característico do século XX é a amplitude com a qual esta associação passa a ser feita, fenômeno este atrelado aos desdobramentos do capitalismo tardio, responsável na última metade de século, pela aproximação de universos tão díspares e distantes. Nota-se, a partir daí, que adolescência ou juventude em crise, cada uma como faceta de uma mesma moeda, tornaram-se elementos estratégicos na economia que rege os campos simbólicos que articulam as diversas organizações sociais da contemporaneidade.

O resgate historiográfico indica, portanto, que estas crises não estiveram anunciadas apenas nas formulações teóricas, mas se entranharam no senso comum e, seguindo a tendência hegemônica da ideologia do indivíduo, penetraram corpos sociais e corpos sexuados, mas não sem resistência, adaptações ou rearranjos, como sugere o caso brasileiro. É porque a ideologia tem efeitos no real e passa a estruturar a própria realidade, que os dizeres produzidos sobre os indivíduos em crise não são apenas deformações a serem revistas, mas caminhos de investigação do real e da realidade na adolescência, em sua versão contemporânea, resgatando a estranheza ou a inquietação de um discurso tantas vezes abafado.

209 Idem, ibidem, p.334. Grifo meu.

2 Psicanálise, puberdade e adolescência

Não é medo, nem desejo, é um tumulto interior,
incompreensível, que ameaça rasgar-me o peito,
que me sufoca.
J. W. Goethe, *Os sofrimentos do jovem Werther*, p.131.

Crise, crise necessária, crise normativa, transtorno, síndrome normal, momento de distúrbios no equilíbrio mental, período crítico, fase de conflito, pane, fratura ou *breakdown*: são diversas e constantes as aproximações feitas por psicanalistas entre a adolescência, a puberdade e a noção de *crise*.[210] Do pós guerra até os dias atuais, desde os precursores da psicologia do ego aos psicanalistas franceses, é predominante a referência à adolescência como *crise necessária*, a ser

210 Para citar alguns exemplos: transtorno e distúrbio no equilíbrio mental, A. Freud, Adolescência, p.71,74; crise normativa, síndrome normal, E. Erikson, *Identidade, juventude e crise*, p.22,163; período crítico, F. Dolto, *A causa dos adolescentes*, p.7; crise necessária, O. Mannonni, *La crisis de la adolescencia*, p.8; pane, S. Lesourd, *A construção adolescente do laço social*, p.56 e também J.-J. Rassial, A adolescência como conceito na teoria psicanalítica, p.52,60.

vivida, elaborada ou superada, conforme o entendimento dos autores acerca da natureza da crise e de sua determinação, como será visto adiante.

Também é constante entre os vários trabalhos sobre adolescência, a referência ao texto freudiano, por vezes feita de modo claro e destacado e, outras, de modo indireto e sutil, conforme a brevidade do argumento ou supondo a cumplicidade de um bom entendedor. No entanto, logo se percebe que este movimento não resulta na convergência entre as posições adotadas e a impressão que se tem, em muitos momentos, é de que cada um não se reporta ao mesmo Freud. Se há pontos em comum entre os autores, como ocorre com a própria noção de crise e sua determinação, as divergências estão vinculadas às distintas tradições de interpretação do texto freudiano, defendidas e difundidas nas várias escolas psicanalíticas às quais os autores se filiam ou de que são herdeiros.

Os conceitos, o entendimento e a determinação apresentados em cada formulação estão pautados pelos embates teórico-clínicos em meio aos quais foram produzidos. Embora o valor de seu conteúdo próprio – dimensão positiva de seu discurso – não dependa do contexto de sua determinação, não deixa de ser também o resultado dos compromissos teóricos e políticos assumidos pelos autores, mesmo que não se tenha clareza disso. Surge daí a tentativa não propriamente de desenhar um mapa das diferentes interpretações da adolescência na psicanálise, mas, como foi dito inicialmente, promover a emergência dos pontos de tensão de cada uma, destacando as diferenças, os conflitos ou mesmo as semelhanças que se estabelecem entre umas e outras, fazendo ecoar a *política* que acompanha os embates e que não deixa de se inscrever nos conceitos e em suas formulações teóricas. Trata-se aqui, de dar lugar à *política da teoria*, aquela que vem anunciar o jogo de forças que se encontra presente em cada produção teórica, como precipitado dos condicionantes que a determinam.

O texto freudiano é a referência privilegiada para as distintas formulações acerca da adolescência. Se várias diferenças entre seus leitores foram se acentuando ao longo das décadas, é também em função das nuances, ambivalências ou mesmo contradições que o original apresenta, tendo em vista a riqueza e a complexidade de uma obra que inaugurou um novo saber. Não se trata apenas de apresentar uma nova leitura da questão da adolescência, o que, aliás, pode não ser pouco. Pretende-se, também, destacar as encruzilhadas ou nós presentes na obra de Freud, que deram margem aos vários caminhos seguidos pelos pesquisadores da adolescência, que por sua vez foram se afastando ou se reaproximando durante a história da psicanálise, conforme as questões culturais e políticas que marcaram as diferentes posições assumidas pelas várias vertentes deste saber. Busca-se de início localizar em Freud os argumentos que deram margem tanto às clássicas concepções desenvolvimentistas da adolescência, quanto às versões dos vários autores, assim como considerar que aspectos foram menos enfatizados ou discutidos sobre o tema, posteriormente, na psicanálise.

No entanto, como se sabe, não é mais possível ler Freud pela primeira vez e, a partir daí, sempre há o risco de fazer do ponto final, a última palavra. Quando se pretende sustentar as tensões de um texto ou mesmo de uma obra, o exercício da interrogação se torna primordial, assim como fazer o próprio texto falar, dando lugar a suas pausas, entonações ou mesmo seus atos involuntários. Por outro lado, não se pretende evitar uma tomada de posição, pois a condição de leitor, em seu sentido último, exige sempre a co-autoria do texto lido.

A referência freudiana

Como se sabe, Freud pouco utiliza o termo *adolescência* (*Heranwachsen* ou mesmo a versão latina *adoleszente Person*), fazendo em contrapartida, menção constante à *puberdade*

(*Pubertät*),[211] termo mais usual na linguagem da época.[212] Ao nomear aquele que vive este "período", ora fala em *jovem* (*Jugen*), ora em *adolescente* (*Jüngling* ou eventualmente *adoleszente Person*), ora em *menino* (*Kindes*).[213] Menciona a puberdade ao longo de toda sua obra, mas é no início que a toma como tema a ser discutido em particular, quando se dispõe a fundamentar a questão norteadora de sua obra, a *sexualidade*.

Após ter exposto seu entendimento sobre a enigmática condição neurótica em 1895 (*Estudos sobre a histeria*) e expandido suas formulações para além das instituições de saúde mental, em 1900 (*A interpretação dos sonhos*), questionando as barreiras entre normalidade e patologia, Freud busca formular um texto que dê sustentação a um de seus principais argumentos, a saber, a sexua-

211 *Heranwachsen*, *Pubertät* – ver por ex., S. Freud, *Drei abhandlungen zur Sexualtheorie*, p.103 e p.108, respectivamente. Freud usa especificamente *Heranwachsende*, variação de *das Heranwachsen*, composição dos termos *heran* (proposição de movimento, ir para frente) e *wachsen* (crescer). *Heranwachsen* é a versão alemã para *adolescência*. Raramente cita *adoleszente Person*, termo incomum à língua alemã, aparentemente incorporado do francês ou inglês (*adolescence*, em ambos os casos). A incorporação de termos latinos ao alemão é própria desta língua, como ocorre com *Pubertät*, que tem um sentido próximo ao português *puberdade*, do latim *pubertate*, sinal da puberdade, pelos, barba, faculdade viril – J. P. Machado, *Dicionário etimológico da língua portuguesa*, v.4, p.457.

212 Para se ter uma idéia, na edição da Amorrortu constam quatro textos em que Freud fala em adolescência (em 95, 96, 20, 25) e mais de cinqüenta textos em que fala de puberdade (pelo menos em 88, 93, 95, 96, 98, 1900, 1905, 1907, 1908, 1909, 10, 12, 13, 14, 15, 16, 17, 18, 19, 21, 23, 24, 25, 26, 30, 31, 33, 37, 39 e no *Esboço* publicado em 40) – cf. *Obras completas*, v.24, 366, 515. Sobre o uso incomum do termo adolescência na época, ver B. Gutierra, *Adolescência, psicanálise e educação*, p.30.

213 *Joven, adolescente, niño* nesta tradução – cf., por exemplo, S. Freud, *Tres ensayos de teoría sexual*, p.205-209; no texto original, *Jugen*, *Jüngling* (ou *Jünglingen*) e *Kindes*, respectivamente – *Drei abhandlungen zur Sexualtheorie*, p.127-130. Freud utiliza *Jugend*, que denota juventude num uso mais formal; *Jungen*, os jovens; *Jüngling*, rapaz ou moço, num uso literário; *Jünglingen*, adolescente no uso *dativo* (substantivo como objeto indireto); ou *Kind*, criança. Variação de termos utilizados para um tema que se mostraria espinhoso. Curiosamente, uma das escritas para jovem ou rapaz é *Jung* (*Der Jung*).

lidade como fundamento da condição humana. O senso comum em voga naquele momento considerava a sexualidade como uma experiência inaugurada na puberdade, idéia que Freud compartilhara até pouco tempo (até sua teoria da sedução, em 1893)[214] e que, então, pretendia reformular. Na teoria da sedução, a emergência da sexualidade, a partir da puberdade, era responsável pela mobilização dos conteúdos traumáticos infantis, momentaneamente adormecidos, provenientes da experiência sexual precocemente antecipada. A partir de 1897, quando pôs em xeque as formulações de 93, a sexualidade infantil ganha novo estatuto, deixando de ser uma eventual ocorrência traumática para se tornar um atributo necessário da constituição humana. O texto dos *Três ensaios sobre a teoria da sexualidade*, publicado em 1905, pretendia sustentar esta tese e, conseqüentemente, rever o lugar da experiência pubertária no processo de constituição psíquica.

Referência primeira para muitos, momento de contradição para outros, o texto dos *Três Ensaios* demorou a ser publicado por Freud, que já tinha material sobre o assunto desde 1901.[215] É um de seus escritos que mais sofreu modificações nas edições seguintes (em 1910, 1915, 1920, 1923 e 1924), sugerindo que o primeiro a se inquietar com o texto foi seu próprio autor. A sobreposição de correções realizadas nas várias revisões produz um texto heterogêneo, que condensa várias reformulações na teoria freudiana e sustenta tensões e contradições nem sempre claras para o leitor. Neste sentido, o texto não se restringe a 1905, ainda que deste momento guarde suas principais marcas e delimitações gerais. É uma escrita que estabelece compromisso entre conceitos e formulações significativas, produzidos durante um período da obra de Freud.

214 Ver B. Gutierra, *Adolescênca, psicanálise e educação*, p.30.

215 Stratchey comenta na introdução do texto que Freud já tinha os fundamentos de sua teoria da sexualidade desde 1901, quando discutiu o caso Dora, mas só publicou o texto em 1905 – nota introdutória aos *Tres ensayos de teoría sexual*, p.115.

Dos três ensaios, o terceiro é dedicado à "metamorfose da puberdade", que assim começa: "com o advento da puberdade se introduzem as mudanças que levam a vida sexual infantil a sua *conformação normal definitiva*". Entre estas, Freud destaca duas como decisivas: "a subordinação de todas as outras fontes originárias da excitação sexual ao *primado das zonas genitais* e o processo de *escolha objetal*", lembrando que "ambas já estão *pré-figuradas na vida infantil*" e separadas pela latência.[216] A puberdade é apresentada como o *momento de definição* da vida sexual, caracterizado pelo *primado das zonas genitais*, pela efetivação da *escolha objetal*, a partir da reedição de *marcas infantis*.

Esta concepção, que será retomada por tantos autores e de diferentes perspectivas, merece ser inicialmente discutida a partir do próprio texto freudiano. Em 1905 a sexualidade infantil era caracterizada por Freud como *auto-erótica*, marcada pela experiência de prazer com o próprio corpo, o que a aproximava da condição perversa – sexualidade infantil como *perversa polimorfa*. Porém, o auto-erotismo em questão possui aqui um sentido genérico, uma vez que não descarta a existência de *vínculos* e *objetos* amorosos, tais como o próprio seio materno, primeiro objeto libidinal. A puberdade é vista como o momento em que a sexualidade deixa de ser auto-erótica e é possível realizar, finalmente, a escolha objetal *fora* de seu próprio corpo, na descrição de Freud.[217] A escolha objetal seria favorecida pelo *incremento* da pulsão sexual, próprio da puberdade, quando a zona genital conquista primazia sobre as demais, promovendo a "reordenação" destas.

Apoiando-se na experiência infantil, a escolha objetal permitia a diferenciação clara entre o "caráter" masculino e o feminino, sendo que o rapaz receberia um grande afluxo de libido e a moça, num processo menos acessível à compreensão, sofreria uma onda de repressão que resultaria num "tipo de involução".[218] O caminho esperado para a escolha objetal previa a confluência das moções

216 S. Freud, ibidem, p.189, 214. Grifo meu. Estas idéias datam de 1905.

217 Idem, ibidem, p. 202.

218 Idem, ibidem, p.189, 201.

ternas – fruto da repressão da latência – e das moções sensuais produzidas na puberdade.[219] A puberdade é aqui caracterizada como o momento de *definição* entre uma "conformação normal" ou patológica da vida sexual, de acordo com a complexa equação entre os fatores responsáveis pela constituição definitiva do aparelho psíquico, questão que inquieta particularmente Freud e está presente não somente em vários momentos do escrito de 1905, como é retomada nos adendos das várias edições seguintes.

A determinação causal é crucial para Freud, pois, seguindo a tradição do pensamento ilustrado, o status de saber científico depende da capacidade de explicação da origem e da lógica que regem os fenômenos considerados em cada campo do conhecimento. Não foi à toa, portanto, que Freud tanto se deteve na discussão da etiologia das neuroses em sua obra e, neste texto sobre sexualidade, retomou a questão de diferentes modos, chegando por vezes a sobreposições contraditórias. Desde a primeira versão, Freud considera a necessidade de chegar a uma formulação que estabeleça a correlação entre os fatores constitucionais e os acidentais e já aqui apresenta uma lógica não muito distante do modelo último defendido em sua obra. No entanto, o texto de 1905 acaba dando ênfase ao aspecto orgânico e ao constitucional – por exemplo, quando afirma que a disposição para a perversão é constitucional, quando defende a correspondência orgânica para os processos psíquicos, o "quimismo", e destaca a importância das "glândulas sexuais" na deflagração da puberdade[220] – o que por hipótese garantiria a universalidade da sexualidade. Além disso, a própria teoria freudiana, em função do momento pelo qual passava, ainda não dispunha de recursos suficientes para que os fatores acidentais ganhassem importância frente aos fatores constitucionais, na equação estabelecida.

A esta altura, ainda que Freud já tivesse formulado a idéia do complexo de Édipo, não a enunciara publicamente (o que viria

219 Esta confluência faz parte de um acréscimo de 1915.

220 S. Freud, *Tres ensayos de teoría sexual*, p.140, 197.

a acontecer somente em 1910),[221] assim como não a concebera com maior clareza, tanto do ponto de vista temporal, quanto em relação à complexidade dos fatores envolvidos. Veja-se esta passagem, por exemplo, na qual Freud diz que

> o rapaz [*Kindheit*] persegue, sobretudo, a *imagem mnêmica da mãe*; (...) harmoniza-se plenamente com isto, que a mãe, ainda viva, revolte-se contra esta *renovação* sua e lhe demonstre hostilidade. Dada esta importância dos *vínculos infantis* com os pais para a posterior eleição do objeto sexual, é fácil compreender que qualquer perturbação destes faça amadurecer as mais sérias conseqüências para a vida sexual adulta...[222]

A escolha objetal experimentada no período da puberdade possui uma dimensão incestuosa – *perseguição da imagem da mãe pelo rapaz* – e se apóia nas marcas mnêmicas deixadas pelas experiências infantis. Curiosa, porém, é a descrição feita da atitude hostil da figura materna frente aos anseios incestuosos juvenis, dando a impressão de uma desproporção entre os anseios que mobilizam os personagens envolvidos, como se a fantasia incestuosa fosse experimentada unilateralmente pelo jovem, que se lembra dos cuidados recebidos em sua infância.

Noutra passagem, Freud descreve a "barreira do incesto" como advento decorrente do "retardo da maturação sexual", marcando a distância entre a experiência sexual infantil e as transformações orgânicas deflagradas na puberdade.[223] Este adiamento denota que a interdição parece se sustentar mais numa questão concreta (incapacidade física para realizar as fantasias incestuosas) do que numa dimensão propriamente simbólica ou subjetiva. Conseqüentemente, na medida em que a barreira do incesto depende da desproporção *maturacional*,

221 Cf. J. Stratchey comenta numa nota em *Sobre un tipo particular de elección de objeto en el hombre*, p.164.

222 S. Freud, *Tres ensayos de teoría sexual*, p.208. Grifo meu. *Kindheit* foi traduzido no espanhol por *varón*, sendo aqui utilizado *rapaz* – idem, *Drei abhandlungen zur Sexualtheorie*, p.129.

223 Idem, ibidem, p.205.

a fantasia de realização do desejo incestuoso tende a se tornar mais premente e ameaçadora na puberdade, exigindo, neste momento, sua interdição.

Logo a seguir, Freud assinala que contemporaneamente à "desistência" das fantasias incestuosas, ocorre o "desligamento da autoridade dos progenitores", que em seu entender é "uma das conquistas psíquicas mais importantes, mas também mais dolorosas, do período da puberdade", tendo em vista, inclusive, "o progresso da cultura".[224] Sua dimensão dolorosa parece justificada pela correspondência com a desistência das perigosas fantasias incestuosas, mas não fica claro o mecanismo capaz de elucidar o que viria a ser nomeado futuramente como sua *dissolução*.[225]

O texto de 1905 guarda um lugar privilegiado para as ocorrências pubertárias, devido a sua associação às fantasias incestuosas, ao desligamento da autoridade parental e à subseqüente configuração definitiva da vida sexual dos indivíduos. Para compreender a importância da puberdade nesse momento da obra de Freud, é importante lembrar que o complexo de Édipo (de 1905), "embora esboçado na infância, só surgiria em plena luz no momento da puberdade para ser rapidamente ultrapassado", como dizem Laplanche e Pontalis.[226] Apesar dos indícios de um Édipo infantil, as fantasias de realização do desejo incestuoso ficam associadas à maturação sexual ocorrida na puberdade e, neste momento de defesa da ameaçadora sexualidade infantil, o "rígido

224 Idem, ibidem, p.207.

225 No texto de 1924 – S. Freud, *El sepultamiento del complexo de Edipo.*

226 J. Laplanche, J.-B. Pontalis, *Vocabulário de Psicanálise*, p. 118. Mezan por sua vez, nem chega a ver em *Três ensaios*, o esboço de Édipo na infância: "De momento, o conflito edipiano é localizado na puberdade, e nem sequer recebe este nome"; comenta que até 1913 o Édipo é arbitrariamente fixado na puberdade, recuando gradualmente até sua posição definitiva (na fase fálica, dos 3 aos 5 anos) em 1923 – R. Mezan, *Freud: a trama dos conceitos*, respectivamente, p.136, 128.

determinismo endógeno", como diz Monzani,[227] parece ter sido o argumento mais plausível para Freud justificar a subordinação das pulsões parciais ao *primado das zonas genitais*, assim como a *nova escolha objetal* pubertária. A maturação sexual ocorrida na puberdade, aceita e reafirmada pelo senso comum, servia assim como apoio ao "desenvolvimento" da sexualidade que Freud buscava descrever.

O retrato que se faz da puberdade, conforme o destaque dado a este momento da obra de Freud, corre o risco de ficar marcado por este determinismo finalista, que impõe como desenvolvimento necessário, na puberdade, a *integração* e a *síntese* das pulsões parciais, fazendo sombra à fragmentação e à descentralidade do inconsciente, fundamentos da teoria psicanalítica. Se nos dois primeiros ensaios, Freud expunha claramente o caráter fragmentado e o desenvolvimento autônomo da sexualidade, no terceiro, a sexualidade passa por um viés ordenador que, sem uma fundamentação dinâmica ou metapsicológica, adquire uma dimensão finalista e, nas palavras de Monzani, *teleológica*. A diferença sexual aqui descrita é expressão disso: "a puberdade, que no rapaz traz aquele grande reforço de libido, caracteriza-se para a moça por uma nova onda de repressão...".[228] Como explicar esta diferença que aponta para um determinismo heterossexual?

Na tentativa de evitar, por um lado uma vertente *essencialista* – a hipótese do *inatismo* – e por outro, uma tendência generalizadora segundo a qual o indivíduo é moldado pelas circunstâncias do momento em que se encontra – ênfase indiscriminada no caráter *adquirido* –, Freud busca uma alternativa que lhe permita legitimar as variações entre indivíduos, a fim de sustentar concei-

227 L. R. Monzani, *Freud, o movimento de um pensamento*, p.46. Monzani caracteriza este como um momento onde há um "desequilíbrio teórico", na medida em que Freud ainda não havia formulado o complexo de castração e somente em 1915 iria acrescentar ao texto as fases pré-genitais (assim como ainda não se detivera na noção de identificação), o que tornava difícil compreender como se davam as transformações que subordinavam as pulsões parciais à primazia da zona genital – p.32.

228 S. Freud, *Tres ensayos de teoría sexual*, p.201.

tualmente a singularidade psíquica tão cara à psicanálise.[229] Ainda que já em 1905 buscasse localizar o anímico numa posição outra que não o deixasse à mercê dos fatores constitutivos, nem dos fatores acidentais, neste momento, Freud acaba pendendo para o primeiro lado.

Os "inibidores morais" poderiam servir-lhe de argumento para contrapor os fatores culturais ao determinismo organicista anunciado. No entanto, não é isso o que faz. Ao destacar a importância do asco e da vergonha como diques necessários à sexualidade, deixa claro que "este desenvolvimento é de condicionamento orgânico, fixado hereditariamente, chegando ao ponto de ser produzido sem nenhuma ajuda da educação".[230] Trata-se, sem dúvida, da hipótese filogenética, que faria correr tanta tinta.[231]

Monzani se detém neste momento da obra de Freud, a fim de mostrar o movimento do qual faz parte. Considera que quando Freud abandona a teoria da sedução, em 1897, os *fatores acidentais* (externos), passam a segundo plano, fazendo com que os *fatores constitutivos* sejam resgatados, numa aproximação inevitável ao "velho determinismo organicista da psiquiatria clássica",[232] a não ser no que se refere à sexualidade infantil. Isso explica em parte pelo menos, porque o complexo de Édipo, formulado há alguns anos, ainda não fora claramente anunciado. Se em 1905 o Édipo permanecia mais próximo da puberdade, momento em que se espera o estabelecimento da sexualidade adulta, era inevitável que as ameaçadoras fantasias edípicas ficassem esmaecidas. São posteriores as formulações das fases pré-genitais, as teorias sexuais infantis (inseridas nos *Três ensaios* somente em 1915), o complexo

229 Idem, ibidem, p.127.

230 Idem, ibidem, p.161.

231 Hipótese anunciada com clareza já em 1905: "a seqüência em que são ativadas as diversas moções pulsionais, e o lapso durante o qual podem exteriorizar-se até sofrer a influência de outra moção pulsional que acaba de emergir ou de uma repressão típica, parecem filogenéticamente estabelecidos" – idem, ibidem, p.220.

232 L. R. Monzani, *Freud, o movimento de um pensamento*, p.44.

de castração e o conceito de narcisimo, que levam Freud a sublinhar a importância da identificação e lhe permitem não somente antecipar o complexo edípico, como, aos poucos, atribuir um estatuto menos organicista a sua teoria da constituição do sujeito, de acordo com a reflexão teórica que acompanha cada uma destas formulações.

No entanto, considera Monzani, Freud não abandona em definitivo a teoria da sedução, nem a vertente organicista dos *Três Ensaios*, cada qual representando a ênfase dada à explicação privilegiada num determinado momento de sua obra. Sem estabelecer categorias cronológicas estritas para os textos freudianos, Monzani entende que é num terceiro momento que Freud correlaciona com mais equilíbrio os *fatores internos* e *externos*.

Este movimento deixa pistas nos *Três Ensaios*. Em 1905, Freud dera destaque ao constitucional. Em 1914, demonstrando preocupação com as possíveis interpretações que seu texto possa ter suscitado, Freud realça o outro lado, enfatizando a independência da investigação psicanalítica frente à biologia e afirmando que "o acidental desempenha o papel principal na psicanálise".[233] Em 1920 descreve a correlação dos fatores como uma "série complementar" – substituindo a expressão "série etiológica" utilizada em 1915 – a fim de conceituar o equilíbrio almejado na determinação causal da sexualidade e da própria constituição do aparelho psíquico.[234] Seria um dos recursos necessários à delimitação do psiquismo num espaço outro que não estivesse restrito nem aos determinantes orgânicos (por vezes nomeados como estímulos internos), nem aos estímulos acidentais, provenientes do *mundo externo*.[235] Seria um instrumento necessário à sustentação de algo que já fora anunciado no texto de 1905, de que o aparelho psíquico seria resultante de uma correlação de forças, onde fatores constitucionais dependeriam das vivências infantis para configu-

233 S. Freud, *Tres ensayos de teoría sexual*, p.118-119.

234 Idem, ibidem, p.172, 218.

235 Idem, ibidem, p.190-191.

rarem uma predisposição que, conforme as experiências traumáticas posteriores, estabeleceria sua conformação definitiva.

O equilíbrio da equação dependia do lugar atribuído à *realidade*, posta em segundo plano com o abandono da teoria da sedução. Seu resgate se dá a partir do trabalho com o *Homem dos lobos*, quando a cena construída depende de um "grão de realidade" (que seria um resgate da teoria da sedução), idéia retomada nas *Novas Introduções* e sobretudo na *Dissolução do complexo de Édipo*, quando Freud estabelece a diferença da constituição feminina. A idéia de *séries complementares*, a partir das *Conferências Introdutórias*, é resultado do esforço de equiparação dos fatores constitucionais e acidentais. A saída encontrada consiste em estabelecer que o conteúdo herdado, "tal como as categorias kantianas, só se atualiza por meio da experiência, mas, ao contrário destas últimas, já possui um conteúdo virtual, uma espécie de matriz, de guia, que embora necessite da experiência, a informa e a preenche".[236]

A hipótese filogenética, por sua vez, longe de poder ser reduzida a um simples equívoco de Freud, demonstra a tentativa de evitar as duas opções à vista. Nos *Três ensaios*, como foi dito, Freud descarta tanto a hipótese do *inatismo* quanto a do *caráter adquirido*, argumentando em relação a esta última que duas pessoas, expostas a uma mesma situação, reagem de modos distintos.[237] Ao refutar o inatismo, evitava um essencialismo apriorístico e, ao relativizar o caráter adquirido, Freud rejeita a solução homogeneizadora que situa o homem como *simples*[238] produto do meio – conforme a tradição empirista que supunha o ser humano uma *tabula rasa* a ser marcada pelas impressões advindas de cada contexto específico.

A hipótese filogenética foi a saída encontrada por Freud para não cair nem no *essencialismo*, nem em um *culturalismo* simplista, na medida em que defende que há algo que é herdado e que

236 L. R. Monzani, A "fantasia" freudiana, p.102.

237 S. Freud, *Tres ensayos de teoría sexual*, p.127/128.

238 No sentido de não haver mediação.

se tornou um elemento *constitutivo*, mas que teria sido *adquirido* nas gerações anteriores. Se a saída parece dotada de um lamarckismo estranho aos critérios científicos posteriores, sua composição com a vertente darwinista não era incomum na época, assim como antecipa o complexo jogo identificatório que seria formulado dali a alguns anos.[239] No texto O *eu e o isso*, ao discutir a constituição do supereu e do ideal de eu, Freud defende a importância das identificações entre os ideais das gerações, quando determinadas experiências significativas e recorrentes podem ser transmitidas. Trata-se de uma identificação tal que já estaria estabelecida *desde* o nascimento de cada um.[240] Como apontam Laplanche e Pontalis, a hipótese filogenética é resultante da "necessidade em que Freud se encontra de postular a anterioridade de uma organização significante, em relação à eficácia do evento e do conjunto do significado".[241] Costa Pereira, por sua vez, lembra que será somente no polêmico *Moisés e o Monoteísmo* que Freud encontrará lugar para a "tradição" que serviria para "manter (algo) vivo de modo inconsciente na língua e nos costumes de um povo".[242] No entanto, tradição e linguagem estão sujeitas a uma variação temporal que, na perspectiva de Freud, traria restrições à intensidade e universalidade do Édipo. A hipótese filogenética, por sua vez, ainda que trouxesse a possibilidade de mudança – de acordo com as aquisições sedimentadas entre gerações – apresentava a fundamentação orgânica que parecia a Freud mais condizente com a amplitude atribuída ao complexo edípico e seu lugar na constituição do ser humano.[243]

239 L. R. Monzani, A "fantasia" freudiana, p.92.

240 Vale aqui lembrar a enigmática identificação com o pai anterior à primeira escolha objetal, no início do capítulo VII de *Psicologia de Massas*.

241 J. Laplanche, J.-B. Pontalis, *Fantasias originárias, fantasias das origens, origens da fantasia*, p.55.

242 M. E. Costa Pereira, *Pânico e desamparo*, p. 222. Poli adota semelhante interpretação, a partir dos comentários de Freud sobre a "língua fundamental" – *Clínica da exclusão*, p.202-203.

243 Ver R. Mezan, *Freud, pensador da cultura*, p.552-553.

A fundamentação orgânica defendida no argumento freudiano se mostrava, portanto, como recurso argumentativo capaz de garantir a universalidade atribuída à sexualidade infantil e ao modo como esta se estruturava nas etapas de formação do ser humano. Era, neste sentido, um argumento de força utilizado por Freud, configurando a relação paradoxal que mantinha com o saber médico. Se por um lado, a psicanálise defendia a compreensão do psiquismo a partir das leis próprias de seu funcionamento, não subordinadas a determinações fisiológicas, por outro, não chegava a se desprender plenamente da referência ao orgânico, mesmo com as formulações teóricas feitas por Freud ao final de sua obra. Esta relação, mais do que característica específica da história de um pensamento nascente, parece ser mesmo uma peculiaridade do saber psicanalítico na leitura que faz do humano e de seu corpo, variando conforme as diferentes correntes teóricas que se originam a partir do texto freudiano, como será visto adiante.

A teoria das pulsões expressa este paradoxo e, não por acaso, configura o aspecto mais enigmático da obra freudiana, como seu próprio autor a considera.[244] O texto de 1905, como é próprio à argumentação freudiana, tem como eixo argumentativo a diferenciação de um saber a partir do senso comum, que aqui compartilha com a biologia a idéia de que a sexualidade se refere às "necessidades sexuais" compartilhadas entre animais e humanos.[245] As condutas perversas desviantes e a plasticidade da experiência infantil são então apresentadas como demonstrações do caráter específico da sexualidade humana em relação aos animais; nela, não há objeto nem meta pré-deteminados, pois estes dependem da experiência singular de cada indivíduo. Para a elucidação da sexualidade humana, Freud propõe sua versão para a *pulsão* (*Trieb*), a partir da decomposição dos vetores que a des-

244 Numa nota acrescida em 1924 aos *Três ensaios*, Freud considera que "A doutrina das pulsões é a peça mais importante, mas também a mais inacabada, da teoria psicanalítica" – *Tres ensayos de teoría sexual*, p.153.

245 Idem, ibidem, p.123.

crevem, de excitações e de estímulos recebidos ou produzidos. A pulsão possui um objeto, "de onde parte a atração sexual", uma meta, que determina "até onde se esforça a pulsão"; e uma fonte, de onde provém o estímulo que a suscita.[246] Com tais recursos, vêem-se descritas as trajetórias de *movimentos* que partem de um determinado lugar em direção a outro, estabelecendo caminhos sinuosos que escapam aos domínios das "atividades superiores" e gradualmente se afastam de seu ponto de partida.

As reformulações feitas para as várias edições dos *Três ensaios* indicam o trânsito de Freud em torno do conceito de pulsão. Em 1915 retira a passagem na qual definia a pulsão a partir dos órgãos que recebem estímulos (pele, mucosa, órgãos dos sentidos), "cuja excitação confere o caráter sexual", substituindo-a por uma exposição mais extensa, na qual esta idéia se mantém presente, mas onde destaca que se trata de um conceito que faz "a distinção entre o anímico e o corporal", pois é a "agência representante [*Repräsentanz*] psíquica de uma fonte de estímulos intra-somática em contínuo fluir".[247] Naquele mesmo ano, Freud publica um trabalho todo voltado para este tema, que descreve a pulsão não como *distinção* entre o anímico e o somático, mas como "conceito fronteiriço" entre ambos, que busca descrever o "esforço [*Drang*]" que move o trabalho psíquico capaz de representá-lo [*repräsentieren*].[248] No *Mais além*, o movimento fica mais claramente anunciado: ali a pulsão é descrita a partir de excitações internas responsáveis pelos "representantes" que "*se transferem para* o aparato anímico".[249]

A pulsão, portanto, corresponde a um *movimento*, que parte de *estímulos internos* e culmina na produção simbólica (aqui, como *representações* mentais), descrevendo um caminho que tende a ser refeito, conforme o princípio inercial que o caracteriza.

246 Idem, ibidem, p.123, 140.

247 Idem, ibidem, p.153.

248 Idem, *Pulsiones y destinos de pulsión*, p.117.

249 Idem, *Más allá del principio de placer*, p.34. Grifo meu.

Seu ponto de partida tem como *apoio* o estímulo somático (*interno*), que se transfere e resulta em representações, a partir do trabalho psíquico, que tem o desafio de tornar *próprio* algo que invade o psiquismo, como um elemento interno estrangeiro.

No entanto, este *apoio* é traiçoeiro, pois não é uma base que se mantém como necessária a todo o movimento, na medida em que a pulsão não é uma força somática, faz *distinção* entre o somático e o psíquico, está na sua *fronteira*, faz *transferência* e *desvio* de um lugar para outro.[250] De modo que é *apoio* somente no sentido de ser o ponto de partida, deixando de sê-lo na medida em que descreve um percurso singular, quando esta *força* se desprende do somático e ganha autonomia.

Se este desprendimento não é pleno, é porque o somático, fonte interna, teria possibilidade de seguir funcionando como estímulo, como sugere o entendimento da emergência da puberdade. No entanto, o percurso pulsional já foi esboçado e seu incremento posterior não é determinado, em sentido estrito, por esta fonte específica. No máximo, é capaz de funcionar como um dos vetores que vem incidir sobre este *segundo momento* da experiência sexual.

Portanto, a menção à *natureza*, feita por Freud, possui uma conotação ambígua: por um lado, fala deste caminho que é próprio ao humano, no caráter desviante que fundamenta a sexualidade; por outro, possui um sentido específico, relativo ao ser vivo como um todo, quando alude ao *apoio* que a pulsão encontra no somático, no impulso que representa para o movimento que a partir daí se esboça. Mas, ainda assim, não se trata de um impulso que funciona como *ponto zero* do percurso, a considerar o argumento da hipótese filogenética; mesmo para cada psiquismo, individualmente considerado, a disposição orgânica herdada não está isenta dos caminhos pregressos percorridos pela pulsão, de modo que cada *ponto de partida* (constituição de cada psiquismo) carrega consigo as marcas de percursos precedentes, que entre gerações se sedimentou.

250 Ver L. A. Garcia-Rosa, Pulsão: parénklisis ou clinamen?, p.67.

Conseqüentemente, a referência feita por Freud à *natureza*, considerada em sentido estrito, do homem em relação às demais espécies animais, é mais um argumento de força do que algo que se justifica em seu sentido imediato e literal. É o que sugere, também, o *princípio de inércia* defendido por Freud desde seu *Projeto*; como lembra Monzani, é algo insustentável na perspectiva orgânica,[251] mas mantém sua pertinência quando se considera a *natureza humana* em particular, no *valor* que a trajetória pulsional estabelece e tende a se refazer, de acordo com a *compulsão à repetição* que a impulsiona e fundamenta; a noção de *valor* vem traduzir o entrecruzamento das perspectivas simbólica e econômica, vetores imprescindíveis e complementares à teoria freudiana: o campo simbólico, que em sua complexidade caracteriza a condição humana, depende sempre de uma sustentação econômica, nomeada como libido, força, ou *algo a mais* que carece mesmo de nome próprio (como ocorre com a energia da pulsão de morte).

A referência orgânica serve como apoio para Freud em sua busca para se desprender do saber médico, sem perdê-lo de vista. Seu esforço por marcar diferença frente ao saber médico está dado desde o início de sua obra, assim como a alusão à provável correspondência entre os processos mentais e suas específicas traduções físicas é feita até os últimos textos de Freud. A puberdade por ele descrita encontra-se na encruzilhada destes caminhos. É tanto o momento em que o impulso orgânico volta a marcar presença, pela maturação previamente determinada, quanto o *momento segundo* da experiência sexual, que não se prende ao biológico, tendo em vista a capacidade do anímico interferir também nas funções orgânicas e se impor como determinante.

À primeira vista, a *metamorfose da puberdade* anunciada no título do último capítulo dos *Três ensaios* destaca as mudanças fisiológicas pelas quais passa cada organismo humano, como dis-

251 L. R. Monzani, *Freud, o movimento de um pensamento*, p.101. Este autor entende o próprio Projeto, como um texto que busca explicar o aparelho psíquico a partir da elaboração de um esquema abstrato que toma como modelo o sistema neurológico; é mais uma vez a referência biológica que serve de apoio para o anímico, no desprendimento deste em relação àquela – p.118.

paradores das transformações psíquicas que a partir de então se deflagram. Porém, ao considerar o texto como um todo, incluindo as *ressignificações* que foram sendo inseridas nas edições posteriores, é possível ver que o mais relevante da puberdade pode não ser aquilo que saltou aos olhos de tantos. Num acréscimo de 1915, Freud redescreve a escolha objetal composta em *dois tempos*, um antes e outro posterior à latência. Com a puberdade, torna-se possível a escolha *definitiva*, a partir da retomada[252] das escolhas anteriores, ocorridas na fase pré-genital.

A *dupla temporalidade* da escolha objetal é o que caracteriza a sexualidade humana e constituição do aparelho psíquico. O autor reserva, portanto, um lugar não menos importante neste processo para a puberdade. É o *momento* em que ocorre a *segunda ativação sexual*, já anunciada em 1905, quando é possível experimentar, no dizer de Freud, "um prazer novo", decorrente de uma "diferença de natureza" e uma satisfação de maior intensidade.[253] Em 1920 esta formulação fica mais clara: Freud expande para além da escolha objetal a dupla temporalidade, e anuncia "a realização *em dois tempos* do *desenvolvimento sexual* no ser humano", o que, para ele, é "uma das condições da aptidão do homem para o desenvolvimento de uma cultura superior, mas também de sua propensão à neurose".[254]

O caráter *definitivo* deste segundo momento do desenvolvimento sexual na constituição psíquica dos indivíduos pode ser lido de diferentes formas, não de todo incompatíveis. Por um lado, é possível entendê-lo como momento de normatização, a partir do qual se desenvolveria ou uma *cultura superior* (considere-se aqui o ideal do próprio Freud de uma sociedade *evoluída* apoiada no desenvolvimento da ciência)[255] ou a organização neurótica, comprometida em sua capacidade de rendimento e

252 *Conservação* ou *renovação* das primeiras escolhas, diz Freud – Idem, *Tres ensayos de teoría sexual*, p. 182.

253 Idem, ibidem, p.192. Ainda que em 1905 esta *diferença de natureza* pareça ser sustentada pela dimensão quantitativa.

254 Idem, ibidem, p.214. Grifo meu.

255 S. Freud, *El porvenir de una ilusión*.

gozo.[256] Nesta perspectiva, trata-se da definição da organização psíquica do indivíduo que, numa graduação incerta, se mostra mais ou menos próxima à patologia. Por outro, de modo afim, a preocupação de Freud em questionar a pretensa separação entre patologia e normalidade; esta definição pode ser entendida como momento de configuração do modo de organização e funcionamento de cada psiquismo, o que alguns chamarão de *estrutura*, outros de *constituição*.[257] De um modo ou de outro, fica clara a importância deste segundo momento, ainda que numa condição *secundária* (em relação às inscrições primárias), na constituição do psiquismo ou emergência do sujeito, posição que será defendida pela maioria dos autores que discutem a questão da adolescência, como será visto adiante.

Em 1905, Freud destaca a nebulosa "reordenação" (*Neuordnungen*) da composição pulsional a partir do direcionamento da função sexual "a serviço da função de reprodução", que com os "novos enlaces" agora constituídos, mostra-se "altruísta".[258] No entanto, este *altruísmo* é relativo, pois na puberdade do rapaz, por exemplo, é a imagem mnêmica da mãe que é perseguida nos *novos* enlaces. Trata-se, no dizer de Freud, de uma "renovação" (*Erneuerung*) que o jovem realiza neste momento.[259] *Renovação* que indica algo novo, mas que é também uma retomada de algo anterior, um novo enlace a partir da marca mnêmica

256 S. Freud, *El método psicoanalítico de Freud*, p.241.

257 Por ex., R. Ruffino salienta a "estruturação subjetiva do jovem púbere" – R. Ruffino, Sobre o Lugar da Adolescência na Teoria do Sujeito, p.44; Lesourd fala tanto na "construção da subjetividade" quanto em "estrutura" – *A construção adolescente do laço social*, p.13, 49.

258 S. Freud, *Tres ensayos de teoría sexual*, p.189, 190. Reordenação é a tradução utilizada para *Neuordnungen*, não se tratando aqui de *Nachträglich* (posterioridade) – *Drei abhandlungen zur sexualtheorie*, p.109. A primazia da função reprodutora, assim como a formação de uma "organização sólida" da composição das pulsões parciais sob "o primado de uma única zona erógena", são retomados nos adendos de 1915 – p.179.

259 Como havia sido citado anteriormente – idem, ibidem, p.208. Sobre o original, ver *Drei abhandlungen zur sexualtheorie*, p.129.

que o precede e determina. Tal formulação condiz com a idéia de dois tempos articulados entre si, o que indica a proximidade, neste ponto, entre os textos de 1905 e de 1915, assim como faz alusão a formulações de Freud anteriores a 1897, data do suposto abandono de sua teoria da sedução.

No *Projeto de psicologia*, escrito em 1895, Freud atribui um papel relevante à puberdade (*Pubertät*) na etiologia das neuroses, na medida em que a "alteração" ocorrida neste segundo momento faz com que as experiências aí vividas remontem às marcas infantis, de modo que "é reprimida uma lembrança que só com efeito retardado (*nachträglich*) tornou-se trauma. Causa deste estado de coisas é o retardo da puberdade em relação ao desenvolvimento restante do indivíduo".[260]

Portanto, o retardo da puberdade assinalado por Freud remete mais uma vez à disparidade entre a maturação orgânica anunciada no texto de 1905 e o desenvolvimento da sexualidade inaugurado na experiência infantil. Se por um lado, a ocorrência deste segundo momento mantém a dependência da maturação orgânica, em contrapartida, é reafirmada aqui a especificidade da sexualidade humana, pautada numa dupla temporalidade, que escapa a um "determinismo linear que considere unicamente a ação do passado sobre o presente".[261] Desta perspectiva, toda a discussão em torno do *inato* e do *adquirido* (1905) ou sobre a *predisposição* e as *vivências traumáticas posteriores* (1915) ganha outro sentido, na medida em que a própria noção de temporalidade é então subvertida, assim como ocorre com a concepção de causalidade. Levando o argumento ao extremo, há quem chegue até a questionar o valor de qualquer perspectiva histórica, como será visto adiante.

No *Projeto*, a configuração da neurose depende deste segundo momento, que remete o sujeito à lembrança precedente, produzindo uma articulação que é responsável pela conotação traumá-

260 S. Freud, *Proyecto de psicología*, p.403; no original, *Entwurf einer Psychologie*, p.448.

261 J. Laplanche, J.-B. Pontalis, *Vocabulário de psicanálise*, p.442.

tica atribuída ao primeiro registro, como ilustra o caso de Emma, neste mesmo texto.[262] Freud, no entanto, já não restringe aqui sua explicação aos casos tidos como patológicos e afirma que "toda pessoa adolescente [*adoleszente Person*] possui marcas mnêmicas que só podem ser compreendidas com a emergência de sensações sexuais próprias; dir-se-ia então que todo adolescente porta em si o gérmen da histeria".[263]

A noção de *posterioridade* (*nachträglich*) utilizada por Freud justifica a configuração de uma outra temporalidade da sexualidade e da constituição do psiquismo em geral, composta por dois momentos necessariamente articulados, no qual o segundo produz algo *novo* a partir das marcas precedentes. Se as marcas iniciais são inaugurais, as demais são responsáveis pela conotação que as primeiras passam a ter posteriormente, de acordo com "os processos afetivos" em jogo. Mas, como sugere o argumento do texto *Mais além*, não é a vivência psíquica propriamente dita que é remodelada, mas sim aquilo que dela não conquistou representação e perdura como algo que, nos termos de Freud, não pode ser "ligado" [*Bindung*]. Trata-se da dimensão traumática formulada da perspectiva econômica, agora, na ótica da segunda dualidade pulsional.[264]

Como resgate de algo já vivido, o segundo momento seria uma *tentativa de fazer ligação e conquistar significado* para tal conteúdo representacional. É a exigência imposta ao aparelho mental de realizar um trabalho psíquico capaz de amortecer o *excesso* de estímulos, sejam eles provenientes do *interior* – como o incremento pulsional pubertário –, seja do *exterior*, quando se

262 Freud relata o caso de Emma, que teria ido duas vezes ao mercado, aos 8 e 12 anos, sendo que a segunda ocorrência teria despertado uma sensação de "terror" incompreensível, se não for considerada a experiência prévia, quando teria sido beliscada nos genitais por um dos funcionários. S. Freud, *Proyecto de psicología*, p.400-401.

263 Idem, ibidem, p.404; no original, *Entwurf einer Psychologie*, p.448.

264 Como salientam J. Laplanche, J.-B. Pontalis, *Vocabulário de psicanálise*, p.443.

pensa no universo que se abre a partir do pretenso afastamento do universo familiar e que se mostra mais ou menos dramático, conforme o contexto. Em ambos os casos, o *esforço* é dirigido no intuito de conquistar inscrição psíquica e, conseqüentemente, rever a dicotomia entre o interno e o externo. Um estímulo *interno*, quando se mostra como elemento estranho é posto *fora*, deslocado para o elemento da realidade que se presta à função expiatória. É o que ocorre, por exemplo, com o incremento pulsional suscitado pelas transformações pubertárias, que buscam personagens (*objetos*) capazes de representar este estrangeiro instalado em sua *interioridade*. Por sua vez, o estímulo *externo*, ameaçador pela ausência de algum registro capaz de traduzi-lo, busca espaço psíquico na condição de dor ou de angústia, como possibilidade do psiquismo realizar a apropriação do componente estranho que o invade *de fora*.[265]

O segundo momento da experiência sexual pode ser compreendido, com Freud, a partir do esforço em realizar o trabalho psíquico capaz de *fazer ligação* e conquistar *significação* para os estímulos internos ou externos que invadem o aparelho mental, neste momento constituinte. Como se sabe, no entanto, nunca é possível realizar plenamente este *trabalho*, o que resulta num inevitável resto não elaborado (que não fez ligação), configurando o que vem a ser o *trauma*, que se configura como tal a partir da *seqüência* (série) estabelecida entre as marcas que se inscrevem no psiquismo. O encadeamento que então se produz, entre primeiro e segundo momento, tem a ordem invertida, conforme os sentidos que um e outro conquistam, produzindo uma retroação de sentido do segundo sobre o anterior.[266]

265 Sobre a operação mental responsável pela subversão entre o interno e o externo, ver S. Freud, *La negación*; sobre a *dor* como resultado de um esforço de defesa contra o estímulo externo ameaçador, ver L. R. Monzani, *Freud, o movimento de um pensamento*, p.158-184; sobre a angústia (sinal de), ver S. Freud, *Inhibición, síntoma y angustia*.

266 Ultimamente esta inversão temporal tem sido explorada pelo cinema, como ocorre nos filmes *2046* de W. K. Wai e *Twelve monkeys*, de T. Gilliam.

Ponto culminante do primeiro momento da experiência sexual é o *complexo de Édipo*, sobre o qual o segundo momento irá incidir e ao qual irá se reportar; este complexo, como foi dito, encontra-se apenas sutil e tardiamente anunciado no texto de 1905, quando é associado ao segundo momento da sexualidade, em função da maturação orgânica e da ameaça que esta representa. Nesta versão do texto, a interdição dos impulsos incestuosos e a escolha amorosa definitiva são deflagradas pelo desenvolvimento fisiológico que, por sua vez, é justificado pelo determinismo endógeno filogeneticamente estabelecido. A sexualidade infantil propriamente dita, em sua plasticidade e errância, é associada à indefinição anatômica que caracteriza o momento inicial do desenvolvimento humano, configurando a "disposição bissexual originária" de sua natureza sexual.[267]

Freud, ao buscar descolar a sexualidade humana da regularidade e fixidez previstas pela biologia, faz uso mais uma vez, paradoxalmente, da própria biologia para construir seu argumento, como ocorre com a hipótese da bissexualidade. Em seu texto, afirma que será somente na puberdade, em função da maturação orgânica, que ocorrerá a clara discriminação entre o *masculino* e o *feminino*. Seu argumento tende a privilegiar uma ótica sintomática e comportamental, quando se considera a diferença feita entre a repressão feminina e o incremento libidinal masculino destacados há pouco. Não parece casual que Freud, nos acréscimos de 1915, mencione a necessidade de estabelecer uma leitura propriamente psicanalítica, em relação às perspectivas biológica e sociológica que, ao que parece, haviam prevalecido na descrição precedente, sobre a maturação orgânica e a repressão feminina.

Nestes adendos de 1915, *masculino* e *feminino* correspondem às posições *ativa* e *passiva*, respectivamente, de acordo com os investimentos libidinais – o que será posteriormente descrito como *tomar o outro* como objeto de amor ou *ser* o objeto de amor do outro.[268] Freud mantém presente esta distinção inclusive em

267 Idem, *Tres ensayos de teoría sexual*, p.129.

268 Idem, ibidem, p.200-201.

seus textos sobre o Édipo feminino (da década de 20) apesar das dificuldades que o argumento acarreta, em função do risco de incorrer numa estereotipia das condutas masculinas e femininas e de atribuir traços relativos às diferenças sexuais antes mesmo do confronto com a castração.[269] A hipótese da bissexualidade, que à primeira vista parecia ser um caminho para a distinção entre a posição sexual da função reprodutora, contradizia a perspectiva simbólica que a pesquisa freudiana desenvolvia e fundamentava. Em sentido fenomênico, a bissexualidade destacava uma indiferenciação anatômica válida somente para o momento germinal descrito pela embriologia, fazendo sombra às pequenas mas decisivas diferenças anatômicas que serviam de apoio às fantasias infantis (pequeno pedúnculo próprio ao gênero masculino, promotor de fantasias e conflitos).

Por outro lado, o texto de 1905 traz elementos que gradualmente ganham espaço na obra freudiana, ao enfatizar a variabilidade do objeto sexual e o caráter simbólico que acompanhava a substituição deste pelo *fetiche*, não só no caso da perversão, mas na experiência infantil como um todo. Se aqui ainda não se falava em *falo*, já há recursos para a distinção capaz de caracterizar as diferentes posições da equação edipiana.[270] Nesta linha de investigação, a perspectiva anatômica se mantém presente, mas na qualidade de superfície na qual o universo simbólico se apóia, e sugere a distinção entre as posições *fálica* e *castrada*, estabelecendo uma outra leitura para o masculino e o feminino. A "significação da constatação da diferença sexual" nomeia esta encruzilhada (entre a perspectiva organicista, a partir da hipótese da bissexualidade, e a perspectiva simbólica do fálico-castrado), quando é atribuído um sentido às imagens que para cada um sobressaem, no olhar que se volta para o outro e para si próprio,

269 Ver A. L. Prates, *Feminilidade e experiência psicanalítica*, p.37-42.

270 S. Freud, *Tres ensayos de teoría sexual*, p.139-140. Num acréscimo de 1920 estabelece uma diferenciação entre as fases fálica e genital – p.180.

dando forma ao adensamento da novela familiar.[271] Talvez seja esta encruzilhada, aliás, que represente a peculiaridade da psicanálise, como saber que se debruça sobre a condição humana, não simplesmente como tradução simbólica de uma natureza dada, previamente estabelecida, mas como inquietação significante frente a uma herança incerta (que não se encontra propriamente *subordinada* às determinações sócio-culturais, mas não deixa de sofrer seus efeitos), que vem impulsionar o caráter indeterminado e múltiplo que caracteriza o ser humano.[272] Neste sentido, a dimensão paradoxal que possui o conceito de pulsão – no *apoio* e *subversão* que realiza em relação ao biológico – é indicador da peculiaridade deste saber, que elege o *corpo sexuado* como objeto privilegiado, na confluência das inscrições que sobre ele se depositam, mas também, e sobretudo, na defesa de sua indeterminação última. O traço paradoxal e a indeterminação radical (*negatividade*) que caracterizam o fundamento deste saber, ao mesmo tempo que marcam o diferencial da psicanálise, estabelecem um *núcleo de tensão conceitual*, em torno do qual se posicionam e se discriminam as diferentes leituras teórico-clínicas que compõem a história da instituição psicanalítica, como será visto adiante.

Na obra freudiana, o eixo de análise que prevalece para o complexo de Édipo é a dialética do *ter-não-ter*, do *fálico-castrado*, que dirige as atenções para a experiência infantil e desloca o advento da puberdade para uma posição secundária, sobretudo quando se pensa no percurso masculino. O Édipo feminino, por sua vez, surge para Freud como enigma e talvez esteja aí, mais do que nas respostas que encontra, o traço significativo acerca do *feminino*. Formulado posteriormente, o Édipo feminino atribui ao segundo momento da sexualidade a (possibilidade da) retomada

271 Expressão anunciada na 33ª. conferência, La feminilidad – idem, *Nuevas conferencias de introducción al psicoanálisis*, p.116.

272 Formulação inspirada na argüição de W. Safatle na qualificação do trabalho de doutorado de P. Porchat, *A "pegação" na homossexualidade masculina*, sob orientação de M. D. Rosa e com a participação de C. Dunker – Instituto de Psicologia, USP, 19 de Dezembro de 2005.

de um conflito interrompido de modo incerto, antes da latência, quando o projeto de uma gestação teria deslocado para o *filho* o desejo outrora direcionado ao *falo*. Isto quando não ocorre a *suspensão* do percurso esperado, em função do aprisionamento do sujeito na amarração neurótica ou, ainda, no *desvio* de tal percurso, em decorrência da *renegação* da posição feminina, fazendo prevalecer o "complexo de masculinidade", segundo o entendimento de Freud.[273]

Em cada uma destas alternativas, a referência para a feminilidade é o *falo*, argumento que suscitou críticas tanto entre psicanalistas, quanto entre pesquisadores das demais áreas das ciências humanas, sobretudo em função da compreensão da mulher a partir de uma *ausência* que lhe seria inerente – condição *castrada*. Se a argumentação servia à reflexão da condição da mulher em distintos contextos da história da humanidade, ao expandir suas fronteiras para uma dimensão universal e necesssária, mostrava-se *falocêntrica*, subordinando a condição feminina ao modelo masculino. Freud, por sua vez, preocupara-se em distinguir pênis e *falo*, salientando o caráter ilusório e fantasioso suscitado pela posse do primeiro, o que indicava, aliás, que a posição masculina também não estava preservada da castração. No entanto, a saída propriamente feminina para o Édipo, tal como era descrita, tendia à equiparação da mulher à figura da mãe, ainda que o filho a ser gestado, na *dissolução* do Édipo, não precisaria ser um filho em sentido literal: era a condição da maternidade que funcionava como referência para a feminilidade.[274]

O texto freudiano, em sua complexidade e riqueza, deixou pistas que permitem uma compreensão do segundo momento da sexualidade, distinta da *lógica fálica*, como defendem alguns autores contemporâneos.[275] Sem a pretensão de substituí-la, tendo

273 S. Freud, *La feminilidad*, p.117.

274 Ver o desenvolvimento desta crítica em A. L. Prates, *Feminilidade e experiência psicanalítica*, p.45.

275 Particularmente S. Lesourd, *A construção adolescente do laço social*; ver adiante.

em vista a fertilidade do argumento freudiano, estes fragmentos permitem evitar uma concepção linear ou unívoca do segundo momento da sexualidade e da condição *feminina*. No texto de 1931, *Sobre a sexualidade feminina*, Freud sugere que a sexualidade feminina é composta de dois momentos, um masculino e outro feminino, considerando que seria somente na puberdade que haveria a efetiva descoberta do órgão feminino (vagina) e de seu significado. Supõe que, neste segundo momento, deveria ocorrer a transposição libidinal do clitóris para a vagina, o que caracterizaria o deslocamento de uma sexualidade masculina (clitoridiana) para uma sexualidade propriamente feminina (vaginal).[276] Se for tomada a afirmação não em seu sentido literal (que defende a necessidade da mulher alcançar o gozo vaginal na relação sexual, a fim de conquistar sua feminilidade), mas em seu sentido simbólico, a mulher pode então ser percebida a partir de sua própria anatomia e não da referência masculina. No período da puberdade, seguindo seu argumento, haveria a possibilidade da emergência de uma outra sexualidade, em função da descoberta de um órgão que se apresenta como *cavidade*, sugerindo a *presença* de uma *interioridade* que não se traduz simplesmente na condição de *falta*, mas, fundamentalmente, anuncia a dimensão enigmática da sexualidade humana.[277]

O texto *Sobre a sexualidade feminina* atribui somente à mulher o caráter propriamente feminino do segundo momento de sua vida sexual. Porém, ao se considerar a descoberta do órgão feminino e sua função para ambos os sexos, por volta do décimo ou décimo primeiro ano de vida, como afirma Freud no texto *Sobre as teorias sexuais infantis*, é possível supor que o enigma que aí se anuncia seja uma característica do segundo momento da sexualidade de modo geral, para todo aquele que tem possibilidade de tal desafio.[278] Logo, se Freud reafirma até o final de sua obra a dú-

276 S. Freud, *Sobre la sexualidad feminina*, p.230.

277 Sobre a sexualidade feminina em Freud, ver S. Alonso e M. Fuks, *Histeria*.

278 Sobre a descoberta do órgão feminino neste período, ver S. Freud, *Sobre las teorías sexuales infantiles*, p.199.

vida sobre "o enigma da feminilidade", talvez esteja aí a melhor resposta para a pergunta que o acompanhou em boa parte de sua obra – *o que quer uma mulher?*[279] A própria condição enigmática da sexualidade feminina seria, portanto, a descoberta a ser feita no segundo momento da vida sexual dos seres humanos, quando a ilusão da lógica fálica mostra sua fragilidade e fica entreaberta a porta para o caminhar múltiplo e indeterminado que fundamenta a condição humana.

O termo *complexo*, como *conjunto de conflitos*, se mostra apropriado à amplitude e entrecruzamento de vetores que configuram o Édipo, eixo da teoria freudiana para a constituição do aparelho psíquico. É possível tomar este emaranhado a partir de dois pólos, que gradualmente se anunciam com maior clareza, ao longo da obra de Freud: a escolha amorosa e a questão narcísica. O *objeto de amor* infantil é reencontrado (ou renovado, como consta nos *Três ensaios*) na *nova* escolha objetal que acompanha o *segundo momento* da sexualidade. O *novo* objeto faz reviver a imagem mnêmica parental inaugurada na infância, momento primeiro, que guarda o registro de uma experiência vivida, possível, em torno da qual se configura o impossível desejo, que busca uma plenitude que nunca existiu e o domínio de um *outro*, identificado com o objeto do desejo.

O segundo pólo diz respeito à posição do sujeito frente à figura da autoridade. Se em 1905 Freud sublinhava a importância da dolorosa tarefa de realizar o *desligamento da autoridade* dos progenitores, foi num adendo de 1915 que acrescentou aos *Três ensaios* o papel preponderante das "teorias sexuais infantis" neste empreendimento,[280] incluindo assim as formulações que desenvolvera no célebre texto de 1909, *Romances Familiares*. No primeiro, Freud justifica as investigações e formulações infantis em função da busca de uma "orientação *autônoma* no mundo" e de "um forte estranhamento do menino em relação às pessoas à sua volta,

279 Ver a 33ª conferência, La feminilidad – idem, *Nuevas conferencias de introducción al psicoanálisis*, p.108.

280 S. Freud, *Tres ensayos de teoría sexual*, p.207, 178-179, respectivamente.

que antes haviam gozado de sua confiança".[281] No segundo, Freud diz que "mais ou menos desde a época da puberdade [*Pubertät*]", uma "particularíssima atividade fantasiosa" se dirige para as relações familiares, atividade esta voltada ao "cumprimento de desejos, à ratificação da vida", visando "*duas metas principais: a erótica e a da ambição...*".[282]

Este texto (*Romances Familiares*) privilegia a operação simbólica empreendida primeiramente na infância e, depois, na puberdade, quando é explicitada sua finalidade de realizar em fantasia os desejos insatisfeitos, ensaiando assim um *projeto de intervenção* – a "ratificação da vida". A atividade investigativa e fantasiosa se sustenta na busca de *autonomia* frente aos progenitores o que, por sua vez, resgata a problemática desenvolvida por Freud em torno da questão da *identificação*, já anunciada em 1900, com *A interpretação dos sonhos*. Trata-se da *ambição* de "chegar a se parecer com eles – vale dizer, ao progenitor do mesmo sexo –, *ser* grande *como* o pai e a mãe".[283] Por um lado, a ambição respeita a admiração frente a este progenitor tomado como modelo,[284] mas, por outro lado, visa a liberdade frente aos pais e sua substituição por "outros",[285] configurando a tempestuosa ambivalência edipiana a ser equacionada na constituição dos ideais, tema que viria a ocupar Freud anos mais tarde.[286] A noção de autonomia aqui se mostra, necessariamente, complexa e relativa, uma vez que o desprendimento da autoridade depende da possibilidade de fazer valer, afirmativa ou negativamente, o modelo parental inscrito na primeira infância.

281 Idem, ibidem, p.179. Grifo meu.

282 Idem, *La novela familiar de los neuróticos*, p.218. Grifo meu. No original, *Der familienroman der Neurotiker*, p.229.

283 Idem, ibidem, p.217. Grifo meu.

284 Idem, *Psicologia de las masas y análisis del yo*, 99.

285 Idem, *La novela familiar de los neuróticos*, p.218.

286 Idem, *Psicologia de las masas y análisis del yo*, p.103-104. Sobre a questão dos ideais em Freud, ver T. C. Matheus, *Ideais na adolescência*, p.39-81.

Busca de autonomia (1905), desligamento da autoridade dos progenitores e ambição (1909): as diferentes formulações de Freud põem em destaque a questão que discute na década de 1910, e que resulta na formulação do conceito de narcisismo e se sustenta no jogo identificatório que perpassa o tema do poder e acompanha a dupla temporalidade do Édipo. São aspectos que descrevem uma dimensão fundamental da sexualidade, mas vão além dela – considerando-se a segunda dualidade pulsional freudiana – uma vez que indica caminhos da pulsão de morte quando desvinculada de qualquer propósito sexual, como assinala Freud em *Mal estar na cultura*.[287]

Escolha objetal e identificação, erotismo e ambição, pulsão de vida e pulsão de morte. As dualidades se multiplicam no pensamento freudiano, que depende da articulação entre suas polaridades para ganhar *movimento*. Ao longo da obra freudiana, as dualidades estabelecem tensões que se entremeiam e ganham densidade e estatuto teórico. A puberdade, associada ao segundo momento da sexualidade e da constituição psíquica, depende da experiência infantil para tomar a forma que lhe é possível. Privilégio da constituição humana, que se fundamenta na *posterioridade* de uma sexualidade de dois tempos, a puberdade, em contrapartida, está pautada pelo fundamento orgânico (herança animal?) de sua formulação inicial, presente até o final da obra freudiana. Se no princípio a questão da puberdade estava marcada por um determinismo endógeno finalista, a exposição do complexo de Édipo, a partir do jogo identificatório e da questão da castração, resulta no arrefecimento desta vertente em favor de determinantes que privilegiam a perspectiva simbólica. Em 1905 a puberdade era vista como momento de *síntese* (das moções sensual e terna), de *integração* das pulsões parciais e de escolha ob-

287 "... quando emerge (a pulsão de morte) sem propósito sexual, inclusive na maior cega fúria destrutiva, é impossível desconhecer que sua satisfação se enlaça com um gozo narcisista extraordinariamente elevado, na medida em que mostra ao ego o cumprimento de seus antigos desejos de onipotência" – S. Freud, *El Malestar en la cultura*, p. 117.

jetal *definitiva*, marcada pela *alteridade*. Esta posição perde força com o desenvolvimento do pensamento freudiano, que passa a questionar o caráter conclusivo deste processo, privilegiando o resgate das tensões anunciadas anteriormente.

Em *Psicologia de massas*, Freud indica o caráter variável e, portanto, incompleto da síntese a ser realizada no momento da puberdade entre os anseios libidinais. Considera que, neste momento, é "comum o adolescente (*Heranwachsenden*) conquistar *certo grau* de síntese entre o amor não sensual, celestial e o sensual, terreno".[288] Se em *Análise terminável e interminável*, Freud questiona a possibilidade de uma "normalidade psíquica absoluta", é porque considera a normalidade *relativa*, o que é coerente com a graduação (*certo grau*) ou incompletude da síntese dos investimentos libidinais.

Neste texto – *Análise terminável e interminável* – Freud também põe em xeque a possibilidade de domínio das exigências pulsionais, assim como o caráter conclusivo de qualquer processo analítico. Considera a puberdade (*Pubertät*), assim como a menopausa, momento de "emergência de reforços consideráveis de certas tensões", como as ocorrências de "novos traumas, frustrações impostas".[289] Ao justapor fatores corporais e experiências de cunho traumático, Freud não os separa como fontes distintas (como de início havia se preocupado tanto em distinguir o *inato* e o *adquirido*), mas trabalha com as *séries complemen*tares compostas pela *predisposição* e pelo *acidental*, numa necessária correlação entre ambos.[290] A puberdade é aqui um dos momentos de turbulência que não cessam de surpreender o indivíduo e impedem qualquer perspectiva conclusiva não só no trabalho de análise, como na própria organização psíquica conquistada ao longo da vida, ainda que novos estados subjetivos possam ser alcançados, como assinala Freud neste mesmo texto.

288 Idem, *Psicologia de las masas y análisis del yo*, p.106. Grifo meu. No original, *Massenpsychologie und Ich-Analyse*, p.123.

289 Idem, *Análise terminable e interminable*, p.223-229; no original,

290 O mesmo argumento aparece em *Moisés y la religión monoteísta*, p.91.

Em *Moisés e a religião monoteísta*, Freud utiliza um argumento convergente. Descreve os conflitos que perduram entre o eu e o "mundo exterior real", caracterizando a condição neurótica que acompanha, no *melhor* dos casos, a constituição do psiquismo. Em geral, diz Freud, é após a latência que

> a *neurose definitiva* se torna manifesta como *efeito retardado* do trauma. Isto acontece *com a irrupção da puberdade* (*Pubertät*) *ou um tempo depois*. No primeiro caso, porque as pulsões reforçadas por uma maturação física podem retomar agora a luta em que inicialmente sucumbiram à defesa; no segundo, porque as reações e alterações do eu, produzidas pela defesa, revelam agora obstáculos para conduzir as *novas tarefas da vida*, e então se cai em conflitos graves entre as exigências do mundo exterior real e o eu, que quer preservar a organização que laboriosamente adquiriu na luta defensiva.[291]

Alterações pulsionais advindas da "maturação física", por um lado, e alterações do eu produzidas por defesas utilizadas anteriormente, por outro, são mais uma vez justapostas, produzindo "agora" um "efeito retardado do trauma" precedente. A separação entre os fatores indicados (maturação física e alterações do eu) parece mais uma questão formal que conceitual, assim como a seqüência causal de uma em relação à outra.[292] Mesmo porque, se é "muito mais freqüente" que o segundo momento da configuração neurótica ocorra com a puberdade "ou um tempo depois", também é possível que ocorra antes, de modo que não é possível estabelecer uma prevalência causal entre a maturidade física e este outro momento do eu, frente às "novas tarefas da vida". São determinantes necessariamente articulados no texto freudiano e parece pouco pertinente destacá-las uma da outra, promovendo

291 Idem, *Moisés y la religión monoteísta*, p.74. Grifo meu. No original, *Der Mann Moses und die monotheistiche Religion*, p.182. Passagem comentada por B. Gutierra, *Adolescência, psicanálise e educação*, p.44.

292 Separação esta e determinação causal que vários autores que discutem a questão da adolescência acabam sugerindo, como será visto adiante.

uma fragmentação do saber sobre o objeto de estudo, decomposto em distintas variáveis.[293]

Se o texto *Moisés* resgata a importante noção de *posterioridade* que fundamenta este segundo momento da constituição psíquica, faz ver também a perspectiva inercial suposta por esta própria noção. O efeito retardado prevê um caminho já trilhado (cf. *Projeto*) que, como inscrição fundante, tende a determinar os caminhos subseqüentes, de acordo com as "novas tarefas da vida" (indicadas em *Moisés*). O eu, marcado pelas defesas anteriormente utilizadas, é levado a reproduzir a organização psíquica conquistada previamente, ainda que esta não seja favorável às novas exigências da *realidade*, vindo antes a favorecer o conflito entre os anseios do indivíduo e o que o cerca. A perspectiva de inadaptação e de um estado de conflito constante se intensifica no final da obra freudiana, o que resulta numa mudança de tonalidade acerca do segundo momento da sexualidade e, mais propriamente, da constituição psíquica.

Em O *Mal estar na cultura*, a impossibilidade de harmonização das forças que mobilizam o ser humano passa a ser o próprio eixo argumentativo do texto, que oferece uma nova perspectiva para as questões de *autoridade* e de *alteridade*. Entre as várias fontes de sofrimento, destaca-se aquela que mais facilmente é negada, que diz respeito ao próprio "vínculo com os outros seres humanos".[294] O *outro*, antes que se prove o contrário, é um inimigo, de modo que o laço social se constrói sobre a coação necessária à contenção da hostilidade que acompanha o coletivo humano. Só será objeto de amor, admiração ou reconhecimento, quando estiver conivente com os interesses ou referências individuais

293 Há uma passagem em *Totem e Tabu* em que a puberdade [*Pubertät*] é descrita como um dos "momentos excepcionais", assim como a menopausa, o nascimento, mas também os reis são dotados de uma "força contagiosa" que remete duplamente ao sagrado e ao proibido. É uma passagem interessante para se pensar na impossibilidade de destacar da puberdade (e da adolescência), o olhar que se produz sobre ela, conforme o sentido anunciado no campo simbólico – S. Freud, *Tótem y tabú*, p.30; no original, *Totem und Tabu*, p.31.

294 Idem, *El malestar en la cultura*, p.77.

(traços identificatórios compartilhados). O conflito entre o indivíduo e o coletivo é inevitável, sendo que cada um experimenta, em si próprio, os dois lados deste conflito – "as duas aspirações, a felicidade individual e de acoplamento à comunidade têm que lutar entre si em cada indivíduo". A tensão vivida individualmente oscila entre o egoísmo das aspirações individuais e o altruísmo da participação no coletivo.[295] O resultado, como seria de supor, varia entre os múltiplos arranjos que cada um produz, os recalques, sublimações, deslocamentos e substituições possíveis, traduzindo-se na criatividade infinita da produção sintomática.

Logo, o esperado desprendimento da autoridade parental anteriormente assinalado, se mostra dramático, uma vez que implica em desvincular-se de uma autoridade para logo vincular-se a outras, estejam elas encarnadas na figura de líderes ou em instâncias que cumpram sua função. A busca de autonomia, mais *fantasiada* que vivida, é claramente cerceada pela força de uma maioria, de modo que a participação no coletivo será antes que uma sedução, uma necessidade, condição para a diminuta parcela de autonomia compartilhada, que melhor se ajusta ao nome de *heteronomia*. É neste cenário em que Freud descreve a árdua missão do "acoplamento à comunidade" que marca o caminho identificatório do segundo momento da constituição do psiquismo:

> *Desprender-se da família se torna para cada jovem* [*Jugendlichen*] *uma tarefa* cuja solução a sociedade deve apoiar mediante ritos de puberdade e iniciação [*Pubertäts- und Aufnahmsriten*]. Tem-se a impressão de que estas dificuldades seriam inerentes a todo desenvolvimento psíquico; mais ainda: no fundo, a todo desenvolvimento orgânico.[296]

Os textos políticos de Freud permitem inscrever a constituição psíquica do sujeito em seu fundamento social, explicitando a inexorável articulação entre ambos. Desprender-se do universo familiar é tarefa que compete ao jovem, mas este recorre aos re-

295 Idem, ibidem, p.136.

296 Idem, ibidem, p.101. Grifo meu. No original, *Das Unbehagen in der Kultur*, p.463.

cursos que a sociedade lhe oferece, de acordo com seus ditames. É a tarefa de confrontar-se com o deslocamento de autoridade e com uma tensão a ser equacionada entre os anseios egoístas e os altruístas – tensão que se mostra, portanto, menos otimista frente à esperada passagem de um *ensimesmamento* auto-erógeno a uma escolha objetal pautada pela alteridade, quando as limitações deste percurso são percebidas.

A fundamentação orgânica assinalada neste trecho por Freud, mantém viva a tradição de seu pensamento de não descartar as formulações precedentes, mas incluí-las nas posteriores. É, sobretudo, conforme discussão precedente, um argumento de força que permite sustentar a hipótese da universalidade da puberdade como passagem a ser legitimada pelo corpo social e assumida pelo próprio indivíduo – é uma tarefa que compete a *cada jovem*. Por outro lado, o argumento organicista não deixa de expressar a filiação à qual Freud de algum modo se mantém vinculado, conforme as marcas identificatórias que inauguram seu percurso profissional e teórico.

A fantasia de autonomia, por sua vez, acompanha como contrapeso as amarras de uma cultura que se inscreve no aparelho psíquico sob a forma de *supereu*. Se em outro momento o exercício da fantasia fora anunciado como possibilidade de autonomia, surge aqui da ótica do *delírio*, fantasia incompatível com o *princípio de realidade*, podendo ser individual – representada pela imagem do eremita – ou coletiva – caso das religiões.[297] A possibilidade de "recriação" do mundo justifica o traço paranóico que a fantasia pode conquistar, não parecendo ser um privilégio exclusivo dos iluminados, mas a contrapartida necessária à inserção social, quando considerada a formulação de projetos e o incremento do *ideal de eu*, de acordo com os laços identificatórios em jogo.[298] Entre o delírio e o idealismo, a diferença é incerta. Depende mais da cumplicidade dos interlocutores (acordo entre os humanos) do que da compatibilidade com uma realidade su-

297 Idem, ibidem, p.81.

298 T. C. Matheus, *Ideais na adolescência*, p.45-58.

posta. Entre o *mal estar* inevitável e a fantasia de *recriação* da realidade, o *acoplamento à comunidade* mostra-se desde o início frágil e incompleto, pautado pela tensão que subsiste entre os diferentes segmentos de cada corpo social, conforme suas contradições e pontos de identificação coletivamente compartilhados. A tarefa atribuída ao jovem exige o confronto de cada um com o cenário social específico ao qual pertence, de acordo com os dispositivos sociais disponíveis.

O desamparo que permeia a missão de cada um de se desprender do universo familiar, neste momento decisivo, produz uma condição de disponibilidade para a promoção de laços identificatórios com aqueles que se prestam para tanto, conforme a constelação de referências que caracterizam cada cenário. O desamparo funciona como um vácuo responsável pelo empuxo (força centrípeta) que tende a trazer para as inscrições ideais do aparelho psíquico (*ideal de eu*), os dispositivos oferecidos em cada meio, ou seja, fazer uso dos traços compartilhados com aqueles que são percebidos como *semelhantes*, lançando mão dos *ideais das massas* (ou segmentos) das quais cada um participa, ou mesmo, dos *ideais da cultura* de modo geral, heterogeneamente constituídos.[299]

Numa perspectiva mítica, Freud descreveu este processo quando tratou dos laços estabelecidos entre os irmãos da horda, a partir do silêncio e do lamento que seguiram o assassinato daquele que se impunha como tirano. Laço estabelecido mesmo antes, quando uns e outros se viram obrigados a olhar para os lados, na impotência de cada um frente à opressão insuportável, sendo então levados a se perceberem como *semelhantes*, a fim de realizar o gesto capaz de instaurar a lei da cultura e os dispositivos simbólicos que a fundamentam.[300] A identificação que determina o lugar atribuído a cada um não se restringe aos traços admirados na imagem do pai, que agora se faz ainda mais presente em sua ausência; a identificação, como foi dito, também depende dos

299 Idem, ibidem, p.59-74.

300 S. Freud, *Tótem y tabú.*

traços compartilhados entre os *irmãos de opressão*, na culpa que expiam pelo cumprimento da tarefa realizada.[301]

A descrição de Freud apresentada no texto *Totem e tabu* salienta a dramaturgia que configura a ambivalência e a potência dos conflitos com os quais cada jovem se depara, neste momento constituinte, com seus pares, com seus ídolos e consigo próprio. Descreve a hostilidade a partir da qual se formam os laços entre os semelhantes, que, paradoxalmente, funcionam como ponto de contenção para o explosivo mal estar da cultura. Os *ideais* que precipitam deste percurso singularmente realizado são, para cada sujeito, inscrições que buscam velar as marcas de morte experimentadas, de modo a transformá-las em proposições afirmativas, norteadoras do *vir a ser* que fundamenta a condição humana, ao estabelecerem um ideário que projeta cada qual em um infinito movimento desejante. São inscrições que marcam a singularidade do sujeito, ao mesmo tempo em que produzem amarras entre os semelhantes, a fim de garantir a costura (ou remendo) do tecido social. O segundo momento da sexualidade é pautado por este movimento paradoxal, de ressignificação da singularidade do sujeito, mas também amarração do tecido social; configuração da diferença, produção da série que compõe um conjunto; promoção de um ideário que ilude e impulsiona, mas que opera no vácuo do desamparo inevitável e no velamento das hostilidades que permanecem pulsantes nos laços sociais.

A questão da puberdade assinala uma das polaridades do pensamento de Freud, que se manteve presente em toda a obra, variando seu peso e ênfase de acordo com a conjuntura teórica e política do momento. Se em 1905 o autor salientou com a puberdade o caráter finalista de um determinismo endógeno, já naquele momento caracterizava a puberdade como o segundo momento da sexualidade e, portanto, da constituição do psiquismo, oferecendo pistas sobre os caminhos que viria a desenvolver

301 A horizontalidade de tais laços foram poética e ironicamente chamados recentemente de *função fraterna*, em alusão às *frátrias* e à *fraternidade* na sustentação do corpo social – M. R. Kehl, *Função fraterna*. Ver adiante.

posteriormente. A preocupação de Freud com a etiologia das neuroses – e toda a importância que esta possui na problematização do suposto *desenvolvimento normal* da sexualidade – durante toda a sua obra, manteve o autor constantemente atento a este segundo momento da vida sexual, assim como ao advento da puberdade propriamente dita. Se a puberdade tende a ser lembrada no texto freudiano como um vetor que assinala a participação das transformações orgânicas no incremento da vida pulsional, é necessário sustentar sempre, no que diz respeito à investigação do segundo momento da sexualidade, a tensão estabelecida com relação aos demais determinantes e conceitos formulados, ao longo da obra de Freud, em seu *movimento*. Se por um lado, as transformações pubertárias são determinantes que não podem ser desconsiderados na obra de Freud, por outro, estes não permitem a sustentação de uma relação causal e linear entre a maturação orgânica e os determinantes da ordem do campo simbólico (que ganhariam importância após 1905) sustentados estes pela complexidade das redes de identificações e escolhas objetais, pautadas como são por ambivalências e contradições. Se o próprio Freud já percebia desde o início que o ponto mais problemático de sua obra recaía sobre a teoria das pulsões, é porque o efeito do dito "orgânico" sobre a subjetividade segue emblemático, ainda que muitas vezes a menção a este fator seja visto como garantia de *veracidade* do saber produzido.

As formulações de Freud que ganham peso após 1905, como as identificações, o complexo de Édipo, de castração, assim como a importância do campo simbólico, revêem a perspectiva finalista inicialmente adotada em relação ao processo pubertário e às transformações ocorridas neste momento. O caráter fragmentado e conflitivo que fundamenta tanto a organização psíquica, quanto a sociedade, discutido sobretudo a partir de 1913, restringe sua visão inicial sobre a puberdade. Se esta ganhou destaque no início da obra de Freud, é porque, como resquício do próprio senso comum do qual buscava se diferenciar, a magnitude da experiência sexual continuava pendendo para a puberdade e o complexo de Édipo ainda era aproximado de modo incerto a este segundo e não à experiência infantil. Com a gradual antecipação do Édipo, o segundo momento da sexualidade assume um lugar secundário, mas nem por isso menos importante na vida sexual e na constituição do psiquismo.

O segundo momento ocorre quando, após um período de amortecimento (latência) uma experiência – sexual, narcísica e enigmática – vivida de modo inusitado, permite o resgate e a ressignificação de lembranças anteriores, marcando (*definitivamente*) a constituição psíquica do sujeito. A incompletude de uma primeira marca (ou conjunto de marcas) depende do *efeito retardado* de um segundo momento para conquistar um *sentido*, assim como produz a *ausência de sentido* – o traumático – a partir do qual o psiquismo se *organiza*.[302]

O segundo momento da sexualidade se mostra *definitivo*, na medida em que *renova, a posteriori*, as marcas deixadas na experiência infantil, sob a força de sua inércia e tentativa de atribuir significado a um resto nunca de todo elaborado, que por sua vez diz respeito tanto ao sexual diretamente considerado, quanto às questões narcísicas que entram em cena em função dos conflitos de autoridade e poder. É o momento de confronto com os dispositivos sociais – e suas fissuras – inicialmente amortecidos pela instituição familiar,[303] no hiato entre a autoridade parental e as que a substituem no meio social. É o momento em que se torna presente de modo particular o ideal de participação no corpo social que o precede, demandando de cada jovem uma solução, conforme sua organização psíquica prévia e os dispositivos sociais acessíveis.

Se neste segundo momento, para Freud, é esperada uma síntese *parcial* entre as moções libidinais terna e sensual, é porque há uma dimensão destas que permanece fragmentada, insistindo

302 Vários autores compartilham esta posição, como será visto mais adiante. Como exemplo, vale antecipar – J. André, Feminilidade adolescente, p.30; M. Schneider, *Afeto e linguagem nos primeiros escritos de Freud*, p.94; C. Melman, Os adolescentes estão sempre confrontados ao minotauro, p.151.

303 Argumento apresentado por M. D. Rosa, Adolescência: da cena familiar à cena social, p.230.

no desvio e na autonomia. A fragmentação perdura como *repetição*, inércia de caminhos precedentes, marcas mnêmicas associadas a um prazer-desprazer excessivo, que busca uma continuidade impossível, buscando conquistar um sentido que nunca é suficiente. A *novidade* ocorre por conta de uma *renovação* das marcas anteriores, *posteriormente* significadas e *reordenadas* numa outra composição, que as articula, de modo incompleto, em favor de objetos que nessa outra configuração alcançam um novo estatuto na economia do sujeito.

O exercício da fantasia é a operação simbólica que, por um lado, permite o amortecimento e a expressão, naquilo que é possível, dos impactos experimentados, tanto da sexualidade diretamente considerada, quanto das questões de poder que a ultrapassam. Por outro, é um ensaio, tentativa de intervenção na *realidade* experimentada, que oscila entre o delírio e o heroísmo,[304] conforme o reconhecimento do próprio sujeito e o olhar de seus pares sobre seu gesto e sua palavra.

Referência conceitual para tantos, fantasia e conflito alcançam status de fundamento do sujeito freudiano. Sujeito em conflito em função de seus contraditórios anseios, desejos e pulsões, forças inconstantes e imprevisíveis; mas também em função do conflito no convívio com o *semelhante*, o que resulta em organizações sociais tirânicas, quando deixa de haver divergência, ou em organizações sociais frágeis ou efêmeras, quando as divergências são reconhecidas. Conflito ora negado, ora fomentado, ora compreendido, no gesto ou na palavra, sempre marcados pela perseverança da produção simbólica, fruto de uma pulsão de vida que busca, insistentemente, reconstruir *ligações*, cadeias significantes, sobre o inominável.

Se num sentido amplo é possível ver o sujeito freudiano desde o princípio mergulhado numa *crise* – particularmente aquele acossado pelo insolúvel *mal estar* – num sentido específico, a cri-

304 Freud considera o *herói* como aquele que realizou sozinho, aquilo que os demais somente fizeram no (anonimato) coletivo, destacando-se da massa por sua ação – *Psicologia de las masas y análisis del yo*, p.129.

se descreve melhor o momento em que a organização psíquica se mostra insuficiente e demanda *reordenação*.[305] O lugar que o segundo momento da sexualidade ocupa na etiologia das neuroses oferece sustentação para a formulação deste momento na constituição do sujeito psíquico, que se mostra um momento de *crise*, tendo em vista o confronto com o não simbolizado sexual/narcísico que demanda uma *solução*, conforme os dispositivos societários possíveis. A crise se reafirma na medida em que a solução é, para um corpo social marcado pela fragmentação e conflito, impossível, conforme o contexto histórico específico e a posição de cada sociedade no cenário político em que se insere. Crise porque há o confronto com um *efeito retardado* de algo que não conquista sentido, confronto com a dimensão impossível e enigmática da condição humana, a partir das experiências da ordem do sexual e do poder, que expõem as nervuras do social, que antecede e determina o sujeito psíquico singularmente considerado.

Vale sublinhar que a crise fica associada ao segundo momento, que pode ocorrer antes, durante ou após a puberdade,[306] na medida em que não são exclusivamente os fatores maturacionais que deflagram esse processo, mas uma composição de fatores,

305 Freud usa por vezes o termo *crise* (*krisenhaften*, *estado de crise*, tal como consta na edição da Amorrortu) em investigações de casos clínicos ou quando discute a etiologia das neuroses; utiliza o termo particularmente em relação ao momento em que o sintoma emerge em função de uma experiência recente, que se mostra insuportável na medida em que atualiza conflitos precedentes com efeito retardado. Ver por exemplo, S. Freud, *Análise terminable e interminable*, p.234; *Die endliche und die unendliche Analyse*, p.77. Em *Estudos sobre histeria*, Freud usa o termo *epicrise* (*Epikrise*) quando retoma e discute o historial clínico – *Estudios sobre la histeria*, p.138, 148, 174; *Studien über Hysterie*, p.180, 194, 227. Epicrise, numa das definições de Houaiss, é a "segunda crise ou crise suplementar na evolução de uma doença" A. Houaiss, M. S. Villar, *Dicionário Houaiss da língua portuguesa*, p.1177.

306 Cf. citação anterior, em *Moisés*, Freud considera que por (raras) vezes a neurose adulta é prolongamento da neurose infantil, em outras (a maioria) ocorre "com a irupção da puberdade [*Pubertät*] ou um tempo depois" – S. Freud, *Moisés y la religión monoteísta*, p.74; no original, *Der Mann Moses und die monotheistiche Religion*, p.182.

articulados na complexa rede de *séries complementares* que não permitem uma causalidade linear. Perduram, certamente, várias questões metapsicológicas. Se o conceito de séries complementares reformula a complexa relação entre o *inato* e o *adquirido*, mantém presente a dualidade entre as categorias de *exterior* e de *interior* que pautam esta discussão.[307] Fruto da modernidade, a psicanálise é herdeira da segmentação entre os espaços público e privado, assim como da noção de indivíduo, como ser único e singular, que reproduz esta mesma dualidade. Se por um lado, Freud permite questionar tal segmentação, buscando um espaço específico e discriminado para o aparelho mental, que não se reduz às determinações inatas, nem às contingências do meio, por outro, não deixa de trabalhar até o final com as referências de um *mundo externo* e um *interno*, assim como tantos outros leitores de sua obra.

Como um dos fundamentos desta discussão, segue inquietando a emblemática teoria pulsional e, com ela, a conceituação de energia psíquica, que mantém uma constante tensão em relação à perspectiva da produção de sentido, na obra freudiana. Como assinala Monzani, *força* e *sentido* configuram dois domínios que Freud não hesitava em manter, mas que foram privilegiados, um e outro, por distintas correntes psicanalíticas, cada qual conforme seu próprio argumento. A história do movimento psicanalítico é resultado dos embates que se estabeleceram entre tais correntes, dando forma às tensões presentes desde o texto freudiano. Se as diferentes posições teóricas tiveram o intuito de rever ou ampliar suas concepções, em função dos debates e dos problemas discutidos, é sinal que a história também deixou marcas nos conceitos que sustentam cada corpo teórico, que por sua vez, compõem o mosaico da (não sintética, nem homogênea) teoria psicanalítica.

307 Cf. L. R. Monzani, A "fantasia" freudiana, p.101. Esta questão, como foi dito no capítulo precedente, foi retomada por Lacan (assim como por Zizek), que buscou romper com esta dicotomia a partir dos próprios elementos apresentados no texto freudiano. Ver, por exemplo, R. Fausto, Dialética e psicanálise, p.117.

Adolescência *normalmente* patológica: Anna Freud

Considerada a primeira psicanalista a tomar a adolescência como um tema específico de investigação (publica um artigo com este tema em 1958),[308] Anna Freud, assim como o pai, já utilizara o termo ao discutir a questão da puberdade (*puberty*), como atesta seu principal trabalho, *O ego e os mecanismos de defesa*, de 1937.[309]

Fiel seguidora de seu pai, Anna Freud não parece ter compartilhado o ceticismo que predominou na obra daquele. O projeto pedagógico que Anna procurou desenvolver a partir da psicanálise tinha sustentação num "ideal de humanidade" – nas palavras utilizadas por Peter Heler para descrever a escola especial que Anna fundou com Erik Erikson, Peter Bloss e Eva Rosenveld, pouco depois de 1925[310] – que dividia com os membros do grupo ao qual esteve ligada, em particular, os representantes da *ego psychology*. Se Freud estava marcado pelo ceticismo romântico do final do século, sua filha tinha um projeto intervencionista que justificava a aproximação proposta entre a psicanálise e a pedagogia.

As referências em comum com Hartmann – fundador da *ego psychology* – estabelecem as noções de *desenvolvimento* e *adaptação* como vértice da corrente de pensamento que inauguraram.[311] Anna Freud defende a evolução do indivíduo e da espécie a partir da possibilidade de "domínio dos instintos", função a ser gradualmente desenvolvida pelo *ego* frente às exigências do mundo exterior, que tem nesta empreitada, o *superego* como aliado in-

308 Cf. P. Jeammet, M. Corcos, *Novas problemáticas da adolescência*, p.51. O artigo de A. Freud foi publicado em português em 1995, sob o título de "Adolescência".

309 No original, A. Freud, *The ego and the mecanism of defense*, p.149-189.

310 Cf. E. Roudinesco, M. Plon, *Dicionário de psicanálise*, p.259.

311 Ver H. Hartmann, *La psicologia del yo y el problema de la adaptación*.

terno e a Pedagogia como aliado externo.[312] Sendo assim, o desenvolvimento almejado depende do domínio dos instintos e da adaptação às exigências do meio externo. O momento da puberdade [*puberty*] ou adolescência [*adolescence*] [313] torna-se ameaçador na medida em que há aí um "reforço da libido" decorrente das transformações orgânicas, acirrando a batalha entre um *id* fortalecido e um *ego* fragilizado, a ser melhor compreendido em suas defesas e aptidões, a fim de poder receber o apoio pedagógico mais apropriado.

A perspectiva privilegiada pela leitura da autora é claramente quantitativa: o *desequilíbrio* estabelecido na tensa relação entre o *id* e o *ego* decorre do incremento de energia que o primeiro recebe, em decorrência das transformações fisiológicas previamente determinadas. Os aspectos qualitativos em jogo dizem respeito à "natureza e [à] eficácia dos mecanismos de defesa a mando do ego, que variam com a constituição" e são, para a autora, decisivos na definição da organização psíquica futura.[314]

Para a autora, "a saúde mental é baseada, em última instância, na harmonia" entre as forças psíquicas. No entanto, os "distúrbios do equilíbrio mental" próprios da adolescência não configuram propriamente uma patologia, mas representam a própria condição de normalidade, uma vez que "a sustentação de um equilíbrio constante durante o processo de adolescência é, em si, anormal".[315] Trata-se de uma situação peculiar, pois se por um lado é difícil, segundo a autora, "traçar uma linha entre a normalidade e a patologia" naquele momento, cabe concluir que a adolescência é normalmente patológica.

312 *Id*, *ego* e *superego*, conforme tradução do livro da autora – A. Freud, *O ego e os mecanismos de defesa*, p.121.

313 Utiliza aparentemente os dois termos como sinônimos. No original, A. Freud, *The ego and the mecanism of defense*, p.166-170.

314 A. Freud, *O ego e os mecanismos de defesa*, p.128.

315 Idem, Adolescência, p.74, 81.

A defesa de uma pedagogia capaz de auxiliar o domínio e a integração dos instintos encontra na adolescência um momento fértil para sua atuação. Isto porque a adolescência apresenta uma particular capacidade adaptativa, em função da "volubilidade [*flickleness*] característica da puberdade", perceptível por sua "impressionante infidelidade ao objeto de amor" e seu instável mas intenso apego a distintas "filosofia(s) de vida, religião e política", diz a autora. Esta plasticidade adolescente denuncia a "perda da personalidade" causada pelas mudanças identificatórias próprias a esta fase,[316] e, ao que tudo indica, demandam cuidados especializados.

Para a autora, como para tantos outros, a crise adolescente não é inaugural, pois o embate entre as forças instintivas do *id* e a contenção *egóica* remontam aos primeiros anos de vida, assim como a adolescência se caracteriza pela reativação do conflito edípico, suspenso provisoriamente pela latência. Esta reativação, para Anna Freud, é deflagrada pelas transformações fisiológicas pubertárias: "o processo fisiológico que marca o advento da maturidade física e sexual é acompanhado pela estimulação dos processos *instintivos*, a qual *é transportada para a esfera psíquica* na forma de um influxo de libido".[317]

Respaldada na referência mais saliente do texto freudiano, Anna Freud descreve a crise adolescente como decorrência necessária e inevitável das transformações fisiológicas da puberdade, fazendo surgir a questão: seria a adolescência a comprovação de que a sexualidade se mantém atrelada aos processos orgânicos previamente estabelecidos, numa relação de dependência, tal como ocorrera nos primórdios de sua constituição, no *apoio* nas forças de auto-conservação, como dissera Freud?[318] Estaria a

316 Idem, *O ego e os mecanismos de defesa*, p.142-144. No original, *The ego and the mecanism of defense*, p.183-186.

317 Ainda que A. Freud questione as teorias da adolescência que tratam da "convulsão da vida psíquica" como resultante das "transformações químicas", em outros momentos, como nesta última passagem (ibidem, p.118), dá a entender que o psíquico é efeito do processo biológico – ibidem, p.124. Grifo meu.

318 Ver *apoio*, cf. J. Laplanche, J.-B. Pontalis, *Vocabulário de Psicanálise*, p.66.

plasticidade conquistada pela sexualidade circunscrita a determinados momentos, voltando a ser conseqüência do orgânico, na medida em que este impõe transformações de tal ordem que seriam capazes de ditar a seqüência dos processos psíquicos?

A proximidade que a autora mantinha com a *ego psychology* respondia pela concepção convergente de *ego* – a partir de uma leitura específica do texto de Freud que inaugura a *segunda tópica*, *O eu e o isso* – na qual a função sintética e mediadora deste (*ego*) é privilegiada. A referência, apesar de encontrar respaldo no texto freudiano, o faz pender para apenas um, entre os vários lados que compõem a heterogênea e sinuosa formulação freudiana, amputando a tensão que acompanha o conceito.[319] Freud, neste texto, considera que "o eu quer tentar a mediação entre o mundo e o isso, fazer com que o isso obedeça ao mundo e – por meio das próprias ações musculares – fazer com que o mundo faça justiça ao desejo do id".[320] Anna, no entanto, faz uso apenas da primeira destas funções (a obediência do isso ao mundo): o ideal de uma ação que visa a transformação do *mundo exterior* é deixado de lado em favor do *domínio dos instintos*, de modo que a *adaptação* do psiquismo em relação ao mundo ocorre de modo unilateral e não o inverso.

A escolha de Anna Freud pelo ego sintético e mediador anunciado em *O Eu e o isso*, de 1923, particularmente empenhado na contenção dos impulsos instintivos, assim como o modelo de id utilizado, remontam ao determinismo endógeno presente no texto de 1905, pois, para ela, "dentro do próprio id, pouca ou nenhuma transformação ocorre, salvo o *progresso* feito no sentido das finalidades instintivas pré-genitais para as genitais", condicionado pelos processos fisiológicos.[321] No entanto, se o texto de Freud trazia nuances que sugeriam a complexidade da vida sexual e do universo pulsional, o texto de Anna explicita o

319 Idem, ibidem, p.172-188.

320 S. Freud, *El yo y el ello*, p.56. Passagem citada por Laplanche e Pontalis, *Vocabulário de Psicanálise*, p.184.

321 A. Freud, *O ego e os mecanismos de defesa*, 120.

dogmatismo próprio ao determinismo endógeno, quando, por exemplo, considera que "com o afluxo de energia instintiva, (a adolescência) passa a ser mais uma criatura de instinto; *isto é natural e não requer mais explicação*".[322]

Se Anna mostrou devoção e fidelidade ao pai, não deixou de expressar a qual Freud iria filiar-se teoricamente, de acordo com seus próprios projetos e afinidades políticas. A posição de Anna Freud encontra ressonância em muitos autores de sua época ou posteriores, como Peter Bloss, Erik Erikson e Arminda Aberastury, configurando uma referência inaugural que segue preponderante no campo de estudos da adolescência.[323]

Crise de identidade: Erik-*son*

A preocupação de Erikson em aproximar o saber psicanalítico – que no início do século havia causado tanto tumulto ao anunciar os ameaçadores segredos da alma humana – de uma das correntes de pensamento que se debruçava sobre as determinações culturais dos seres humanos e se opunha às principais teses freudianas – a antropologia culturalista –, parece ter favorecido a difusão do pensamento deste autor entre leigos, assim como na literatura especializada, desde a publicação de seus principais trabalhos, até os dias atuais. Sua proposta se mostrava arrojada ao tentar compatibilizar campos tão distintos, e talvez por isso mesmo, tenha encontrado tanta aceitação. Propunha-se a disponibilizar as formulações de uma psicanálise pautada na tese de um desenvolvimento pré-determinado, utilizando-as na análise da questão da juventude, que passava a mobilizar pesquisadores, clínicos e governantes, sobretudo a partir da Segunda Guerra, na medida em que era particularmente associada às transformações sócio-culturais que abalavam, naquele momento, as diferentes

322 Idem, ibidem, p.134. Grifo meu.

323 Sobre a afinidade de outros autores com esta referência, ver adiante.

partes do globo.[324] O conceito de *identidade* era o ponto central para o qual convergiam distintas referências utilizadas (*faziam síntese?*) e era a partir dele que se buscava fundamentar o caráter inevitável das crises que inquietavam uns e outros.

Nasceu com o nome de Erik Homburger, sobrenome que recebera não de seu pai biológico – que durante sua infância, não chegou a saber de sua existência – mas do segundo casamento de sua mãe, após esta ter sido "abandonada" pelo primeiro marido.[325] Mudou de nome a partir da perturbação que sentia em relação a sua história e à herança judaica ora atribuída à família materna, ora à paterna (pai adotivo), passando a adotar o sobrenome Erikson, fabricado por ele próprio conforme a tradição escandinava na qual o sufixo *son* (filho) era acrescido ao nome do pai. No caso, porém, era seu próprio nome que lhe servia de suporte. Erik Erikson, que viria a migrar para um país *novo* a fim de se debruçar sobre os conflitos de identidade próprios da adolescência, apresentava-se como filho de si mesmo.

Em 1950 Erikson publica o livro que viria a consagrá-lo, *Infância e sociedade*, no qual se dispõe a retomar a formulação freudiana acerca do desenvolvimento sexual, descolando-a de um determinismo endógeno que opunha o pensamento psicanalítico aos saberes antropológicos e sociológicos dos quais Erikson se aproximava. Atento às dificuldades do intento, sustenta que "os impulsos com que nasce o homem não são instintos (*instincts*), nem são de natureza inteiramente instintiva os impulsos (*drives*) complementares de sua mãe". A natureza humana não pode ser explicada, segundo o autor, simplesmente com base nos fatores orgânicos, mas também não é independente deles. Como saída, considera os determinantes congênitos como "fragmentos de forças (*drive fragments*)" que afetam o humano e que, em relação às outras espécies, demoram mais e são mais dificilmente *integrados*, conforme a "tradição (*tradition*) que orienta e imprime significado

324 Ver capítulo I.

325 Cf. E. Roudinesco, M. Plon, *Dicionário de psicanálise*, p.178.

às respostas dos pais".[326] Os fatores biológicos funcionam, portanto, como *disparadores* de processos determinados e organizados pela cultura (*tradição*). Com isso, Erikson busca oferecer uma possibilidade de articulação entre o desenvolvimento "psicossexual" e o desenvolvimento "psicossocial" – o que até então, segundo entende, não teria sido feito na psicanálise – de modo a incluir, conforme o argumento precedente, o primeiro no segundo.

As etapas do desenvolvimento humano descritas por Freud, com a colaboração de Abraham, são então retomadas como "fases críticas" do desenvolvimento *psicossexual*, na qual se sucede uma seqüência prevista de conflitos interdependentes, a serem ultrapassados de acordo com a capacidade de integração de cada indivíduo e a retomada da unidade do psiquismo.[327] O exercício funcional do organismo opera como deflagrador de tensões e dilemas que, num plano psíquico, rompem a unidade precedente. Exemplo disso é a fase oral: o aparecimento dos dentes inagura um "dilema masoquista", no qual um elemento *interno* ao próprio corpo é responsável pela agressividade frente à mãe, destruindo a "unidade com a matriz materna" que vigorava até então. A mordida impede a continuidade da amamentação, exigindo o aprendizado da contenção do movimento (mordida), para que a experiência de prazer precedente possa ser preservada. Trata-se de um "dilema social" que surge a partir do "dilema físico", do conflito entre o "sentimento básico de confiança", e seu oposto complementar, a desconfiança.[328]

De modo claro e acessível, Erikson constrói seu "diagrama epigenético", apresentando um quadro em que são anunciados os "conflitos ou crises" que caracterizam cada uma das etapas

326 E. Erikson, *Infância e sociedade*, p.85-87. No original, *Childhood and society*, p.90-92. Na versão em português, *drive fragments* foi traduzido por "fragmentos de instinto", o que parece menos apropriado do que força, dado o próprio problema discutido pelo autor nesta passagem sobre o que é instintivo e o que é específico do humano.

327 Idem, ibidem, p.97, 249.

328 Idem, ibidem, p.70-71.

do desenvolvimento humano. A perspectiva desenvolvimentista deixa ver de modo inequívoco a expectativa que recai sobre cada indivíduo, na tarefa que lhe cabe ao fazer a "opção entre o progresso e a regressão, a integração e a sujeição".[329] Se cada personalidade deve se deparar com as imperfeições inerentes a um percurso incompleto, a "utopia" está dada: o *progresso* depende da capacidade de *aprendizado* e *adaptação* do psiquismo frente aos vários desafios a serem *integrados*. É neste cenário que Erikson descreve a fase da puberdade e adolescência (*puberty and adolescence*): considera que o jovem se depara com uma "revolução fisiológica interior", juntamente com as "concretas tarefas adultas", passando a se preocupar, "principalmente, com o que aparentam aos olhos dos outros" e com a tarefa de conquistar papéis capazes de adequar as habilidades anteriores aos "protótipos ocupacionais do momento". O principal desafio é a conquista da *identidade (identity)* "capacidade de integrar todas as identificações com as vicissitudes da libido, com as aptidões fundadas nos dotes naturais (*endowment*) e com as oportunidades oferecidas nas funções sociais".[330]

O termo identidade (*identity*) fora inicialmente utilizado, diz Erikson, no tratamento de veteranos de guerra, quando pacientes não sofriam de "neurose de guerra", mas tinham "perdido a noção de *identidade pessoal* e continuidade histórica"; tinham perdido, "em grande parte, o *controle* central sobre si próprios".[331] Controle que depende, ao que parece, da *unificação* e *coesão* do

329 Idem, ibidem, p.248-252. A título de ilustração, são oito fases com seus respectivos dilemas: oral-sensorial (confiança básica e desconfiança), muscular-anal (autonomia e vergonha e dúvida), locomotor-genital (iniciativa e culpa), latência (indústria e inferioridade), puberdade e adolescência (identidade e confusão de papel), adulto jovem (intimidade e isolamento), adulto (generatividade e estagnação), maturidade (integridade do ego e desespero).

330 Idem, ibidem, p.240-241. No original, *Childhood and society*, p.228.

331 Idem, *Identidade, juventude e crise*, p.15. Grifo meu. A idéia do controle do ego como condição de saúde é uma referência clara de Erikson ao trabalho de Anna Freud, de quem teria sido o primeiro discípulo - E. Roudinesco, M. Plon, loc. cit..

eu, numa "continuidade genética de tal representação", que resulta no "sentimento subjetivo de uma envigorante uniformidade e continuidade (*invigorating sameness and continuity*)".[332]

Controle, unificação e coesão descrevem as funções de um eu muito próximo ao de Anna Freud, a partir da leitura comum que fazem do texto freudiano. Se Erikson faz uso da noção de *identificação*, é para distinguir a multiplicidade destas funções frente ao resultado da função sintetizadora do *ego* nas fronteiras que encontra com o "'meio ambiente' que constitui a realidade social".[333] Diz ele:

> a identidade final, tal como fixada no final da adolescência (*adolescence*), é *superordenada* (*superordinated*) em relação a qualquer identificação singular com indivíduos do passado; ela abrange todas as identificações significativas mas também as altera de modo a constituir com elas um todo único e razoavelmente coeso.[334]

A identidade reúne algo que a diversidade de identificações não alcança, oferecendo ao sujeito, ao que tudo indica, a reunião da multiplicidade de imagens e papéis dos vários eus experimentados, permitindo um sentimento de continuidade e união que parece se distanciar da fragmentação que impera nos processos inconscientes. O superlativo da ordenação – a *identidade final* é *superordenada* – salta aos olhos. A ênfase desmedida indica uma negação? Se Erikson descreve a identidade como algo que denota coesão e constância, curiosamente descreve seu conceito como "algo tão insondável quanto difuso".[335]

332 E. Erikson, *Identidade, juventude e crise*, p.210, 17, respectivamente. No original, *Identity, youth and crisis*, p.19.

333 Usa *ego* como instância, fazendo referência ao trabalho de Hartmann, diferenciando de *eu* como *si próprio*, composto por imagens e papéis – idem, ibidem, p.212-213.

334 Idem, ibidem, p.161. Grifo meu. No original, *Identity, youth and crisis*, p.161.

335 Idem, ibidem, p.9.

A adolescência, por sua vez, tem na busca da identidade sua mais importante realização, o que não ocorre, considera Erikson, sem que seja necessário passar por uma "crise normativa", como "descontinuidades do próprio desenvolvimento", como "fase normal de crescente conflito". Quando se trata de crises "impostas, traumáticas e neuróticas",[336] o risco da adaptação ficar comprometida se torna premente, assim como as possibilidades de conquista da almejada *identidade final*. Erikson privilegia em seu discurso uma perspectiva descritiva em detrimento de uma fundamentação metapsicológica melhor definida: a crise de identidade se configura como um *sentimento de confusão*, uma "guerra no íntimo", uma sensação de *perda de si próprio*, estados que indicam que ou, ainda não foi possível alcançar a integração das imagens e papéis – os vários *eus* – ou houve um desvio deste processo *normal* e *definitivo* de coesão do *ego*.

Erikson sugere a implicação entre a crise individual e a "crise contemporânea". No entanto, não se detém nesta última, o que é compreensível, uma vez que parece difícil sustentar a universalidade da crise adolescente (*evolução sociogenética*) junto a uma inscrição histórica. Para ele, uma crise, genericamente concebida, é "um ponto decisivo e necessário, um momento crucial, quando o desenvolvimento tem de optar por uma ou outra direção, escolher este ou aquele rumo, mobilizando recursos de crescimento, recuperação e nova diferenciação".[337] Fica clara a prevalência da perspectiva subjetiva transposta para o universo coletivo: as escolhas dos rumos a seguir traduzem melhor os processos conscientes individuais do que os processos históricos e sociais.

A preocupação de Erikson em evitar os freqüentes estigmas em torno das turbulências juvenis, legitimados sob a forma de diagnósticos definitivos, leva-o a inscrever a crise adolescente não só como própria ao processo de desenvolvimento da identidade, como condição necessária para tanto. É o momento da "moratória psicossocial", momento em que é oferecida ao jovem a possibili-

336 Idem, ibidem, p.160-163.

337 Idem, ibidem, p.22, 14.

dade de uma experimentação, período em que condutas extremas não apenas são aceitas, como esperadas. É uma posição convergente ao conhecido argumento de Ariès acerca da postergação da entrada no mundo adulto, decorrente do incremento da educação institucionalmente formalizada nas sociedades modernas. Como foi dito anteriormente, esta postergação produz uma lacuna, estabelecendo um período de indeterminação e de incerteza, decorrente de um afastamento da família ainda não suplantado por uma inserção social capaz de legitimar uma função específica, reconhecida na sociedade. A idéia de *moratória*, que foi e continua sendo utilizada não somente entre psicanalistas, mas entre vários autores das ciências humanas e sociologia da juventude, segue esta mesma linha de entendimento. Caracteriza a juventude como momento de postergação de responsabilidades e compromissos, configurando um momento propício ao lazer e à experimentação.[338]

A postergação das responsabilidades atribuídas ao mundo adulto define esta etapa, em contrapartida, como momento de reconhecida irresponsabilidade, como sugere Erikson. No entanto, a particular disponibilidade da juventude ao lazer e à experimentação tende a ser vista como confirmação da inconseqüência característica dos representantes deste segmento, o que lhe confere um viés particularmente *liberal*, na medida que estar-se-ia tomando como modelo a referência dos segmentos juvenis privilegiados, que obviamente não são a maioria, considerando que os demais, a seu modo, não deixam de experimentar a condição juvenil.

338 Entre os psicanalistas que utilizam a concepção de *moratória*, constam Calligaris, *A adolescência*, p.12, 15; J.-J. Rassial, A adolescência como conceito na teoria psicanalítica, p.49; S. Lesourd, *A construção adolescente do laço social*, p.94; M. R. Kehl, A juventude como sintoma da cultura, p.91; R. Rodulfo, *O brincar e o significante*, p.138. Seguindo a perspectiva marxista, Saggesse questiona o conceito de *moratória* por considerá-lo uma "necessidade de manter grandes faixas da população fora do mercado de trabalho" – *Adolescência: as ideologias das teorias*, p53. Na sociologia da juventude, constam, por exemplo, C. Attias-Donfut, Jeunesse et conjugaison des temps, p. 20; F. Dubet, De jeunesse et des sociologies, p. 30; O. Galland, L'entrée dans la vie adulte en France, p. 43; J. Paes, *Culturas Juvenis*, p. 323.

Ao se aproximar da antropologia e da sociologia, Erikson busca dar lugar em sua formulação à perspectiva culturalista com a qual se afinara, na tentativa de estabelecer uma outra possibilidade para o desenvolvimentismo de Anna Freud, que não ficasse restrito ao determinismo infantil. Para ele, "o indivíduo está muito mais próximo do dia histórico do que nas fases mais primitivas do desenvolvimento infantil".[339] Entende que cabe ao ego adolescente organizar suas experiências por meio de uma "simplificação ideológica do universo", aparentemente num sentido ampliado de ideologia próximo a Mannheim.[340] No entanto, se abre mão do determinismo infantil defendido por sua ex-analista, Anna Freud, não faz o mesmo em relação à perspectiva desenvolvimentista que defende uma ordem e um sentido garantidos previamente, mas fica desamparada de um fundamento que lhe dê o apoio necessário para não cair num relativismo culturalista. Se falava em tradição no texto de 1950, esta facilmente poderia ser utilizada como argumento contrário ao *desenvolvimentismo psicossocial* que buscava defender. O desafio de tornar compatíveis duas vertentes tão distantes é equacionado por Erikson com uma ordem divina.[341]

Para o autor, a identidade segue a "evolução sociogenética do homem", desde o indivíduo, passando pelas coletividades, chegando à humanidade como um todo, e tendo, como fundamento último, a dimensão transcendental – "Sua Identidade", diz ele. Conflitos pessoais, coletivos, sentimentos de confusão, tensões, todos são amortecidos por uma perspectiva evolutiva que

339 E. Erikson, *Identidade, juventude e crise*, p.25, 26 e 237.

340 Erikson não deixa claro o que entende por ideologia, mas o uso que faz do conceito é semelhante ao de Mannheim, que entende ideologia num sentido amplo, como distorção da "condição real da sociedade" que em princípio está presente em todas as classes, a partir do obscurecimento produzido pelo "inconsciente coletivo de certos grupos". A objetividade nas ciências sociais deve ser buscada a partir da "percepção e controle crítico" de tais distorções e de uma *sociologia do conhecimento* – K. Mannheim apud L. Konder, *A questão da ideologia*, p.69-71.

341 Há momentos em que a única saída é convocar Deus.

propõe a coerência das intempéries experimentadas e encontra Deus como garantia. A exigência de subordinação a um coletivo, por parte daqueles que não estão aptos a assumir os papéis que lhes são delegados, justifica a permissividade oferecida a este segmento social, neste momento de passagem. Posto nestes termos, ganha força divina o argumento em favor da "aceitação da autoridade (que) caracteriza a evolução sociogenética do homem".[342]

Se a argumentação do autor traz dificuldades, estas parecem não ter impedido a difusão de seu trabalho. Inversamente, a legitimação conceitual de um *si mesmo* uno e contínuo, respaldado em última instância por uma entidade transcendental, realiza de modo universalmente democrático uma versão íntima de indivíduo. Cada um resgata com sua *identidade*, a manifestação que é da Sua Identidade divina. A tensa questão da adaptação dos novos membros do corpo social a suas normas e condutas torna-se uma necessidade inquestionável, a ser suportada como condição de realização desta íntima presença divina, a *identidade*, recebendo como contrapartida, a liberal permissividade da moratória. Dissonâncias e tensões experimentadas tanto na singularidade dos sujeitos, quanto nas heterogêneas composições sociais, ficam justificadas e amortecidas pela idéia de um processo evolutivo sinuoso mas constante, determinado por uma razão transcendental.[343]

Erikson demonstra ter consciência da participação das teorias e produções científicas na experiência subjetiva dos sujeitos. Na primeira publicação de *Identidade, juventude e crise*, em 1968, observa os efeitos de seu trabalho inicial, *Infância e sociedade*: "alguns (jovens) têm-na (a crise de identidade) agora mais abertamente por saberem que nós achamos que eles devem-na ter".[344] Numa atitude rara entre os autores desta área, o autor reconhece que uma argumentação como a sua faz parte do jogo de forças

342 E. Erikson, *Identidade, juventude e crise*, p.39-41.

343 E. Saggesse lembra a crítica de Marcuse a trabalhos tais como o de Erikson pela minimização do conflito entre indivíduo e sociedade – *Adolescência: as ideologias das teorias*, p.31.

344 E. Erikson, *Identidade, juventude e crise*, p.28.

que gira em torno da juventude, de jovens e adolescentes. Se enfatiza a preocupação em evitar estigmas comprometedores quanto às perspectivas de cada um dos novos membros da sociedade, por outro lado, oferece subsídios à legitimação de um saber que promove uma determinada modalidade de subjetivação nas sociedades contemporâneas, a partir da noção de *crise de identidade*.

De fato, a partir de 50, as noções de *identidade*, *crise de identidade* e *moratória* passaram a ser amplamente utilizadas por diversos autores, com distintas tonalidades, tanto por aqueles que discutem a questão da adolescência nas várias abordagens da psicanálise e correntes da psicologia, quanto nas demais áreas das ciências humanas, fazendo com que Erikson se tornasse a principal referência neste campo.[345] O reconhecimento dos saberes antropológico e sociológico, assim como a proposta de aproximação destes campos de um conhecimento sobre o psiquismo e gradual desenvolvimento humano facilitaram a difusão de seu trabalho. Se eventualmente tais conceitos foram retomados e re-

345 Seu primeiro livro *Infância e Sociedade* data de 1950 e conquistou ampla repercussão. A discussão foi retomada em *Identidade, juventude e crise*, publicado em 68. Os psicanalistas, para se ter uma idéia, usam o termo *identidade* pressupondo um conceito já estabelecido (sem discutir as dificuldades que carrega), por exemplo, A. Freud, em seu texto de 58, Adolescência, p.80; P. A. Aberastury, *Adolescência Normal*, p.13; F. Dolto, *A causa dos adolescentes*, p.154; assim como R. Cahn, *O adolescente na psicanálise*, p.18; P. Jeammet, M. Corcos, *Novas problemáticas da adolescência*, p.35. Bloss usa identidade como "união dessas influências num todo decisivo...", o que pressupõe "integração e diferenciação" – *Transição adolescente*, p.7; S. Tubert considera que identidade implica não só em integração, mas também em destruição e negação das identificações infantis – *A morte e o imaginário na adolescência*, p.128; A. Birroux cita identidade como uma "própria definição" a partir do investimento de seu "valor próprio" e da negação do outro – Psicopatologia do adolescente, p.7. Variação sobre o mesmo tema, há quem fale em *individualidade* e na "descoberta de si" – M. Perosa, *Descobrindo a si mesmo*, p.10. Numa perspectiva igualmente extensa – que por uma questão de concisão não será exposta aqui – situa-se a referência à noção de *identidade sexual*, ora tomada num sentido próximo à apropriação de uma marca de gênero – por ex., P. Bloss, *Transição adolescente*, p.317 – ora como identificação da posição sexual assumida que independe especificamente da questão de gênero – por ex., A. Birroux, loc. cit..

vistos por outros autores, conforme seu campo de investigação específico, tal esforço não impediu que Erikson continuasse a ser tantas vezes citado e tomado como referência, em função da posição estratégica que a idéia de *identidade*, una e contínua, vinha ocupar nas diferentes culturas das sociedades contemporâneas, como realização da *ideologia do indivíduo*.

Erikson procurou trazer ao desenvolvimentismo de Anna Freud uma dimensão sócio-cultural que permitisse evitar o determinismo endógeno presente no texto de Freud de 1905 e retomado por sua filha. Na tentativa de estabelecer diálogo entre a psicanálise que herdara e o relativismo culturalista que enaltecia as diferenças entre as culturas, acabou fincando as bases de sua argumentação numa ordem transcendental imperativa. Se o saber médico fora a garantia da política pedagógica de Anna, a liberal permissividade identitária de Erikson buscou em Deus o fundamento para uma condição humana em desenvolvimento e evolução.

A *síndrome normal* e os herdeiros da corrente inglesa[346]

A concepção da adolescência como *processo* subjetivo, possuidor de uma linearidade e seqüência causal, decorrente das transformações orgânicas pubertárias (portanto uma determinação necessária e universal) manteve-se predominante nos textos psicanalíticos sobre o tema, desde o trabalho de Anna Freud. A linearidade processual justifica tanto a incidência de turbulências orgânicas (corpo em ajuste), quanto subjetivas (conflitos de desejos, valores, afetos ou ausência de sentido) como crise necessária a este momento de passagem, que se *desenvolve* em etapas pré-definidas. A atualização do conflito edípico, o luto das imagens idealizadas da infância ficam subordinados aos dispa-

346 Uma versão ampliada do material apresentado neste tópico foi publicada no artigo T. C. Matheus, Adolescência: conceito adolescente?

radores orgânicos, numa referência rápida a um determinado Freud. A identidade, fruto de uma síntese, ora das identificações precedentes, ora do encontro de um *si mesmo* até então errante ou frágil, é a garantia final de que uma prova foi cumprida; assim, a seqüência prevista é reafirmada. Os aspectos sociais (e políticos) são eventualmente anunciados como relevantes mas, de fato, acabam sendo deixados em segundo plano ou mesmo desconsiderados, quando se anuncia a seqüência causal do processo.

Desde os conterrâneos de Anna Freud e de Erikson, até os dias atuais, há uma variedade de autores que trabalham com uma perspectiva desenvolvimentista de fundamentação organicista, defendendo a busca da identidade e alertando sobre a crise da adolescência. Entre os representantes da corrente inglesa é possível perceber a convergência, nos pontos destacados, das formulações de seus representantes com os trabalhos inaugurais de Anna Freud e de Erikson. Veja-se, por exemplo, a posição de Aberastury, autora radicada na Argentina e que também passou a ser referência para tantos outros quando se fala em infância e adolescência.

Aberastury concebe a adolescência como "um período de contradições, confuso, ambivalente, doloroso, caracterizado por fricções com o meio familiar e social".[347] o que parece configurar a chamada "crise essencial da adolescência", como diz Knobel na mesma obra.[348] A crise, no entanto, não configura uma patologia, mas a *síndrome normal da adolescência*; formulação esta que, numa clara inspiração psiquiátrica e sintomatológica, reafirma a posição de Anna Freud de patologia normal e necessária.[349]

Alertada por Erikson, Aberastury (com Knobel) não descarta a importância do campo social e diz que "tanto as modificações corporais incontroláveis *como os imperativos do mundo externo...* exigem do adolescente novas pautas de convivência". Porém, a

347 A . Aberastury, M. Knobel, *Adolescência Normal*, p. 13.

348 Idem, ibidem, p. 10.

349 Cf. Dicionário Houaiss, síndrome é o "conjunto de sinais ou sintomas observáveis em vários processos patológicos diferentes e sem causa específica" – p.2578.

interferência do *mundo externo* parece ocorrer mais no sentido de impor uma *adaptação* ao sujeito, como *exterioridade*, do que participar das mudanças subjetivas que nele estejam ocorrendo. Isto porque

> as mudanças psicológicas que se produzem neste período... *são a correlação de mudanças corporais*... Quando o adolescente se inclui no mundo adulto com este *corpo já maduro*, a imagem que tem do seu corpo mudou também sua *identidade*, e precisa então adquirir uma *ideologia* que lhe permita sua *adaptação* ao mundo e/ou sua ação sobre ele para *mudá-lo*.[350]

O trecho faz uso da noção de *maturidade* anunciada por Freud em 1905, da noção de *adaptação* de Anna Freud e das noções de *identidade* e *ideologia* de Erikson. A concepção de corpo de Aberastury diz respeito às mudanças orgânicas ocorridas, pois trata-se de um *adolescente* num *corpo já maduro* – se fosse um corpo em seu significado simbólico, não seria possível garantir a maturidade corporal, pois a adolescência está no início de seu percurso. Assim, o texto deixa entender que são as mudanças corporais em sua perspectiva orgânica que se destacam no início deste processo: daí decorrem as mudanças psicológicas (*são correlatas*), que por sua vez induzem a uma mudança de *identidade* e à premência de uma *ideologia* que permita a *adaptação* ou *mudança do mundo* – metas últimas do processo.

A ideologia a que se refere parece constituir um "sistema de valores" e "teorias políticas e sociais", que o adolescente "confronta com (as de) seu meio" e então, "se posiciona".[351] Nesta perspectiva, a *ideologia* do adolescente se configura como um pensamento *próprio* – no sentido de exclusivamente seu – e *amplo* – no sentido de abranger as várias dimensões da realidade social.

A identidade adolescente é, por sua vez, para Aberastury, composta por uma "multiplicidade de identificações contemporâneas e contraditórias". Na medida em que esta multiplicidade

350 A . Aberastury, M. Knobel, *Adolescência Normal*, p. 13. Grifo meu.

351 Idem, ibidem, p. 15.

se mantém e o adolescente ainda não pode "renunciar a aspectos de si mesmo", nem "*sintetizar* os que vai adquirindo", fica impossibilitado de "adquirir uma *identidade coerente*".[352] Sendo assim, espera-se do adolescente que possa harmonizar as contradições que vai enfrentando, a fim de sair de sua crise e encontrar uma identidade coerente.

Por último, há um comentário de Knobel que parece tornar clara a posição, tanto sua quanto de Aberastury (cf. comentário sobre sua noção de corpo) sobre os determinantes do processo adolescente. Diz ele:

> não há dúvidas de que o elemento sócio-cultural influi com um determinismo específico nas manifestações da adolescência, mas também temos que considerar que *atrás* dessa expressão sócio-cultural existe *um embasamento psico-biológico que lhe dá características universais*.[353]

A partir da dualidade estabelecida entre a *interioridade* e a *exterioridade*, faz-se uma cisão entre o psíquico e o biológico, por um lado, e o social, por outro. Na correlação necessária entre os fatores, uma hierarquia é estabelecida, na qual os primeiros parecem levar a melhor: *atrás* do social, diz Knobel, encontra-se o psico-biológico. O saber psicológico poderia ganhar alguma autonomia frente a tantos outros campos sociais mas, curiosamente, volta a se atrelar ao saber médico – numa relação de dependência – responsável pelo corpo, tomado aqui como corpo biológico.[354]

352 Idem, ibidem. Grifo meu.

353 Idem, ibidem, p. 25. Grifo meu.

354 P. Jeammet e M. Corcos acabam adotando postura semelhante, quando consideram que o corpo adolescente, em decorrência das transformações pubertárias, tornou-se "apto a agir as pulsões na dupla dimensão da sexualidade e da agressividade" – *Novas problemáticas da adolescência*, p.39. O argumento usado pressupõe que as transformações fisiológicas garantem a possibilidade de ação das pulsões amorosas e agressivas, como se estas não fossem desde sempre impossíveis de serem realizadas por um lado e, por outro, como se estas já não pudessem produzir ação antes da puberdade, como se o *fort da* não pudesse ser percebido como ação. Ao que parece, a questão em jogo é a delicada distinção entre realidade e realidade psíquica.

A fundamentação orgânica do argumento garante a universalidade da crise e estabelece o caráter imperativo desse período doloroso, pautado por contradições, confusão e ambivalência, como condição de inserção no mundo dos adultos, na qual a *adaptação* é a referência. As ambivalências e contradições ficam restritas a uma *síndrome* necessária, mas temporária. Esta forma de entender a adolescência, que encontra tanta ressonância nos dias atuais, acaba depurando o sentido social e político que tais experiências possam ter, restringindo-as a determinados indivíduos e, conseqüentemente, normatizando-as.

O conceito de identidade explicita esse mesmo viés normatizante: espera-se que neste momento o sujeito possa *sintetizar* e *harmonizar* as contradições que incomodam e ameaçam. Difícil, porém, é vislumbrar a conquista de uma identidade coerente, como é proposto, se as opções para o final do processo são *a adaptação e/ou a mudança do mundo.*

Esta leitura configura uma expectativa duplamente imobilizadora. Primeiramente, a adaptação seria a submissão direta ao sistema tal como se encontra, sem questionamento. Num segundo olhar, fica a impressão de que compete ao adolescente a transformação do mundo, expectativa sobre a atuação do jovem, o que, dada sua idealização, tende a fortalecer seu contrário, ou seja, a não transformação. Na medida em que o jovem se depara com sua impotência para transformar – ele não sabe ser também esta a tarefa de tantos outros – torna-se particularmente disponível para realizar, em sua intimidade, a síndrome normal esperada. No entanto, se for considerada a articulação entre adaptação *e* mudança, como saídas ambas necessárias, torna-se possível ver a arapuca armada para o sujeito adolescente: caminhos impossíveis de serem efetivados e, concomitantemente, únicos possíveis, do ponto de vista das imagens oferecidas a cada jovem, e frente às quais terá que se posicionar.

Pautada numa determinada leitura do texto freudiano, a formulação de adolescência de Aberastury e Knobel, como a de todos que a inscrevem numa fundamentação endógena e adaptativa, mostra-se ela própria coercitiva e cega à política que pratica. Ao apontar o biológico como fundamento último da transformação, põe em xeque a legitimidade da sexualidade, como construção singular do sujeito a partir dos laços que estabelece e do contexto em que está inserido. Efeito da concepção de indivíduo moderno, esta leitura favorece a produção de estigmas em torno da adolescência, negando a determinação histórica de que é resultante.

Os representantes da chamada *ego psychology*, em sua perspectiva desenvolvimentista e biologicista, foram os que mais se dedicaram, num primeiro momento pelo menos, à questão da adolescência, tomando esta como crise subjetiva decorrente dos processos orgânicos da puberdade. Ao priorizar a determinação orgânica do pulsional, a *ego psychology* transforma a psicanálise em processo adaptativo,[355] ficando a adolescência marcada por esta perspectiva. Esta corrente foi predominante, tendo influência marcante sobre os herdeiros da escola inglesa que também se pautavam por uma perspectiva desenvolvimentista ao abordar o tema da adolescência, como ocorre com Aberastury e Knobel. Neste sentido, é possível dizer que a posição de Anna Freud e Erikson encontra ressonância não só naqueles autores, como em tantos outros, desde Bloss e Kalina, a Jeammet, Carvajal, Pfromm Netto e Outeiral, vários deles com grande penetração nos meios de comunicação.[356] A defesa da *integração dos instintos* como con-

355 B. Prado Jr., Lacan: biologia e narcisismo, p.58.

356 A concepção de adolescência como efeito das transformações orgânicas da puberdade é defendida, por ex., por P. Jeammet, M. Corcos, *Novas problemáticas da adolescência*, p.21; G. Carvajal, *Tornar-se adolescente*, p.24; S. Pfromm Netto, *Psicologia da adolescência*, p.4. Numa recorrente contradição, vários autores marcam inicialmente a independência entre a adolescência – como processo subjetivo – e a puberdade – como transformações fisiológicas. Mas ao descreverem a adolescência, tomam-na como efeito da puberdade. É o caso, por ex., de Bloss: "foi a imaturidade física que levou o complexo de Édipo ao seu primeiro declínio, e é a maturidade física que deve levá-lo a sua última resolução definitiva e irreversível", a saber, a adolescência – P. Bloss, *Transição adolescente*, p.12, 252. J. O. Outeiral descreve a adolescência a partir de "transformações corporais e (...) alterações psíquicas derivadas destes acontecimentos" – *Adolescer*, p.5, 7; e E. Kalina diz que "... ao se iniciar a puberdade, sobrevêm profundas reações em toda a personalidade..." – *Psicoterapia de adolescentes*, p.11, 13. Muitos descrevem

dição necessária à *adaptação* do indivíduo ao meio responde pela funcionalidade de uma perspectiva que é diretriz de uma política pedagógica que, por sua vez, busca ampliar o escopo de atuação da psicanálise, fazendo desta um instrumento preditivo e normativo, como sugerem as palavras de Bloss: "a terapia, a pesquisa e o planejamento social dependem, em igual medida, das definições normativas, porque constituem o único meio pelo qual observações e intervenções podem se tornar comparativas, estimadas, prognosticadas e propositais".[357]

Na medida em que a política pedagógica visava lançar a psicanálise em outros campos, buscou respaldo no saber que tradicionalmente está autorizado a falar do organismo: a medicina. Se outrora a psicanálise havia sido rechaçada ou cobiçada pela medicina, talvez fosse possível, nesse momento, inverter o jogo, fazendo uso dela em seu benefício. Numa cultura com forte tradição positivista, o saber médico traria legitimidade a esta política pedagógica, que a partir daí reafirma a crise adolescente como necessária e justifica as turbulências subjetivas com uma razão natural, estabelecida, portanto, de modo *democrático* e universal.

É verdade que Freud lançara mão de um recurso semelhante, quando usou como argumento de força a fundamentação orgânica para a transmissão hereditária (filogênese), assim como defendeu a correspondência orgânica dos processos subjetivos. No entanto, salientou suficientemente o caráter enigmático das forças pulsionais e da sexualidade humana para se suspeitar de qualquer determinação linear e organicista da condição humana e seus conflitos. De modo que a manutenção de tais argumentos, nos dias atuais, põe em risco a legitimidade de um saber que se mantém vivo enquanto sustenta o caráter imprevisível e plástico da condição humana, fazendo uma leitura rápida do corpo a partir do orgânico.

a adolescência como processo psíquico que se inicia *a partir* da puberdade – por enquanto, vale citar somente C. R. Rappaport, Introdução, p.7. Winnicott considera que "a adolescência é mais que a puberdade física, embora se baseie sobretudo nesta" – *O brincar & a realidade* , p.202.

357 P. Bloss, *Transição adolescente*, p.268.

O discurso sobre a necessidade da crise tentou evitar, porém, a utilização de estigmas produzidos a partir de diagnósticos de adolescentes, como se fossem o prenúncio de uma história de vida problemática e comprometida. Falar em "crise normativa da adolescência" (Erikson) ou "síndrome normal da adolescência" (Aberastury) foi, primeiramente, um meio de resguardar as possibilidades de reversão ou mudança de um determinado quadro clínico, justificadas pela plasticidade da condição psíquica do adolescente.[358] No entanto, estes mesmos autores defenderam a importância da subseqüente adaptação do sujeito, seja a partir da possibilidade de um gradual domínio dos instintos (A. Freud), da conquista de um sentimento de continuidade e uniformidade próprio de uma identidade (Erikson) ou da ausência de conflitos que descreve a maturidade (Bloss).[359] Portanto, trata-se em cada uma das versões, de uma crise que precisa ser vivida – suportada? – e ultrapassada, conforme a visão de homem defendida. Ao defender tais pontos de ancoragem para o término da adolescência, esta política favorece o abafamento da dimensão descentrada, conflituosa e descontínua do sujeito psíquico, assim como coloca em segundo plano a condição infantil da sexualidade humana, que acompanha o sempre intempestivo campo dos desejos.

O entendimento desses autores (A. Freud, Erikson, Bloss e Aberastury,) sobre a adolescência continua em voga; parece ser, aliás, a principal referência para boa parte dos textos que tratam da questão, tanto na psicologia, quanto em trabalhos didáticos e demais áreas das ciências humanas. Sua difusão não é casual, uma vez que circunscreve a crise a momentos específicos da constituição do sujeito psíquico, tais como a adolescência, deslocando para esta, a *desintegração* e *inadaptação* vigentes nas so-

358 E. Erikson, *Identidade, juventude e crise*, p.22,163; A. Aberastury, M. Kalina, *Adolescência normal*, p.9, 29.

359 A. Freud, *O ego e os mecanismos de defesa*, p.121; E. Erikson, *Identidade, juventude e crise*, p.17, P. Bloss, *Transição adolescente*, p. 324.

ciedades contemporâneas.[360] Ou ainda, estabelece uma relação causal na qual os dissabores subjetivos são justificados pelas transformações fisiológicas hereditárias, destituindo o discurso jovem de sentido e cerceando seus efeitos no campo simbólico em que se inscreve.[361] A pedagogia proposta pelos desenvolvimentistas exerce, desde o pós-guerra até os dias atuais, uma política de contenção e velamento das tensões sociais, deixando suas marcas no imaginário acerca da adolescência.

Identidade e inserção social: o ideal da síntese e da coesão

Como foi possível ver, representantes da *ego psychology* ou demais defensores do desenvolvimentismo fazem um recorte da obra freudiana, privilegiando aspectos nunca plenamente abandonados por Freud. A ênfase finalista, realçada por estes autores, resgata e põe em destaque a concepção freudiana da primazia da genitalidade em sua relação com a reprodução, permitindo, juntamente com a noção de fases ou estádios infantis (oral, anal e fálico), cuidadosamente descritas por Abraham, estabelecer as

360 A fundamentação em última instância biológica da crise não impede Aberastury de alertar para sua articulação com a "sociedade em crise" – A. Aberastury, Adolescência, p.31. Há muitos autores, de diferentes tendências, que têm alertado para esta questão, como O. Manoni, *La crisis de la adolescencia*, p.18, ou R. Cahn, O *adolescente na psicanálise*, p.181. M. R. Kehl supõe a adolescência como uma "longa crise" (necessária) aproveitada pelo capitalismo – A juventude como sintoma da cultura, p.91. E. Saggesse, apoiando-se em Simmel, discute a crise da adolescência a partir da "crise da família" no século XX – *Adolescência e psicose*, p.63.

361 Erikson aqui se encaixa no primeiro caso, mas não no segundo. Seu culturalismo leva-o a construir uma crise de identidade, necessária, não resultante de transformações fisiológicas, mas sim condição do próprio desenvolvimento humano.

bases de um *desenvolvimento* a ser defendido e explorado.[362] A sucessão de etapas previstas também não deixa de estar presente quando se pensa nos caminhos da libido e em sua relação com a escolha objetal, desde uma condição inicial auto-erótica e, num segundo momento, narcísica, até uma condição de alteridade necessária, que viabiliza a escolha heterossexual, capaz de suplantar o homossexualismo precedente. Seqüência também observável quando se pensa na passagem do princípio do prazer ao princípio da realidade, dando margem a pensar que a *adaptação* ao meio deve prevalecer sobre a difícil transformação deste, conforme os anseios fantasiados.

O problema maior é que qualquer tentativa de estabelecer uma seqüência prévia aos caminhos da sexualidade entra em conflito "com aquilo de que se trata no psíquico, pelo menos a partir do momento em que se reconhece aí, com a libido, o desejo em ação", segundo as palavras de Guillerrault. O desejo está desde sempre marcado por uma determinação inconsciente que subverte toda seqüência cronologicamente estabelecida, conforme a singularidade das marcas mnêmicas que se inscrevem e inauguram os caminhos ou modalidades que tendem a prevalecer em cada organização psíquica. De modo que a própria expressão "desenvolvimento libidinal" se mostra, desde o princípio, contraditória.[363]

No entanto, se a vertente desenvolvimentista aposta em uma determinada construção histórica, seu questionamento põe em risco a menção a qualquer historicidade, pondo a perder o esforço freudiano para problematizar a questão temporal que fundamenta a subjetividade. Se o questionamento da tendência desenvolvimentista respaldada em bases biológicas deve-se em larga medida ao trabalho de Lacan, que partiu daí para desenvol-

362 Segundo G. Guillerrault, o desenvolvimento será feito seja de modo próximo a Freud (Abraham), seja no sentido de expandi-lo (Hartmann, e os representantes da *ego psychology*) ou de reformulá-lo (Klein) – Desenvolvimento, p.121, 122.

363 Idem, ibidem, p.122-123.

ver seu pensamento, vale lembrar, em contrapartida, que ele não chega a descartar o sentido histórico, mas sim o apego a uma imaginária seqüência de dados que é rapidamente tomada como tradução da *realidade*.[364]

A questão da temporalidade é central em toda a obra freudiana, seja da ótica da etiologia das neuroses, seja da ótica mítica das origens da condição humana. Mostrou-se problemática da ótica do *desenvolvimento* e só foi melhor equacionada quando Freud, após sucessivas reformulações, estabeleceu o dualismo da pulsão de vida e da pulsão de morte, que rompe com a perspectiva finalista. Entende-se que a dimensão humana do tempo apresentada por Freud é, em última instância, de ordem *simbólica* e se anuncia na singularidade da história de vida de cada um – conforme a noção de posterioridade permite – precedida por sua vez por uma pré-história, história das gerações anteriores que se atualizam, para cada sujeito, como um mosaico, e pela história de cada cultura, história mítica coletivamente escrita sempre *a posteriori*.[365]

Desta perspectiva, se o sujeito e a cultura possuem história, é porque ela não é una, nem possui um fim. Se é a tensão que caracteriza a condição humana, seja como forças pulsionais contraditórias e inconstantes, seja como disputas sociais no campo das desigualdades que acompanham as sociedades, a idéia de síntese está mais para um construto imaginário, ideal de completude e de harmonia, do que como possibilidade efetiva para o sujeito psíquico e para o corpo social. Conseqüentemente, a idéia de identidade se mostra acima de tudo como ambição, imaginária, necessária talvez pelo efeito ilusório que provoca, mas impossível de se sustentar, tal como sugere Lacan na consagrada formulação

364 Como será visto adiante, a posição de Lacan frente à história é ambivalente, pois por um lado reconhece o inconsciente como fruto da história, quando por exemplo considera que Marx inventou o sintoma ou quando se considera o próprio inconsciente como fruto da história do sujeito – G. Guillerrault, loc. cit.. Por outro, no *Mais, ainda* Lacan diz: "... eu detesto... a História", argumentando que "a História é precisamente feita para nos dar idéia de que ela tem um sentido qualquer" – J. Lacan, *O seminário, livro 20*, p.63.

365 G. Guillerrault, Desenvolvimento, p.121-125.

do estádio do espelho.[366] Como disse noutro momento Octavio Souza, "a ilusão egóica de *identidade*... será a ambição do ego de atingir uma igualdade com o ego ideal".[367]

Se é possível de fato encontrar nO *eu e o isso* um eu que busca a síntese, ele não resulta num todo coeso, o que fica confirmado por exemplo, pelo mecanismo e efeito do recalque, que denuncia a dimensão inconsciente do eu que participa da *cisão* do conteúdo traumático e expressa a impossibilidade de síntese que afeta cada um dos neuróticos supostamente *adaptados*. Outra perspectiva para o eu se apresenta a partir do múltiplo jogo identificatório e de suas inscrições sempre conflitantes nos ideais – possível a partir de textos como *Introdução ao narcisismo*, *Luto e melancolia* e *Psicologia de massas e análise do eu* – referência a partir da qual vários autores têm se pautado para pensar em uma adolescência desimpedida da política adaptativa da identidade e sua crise.[368]

De modo semelhante se coloca a questão da *inserção social*. Tomando como referência a sociologia da juventude, é possível dizer, a partir de Abramo, que uma parcela significativa dos trabalhos nesta área contém um ideal de *adaptação* e de *integração* social, anunciando um projeto pedagógico que visa assegurar o *processo de desenvolvimento social*, no qual, inevitavelmente, a juventude é vista como desvio ou problema. Para a autora,

366 J. Lacan, Escritos I, p.86-93. Neste texto, Lacan fala na "armadura por fim assumida de uma identidade alienante, que vai marcar com sua estrutura rígida todo seu desenvolvimento mental (do sujeito)" – p.90.

367 O. Souza, Fantasia de Brasil, p.xii; ver também o poético comentário de Viñar a respeito do risco de rigidez que a noção de identidade traz – M. Viñar, O reconhecimento do próximo, p.186-187. Grifo meu. Entre os autores que discutem a questão da adolescência, há quem já tenha alertado para o caráter ilusório da identidade, como S. Tubert, *A morte e o imaginário na adolescência*, p.17; no entanto, a própria autora faz uso do conceito – p.128. Ver também S. Alberti, *Esse sujeito adolescente*, p.98.

368 Sobre as diferentes formulações sobre o eu em Freud, ver J. Laplanche, J.-B. Pontalis, *Vocabulário de Psicanálise*, p.180.

> ... a ênfase da sociologia funcionalista e *quase* que de *toda a sociologia preocupada com o tema da juventude* recai sobre o processo de socialização vivido pelos jovens e sobre as possíveis disfunções nele encontradas. Como a juventude é pensada como um processo de desenvolvimento social e pessoal de capacidades e ajustes aos papéis adultos, são as falhas neste desenvolvimento e ajuste que se constituem em temas de preocupação social. É neste sentido que a juventude só está presente para o pensamento e para a ação social como 'problema': como objeto de falha, disfunção ou anomia no processo de integração social; e, numa perspectiva mais abrangente, como tema de risco para a própria continuidade social.[369]

Desta perspectiva, a maior parte daqueles que se preocupam em *socializar*, *inserir* na sociedade ou promover a *integração* social estão, em última instância, marcados por um viés funcionalista que, direta ou indiretamente, supõe a idéia de um corpo social coeso o suficiente para promover a *absorção* de novos membros, a partir da promoção dos elos (*ligação*) entre seus segmentos. Talvez seja mesmo um lugar inevitável para pesquisadores que se voltam para as gerações mais novas a fim de pensar sobre as perspectivas da sociedade em geral; talvez seja o traço inevitavelmente conservador de uma geração frente à outra, pois, como diz Peralva, apoiando-se em Hanna Arendt, a organização social depende tanto da proteção *aos* novos membros, uma vez reconhecida a fragilidade própria à infância, quanto de proteção *frente* aos novos membros, quando estes representam ameaça às *conquistas* acumuladas e transmitidas pela tradição.[370]

No caso das sociedades contemporâneas, atualmente confrontadas com os efeitos da chamada *globalização*, têm sido cada vez mais evidentes as fissuras e dissensões das organizações coletivas, expondo de modo inequívoco a desigualdade crescente

369 H. Abramo, Considerações sobre a Tematização Social da Juventude no Brasil, p. 29. Grifo meu.

370 A. Peralva, O Jovem como Modelo Cultural, p. 18. Como trabalho sociológico, entende-se que este enfoque se paute nas organizações sociais contemporâneas, sem ser possível depreender daí a universalidade do conflito de gerações como preponderante em qualquer contexto histórico.

e heterogênea do mundo contemporâneo, segundo o recorte sócio-econômico ou cultural descrito por Hobsbaum. Este cenário faz ver a dimensão imaginária que percorre a suposta coesão social de um modelo de sociedade freqüentemente praticado, que pouco condiz com as possibilidades efetivas das organizações sociais atuais.

Entre os psicanalistas, seguindo um esforço que já vem desde Erikson, há uma freqüente tentativa de aproximação dos saberes tradicionalmente voltados ao objeto social, principalmente quando se trata de formular os rumos da adolescência a partir do esperado desprendimento do universo familiar. Fala-se igualmente em *socialização*, *inserção* social ou *integração* ao campo sócio-simbólico, para citar alguns exemplos, fazendo lembrar a presença funcionalista e o ideal de coesão social que acompanha a sociologia da juventude.[371] A concepção de adolescência como *passagem*, freqüentemente formulada a partir da noção de *moratória*, pressupõe um ponto de chegada, momento em que a imaginária inserção ou integração seria finalmente efetivada. Na perspectiva sociológica, com a desproporção crescente entre o contingente populacional e as oportunidades de trabalho disponíveis, este momento se mostra nebuloso; na perspectiva psicanalítica, mostra-se sempre incerta a possibilidade de realização da síntese da identidade ou suas variações, mesmo em condições sociais menos refratárias e contextos familiares supostamente mais preservados. Entende-se que, a partir das palavras de Maud Manoni, de fato "a invenção do conceito de adolescência esteve

371 P. Bloss, fiel a sua tradição, fala em socialização reconhecidamente como adaptação e adequação – *Transição adolescente*, p.5, 277; R. Cahn anuncia que o adolescente um dia "se juntará ao mundo dos adultos" – *O adolescente na psicanálise*, p.23; S. Tubert supõe a universal "reinserção social" – *A morte e o imaginário na adolescência*, p.21; E. Saggesse considera que "está em jogo na adolescência... a capacidade do sujeito de integrar-se ao campo sócio-simbólico", *Adolescência e psicose*, p.83. M. Manoni, na apresentação do livro de O. Manoni, usa a noção de "integração social" para descrever os efeitos dos rituais de iniciação que variam conforme a sociedade – O. Manoni et alli, *La crisis de la adolescencia*, p.9.

imediatamente acompanhada por medidas administrativas, médicas e psicopedagógicas",[372] sendo pautada, ainda atualmente, pela política funcionalista que o inaugurou.

Lacan e a impossível síntese da psicanálise da adolescência

A obra de Lacan promove, também em relação ao tema da adolescência, a discussão e questionamento das concepções que se difundiram a partir do meio psicanalítico, para outras áreas das ciências humanas, bem como no senso comum. Assim como Freud, este autor pouco se detém no tema da adolescência, particularmente vinculado à perspectiva desenvolvimentista à qual o francês se opunha. Se Lacan deixou pistas para a discussão da adolescência, foi a partir do questionamento da posição adotada pela *ego psychology*.

A crítica feita a esta corrente serviu, para Lacan, como contraponto a partir do qual construiu suas próprias formulações e, se Freud tinha o hábito de desenvolver sua argumentação a partir da retomada e reformulação do discurso do senso comum, Lacan tinha particular apreço pela desconstrução das concepções difundidas no meio psicanalítico – em particular, a *ego psychology* – alertando para as imprecisões e os desvios difundidos por leituras que considerava precipitadas da obra do velho mestre. Defendia o *retorno a Freud* como recurso privilegiado para o resgate das sutilezas que ali se encontravam, agora sob o peso da linguagem e da influência estruturalista, diferenciando-o das posições vigentes nas instituições psicanalíticas instaladas no outro lado do Canal da Mancha.

Em sua crítica, Lacan fazia ver que a ênfase na determinação endógena defendida pela *ego psychology* teria posto em risco o pilar da psicanálise – a própria sexualidade – a partir da substitui-

372 Idem, ibidem, p.11.

ção do *desejo* pela *necessidade*.[373] A pré-determinação funcionalista da sexualidade *fixara* metas específicas para os investimentos libidinais – a reprodução – e a plasticidade e fragmentação das pulsões ficaram restritas a uma infância a ser saudosamente lembrada como passado, estabelecendo uma cronologia factual do encadeamento imaginário que cada um constrói acerca de sua própria história. Se havia um caminho *necessário* ao desenvolvimento da sexualidade, era sob o preço da redução do desejo a determinações previas, seqüencialmente estabelecidas.

Na mesma medida, as dificuldades de tradução permitiram a leitura organicista daquele que era, segundo Freud, o mais importante, mas também seu mais inacabado conceito – *trieb* (pulsão, na edição da Amorrortu).[374] O esforço em favor do uso de um termo pouco usual como *pulsão* (*pulsion* em francês), servia para fazer frente ao consagrado *instinto* (*instinct*) da pioneira tradução inglesa, que dava margem ao caráter instintivo, inato, da *trieb*.[375] Como argumento privilegiado, Lacan lembra que as funções fisiológicas respeitam ritmos variados ou seguem o movimento de descarga, o que não condiz com o que Freud enfatizava acerca da constância própria das pulsões.[376] Como neurólogo que havia sido, teria conhecimento suficiente para não estabelecer esta diferença de modo casual.

Além disso, para Lacan, a ênfase nos *afetos* e nos *sentimentos* que pautava a tradição inglesa, acabara traduzindo o contundente dilema humano – descrito por Freud como um *rochedo* intransponível – como ocorrências mais próximas da consciência, tais como a *frustração*. A aposta na legitimidade do estatuto de tais ele-

373 Lacan, por exemplo, em seu seminário sobre *A transferência*, diz: "... é para que esse desejo que transborda a demanda não se sacie que o sujeito que tem fome, pelo fato de que à sua demanda de ser alimentado, responde à demanda de se deixar alimentar, não se deixa alimentar, e recusa de alguma forma desaparecer como desejo pelo fato de ser satisfeito como demanda..." – *O seminário, livro 8*, p.202.

374 S. Freud, *Tres ensayos de teoría sexual*, p.154.

375 Ver J. Lacan, *O seminário, livro 11*, p.51.

376 Idem, ibidem, p.162.

mentos, nas palavras de Alberti, dava "margem a uma clínica sem fundamento na ética da psicanálise", pois permitia "aventuras imaginárias na clínica psicanalítica" a partir de conceitos questionáveis tal como a polêmica noção de contra-transferência.[377] Se a releitura da obra de Freud permitia alguma condescendência com os *resquícios* biologicista e empirista do fundador da psicanálise, tendo em vista a densidade de uma obra sinuosa e complexa, a mesma misericórdia não era dada àqueles que teriam se esforçado por abafar o que havia de mais inquietante na psicanálise.

Lacan se propõe a rever tais *equívocos* tomando como base a distinção entre os três registros da experiência humana. Num primeiro passo, a diferença entre o imaginário e o simbólico, possível a partir da inversão lacaniana da formulação de Saussure sobre significado e significante, torna possível separar o que é circunstancial e aleatório, do que é fundante ou *estrutural*. Sentimentos e fantasias adquirem um estatuto apropriado, como produção imaginária, discriminando-se das inscrições simbólicas, destituídas como são de qualquer conotação específica e atribuição de juízo de valor, de acordo com a postura analítica preconizada em primeira mão por Freud.

Com o registro simbólico, fica destacada a infinita capacidade de produção de significantes, assim como se anuncia a redescrição da história edípica, de modo a permitir ver o que é da ordem dos personagens que compõem cada cena e o que concerne aos lugares ocupados por estes, conforme as posições que assumem uns em relação aos outros. O Édipo passa então a ser visto sob a ótica das *funções – materna* e *paterna* – a partir das quais se configuram versões singulares, coloridas pelo imaginário que compõe criativos romances familiares. Num momento seguinte, Lacan inclui o próprio Édipo em sua desconstrução, em função de uma dramaturgia criada em torno de seu enredo, depurando-o na operação da castração e na posição do sujeito em relação a esta, de acordo com o exercício da linguagem.[378]

377 S. Alberti, *Esse sujeito adolescente*, p.142.

378 Ver J. Lacan, *O seminário, livro 17*, p.121.

Nesta perspectiva, a tão anunciada conquista de uma *identidade*, resultante da integração do eu, mostra-se como produto de uma fantasia de completude que, da ótica do imaginário, é legítima e necessária, como atesta o primeiro momento do estádio do espelho. Porém, num segundo momento, a imagem vista revela ser de um *eu ideal*, que se esvanece logo que surgem as inevitáveis fissuras do eu, remetendo-o, como contrapartida necessária à ferida narcísica, a um *ideal de eu*.[379] O que era imagem mostra-se então ilusório e efêmero, ainda que seja uma condição para o confronto com a desilusão subseqüente. Desta perspectiva, a síntese não é o final de um processo, nem é a tradução mais apropriada do sujeito. É, antes, uma construção momentaneamente necessária à constituição desse eu, que se apóia na incompletude de cadeias simbólicas sempre abertas a novas produções, sustentadas por sua vez pela fragmentação pulsional que fundamenta, desde sempre, a sexualidade.

Ilusória também é a crença de que o corpo possa ser compreendido a partir de uma isenta descrição funcional, como se também não fizesse parte, desde o princípio, de um campo simbólico específico, conforme a tradição cultural em que se insere, restando sempre a dúvida acerca de sua determinação real. O corpo só é corpo se for sexuado, objeto de um olhar que busca completude e que está marcado pela rede de significantes disponíveis em cada cultura, sempre insuficientes para apreender o gozo que *trans-borda* na superfície de cada um.[380] O que ultrapassa a *borda* do corpo e escapa ao simbólico encontra-se na ordem do real, que então retorna como impulso à repetição. De modo que o corpo, assim como a própria realidade, é atravessado pelos três registros (real, simbólico e imaginário), que se amarram em

379 Idem, O estádio do espelho. Sobre os ideais, ver também T. Matheus, Ideais na adolescência, p.45-58.

380 Para Lacan, tomar a sexualidade como "a migração pura e simples de uma erogeneidade orgânica" é "tomar ao pé da letra o que Freud nos apresenta" – *O seminário, livro 11*, p.211.

nós, sendo impossível desatá-los uns dos outros, a não ser sob o preço da condição psicótica.[381]

A leitura que Lacan faz do corpo estabelece um lugar paradoxal para a biologia. Numa primeira medida, seu argumento o distancia inequivocamente da fundamentação organicista preconizada pela vertente desenvolvimentista, que mantém a sexualidade atada a uma lógica causal que contradiz o que há de mais relevante no texto freudiano. A difundida seqüência dos estágios da sexualidade humana – na qual estaria inscrita a fase genital e, com ela, a adolescência – se ancora num processo de maturação biologicamente determinado, o que Lacan combate insistentemente ao longo de sua obra. Para ele, a passagem de uma pulsão a outra não é regida pela funcionalidade orgânica, pois depende "da intervenção, o reviramento, da demanda do Outro". O *reviramento* assinala o caráter desviante das pulsões sobre o biológico, o que Lacan busca explicitar, inclusive, ao propor duas outras pulsões parciais não consideradas por Freud, a saber, a *pulsão escópica* e a *pulsão invocante*.[382] No caso da primeira, Lacan tem o cuidado de mostrar que o olhar compreende um processo de transposição de imagens (descrito a partir da descrição da *anamorfose*), no qual o que é visto não é a própria coisa, ainda que freqüentemente se tenha a ilusão de que seja.[383] A segunda, por sua vez, visa traduzir a condição subordinada de cada sujeito à demanda do Outro; invocar é, desde o princípio, reportar-se a algo ou alguém, de modo que da formulação cartesiana sobre o ser (*o cogito*), o que resta como verdade não é propriamente sua proposição afirmativa, mas sim a pergunta que a dúvida sustenta – *o que sou?*[384]

Por outro lado, a desconstrução empreendida por Lacan do *funcionalismo* da *ego pschology* é sucedida, posteriormente, por um

381 *Nós* chamados por Lacan de *nós borromeanos*, como costuras que se sucedem na história de vida de cada um – ver *O seminário, livro 20*.

382 Idem, *O seminário, livro 11*, p.171.

383 Idem, ibidem, p.85-95.

384 Idem, ibidem, p.39-40.

reposicionamento dos fragmentos que restaram após sua decomposição. Neste sentido, Lacan não chega a descartar a natureza ou a biologia quando considera a experiência humana – o que poderia levá-lo a um relativismo culturalista – pois, como diz, "a natureza fornece significantes, para dizer o termo, significantes, e esses significantes organizam de modo inaugural as relações humanas, lhes dão estruturas, e as modelam".[385] Apoiando-se no trabalho de Lévi-Strauss, Lacan defende que "é no nível das alianças" que se estabelecem os pilares da organização social, na qual uma combinatória de possibilidades é estabelecida a partir do dado natural.[386] Neste sentido, o *pedaço de carne* herdado é um dado que não se modifica enquanto recebido, servindo como superfície onde as inscrições simbólicas se depositam e por onde as pulsões passam a circular em seu movimento errante. O relevo de sua superfície ganha sentido conforme a posição em que cada corpo é colocado no jogo dos desejos, podendo sempre ser ressignificado (a partir de suas marcas iniciais), o que não deixa de incidir sobre a própria materialidade corporal. O caminho *travestido*, por exemplo, assinala um percurso no qual o desvio é alardeado e expõe, em seu excesso, a operação feita sobre uma superfície primeira que se mantém presente, ainda que na condição de algo que já não é mais; trata-se de uma intervenção que, ao se utilizar de um recurso simbólico, estabelece uma *nova* imagem, falsamente real.

O relevo das superfícies dadas serve como oferta de significantes que se organizam, para Lacan, em dois conjuntos, de homens e de mulheres – "um tem e o outro não sabe o que fazer".[387] A condição de *oferta* indica a sutileza do argumento: o biológico não determina, mas serve como disposição primeira, a partir da qual o campo simbólico irá se instaurar, como dissera Freud, segundo seu próprio argumento, conforme discussão an-

385 Idem, ibidem, p.26. Sobre a posição de Lacan entre o naturalismo da *ego psychology* e o relativismo culturalista, ver capítulo III.

386 Idem, ibidem, p.143.

387 Idem, *O seminário, livro 17*, p.72.

terior. Como ele, Lacan sugere uma peculiar configuração entre o que caracteriza o humano e o papel que a biologia ainda guarda nesta realidade, não sendo possível atribuir a ela a condição de causa (da sexualidade) – como teria feito a *ego psychology* – nem está descartada entre as variáveis que compõem seus determinantes – como fazem supor algumas vertentes das ciências humanas que enfatizam os fatores culturais na compreensão das ações humanas.

A questão é particularmente relevante no caso da adolescência, em função da associação tradicionalmente feita entre esta e o advento da puberdade e suas transformações orgânicas. Se em 1964 (*Seminário 11*) Lacan explicitava sua dúvida quanto à fase genital, em 1957 (*Seminário 5*) sua ressalva ainda não era anunciada; naquele momento, Lacan apenas destaca o caráter obscuro que caracteriza a relação entre o processo maturacional e o Édipo, equacionados por Freud a partir da hipótese filogenética. O resgate que faz do Édipo, em sua releitura dos *Três ensaios*, inclui "a genitalização" como fruto de uma maturação, que permite "a assunção do próprio sexo pelo sujeito", seja em favor da virilidade ou da feminização. Ao retomar o caminho masculino, faz uma das raras citações em que considera "o momento da puberdade (*moment de la puberté*), (quando) ele (o rapaz) terá seu pênis prontinho (*tout prêt*)": é o momento em que irá se defrontar com a castração.[388]

Neste sentido, fala em puberdade quando retoma o argumento freudiano do texto de 1905, que apoiava o segundo momento da sexualidade na maturação orgânica, configurando a fase genital. A concessão feita por Lacan à puberdade se deve ao resgate que faz do texto freudiano para marcar o peso da função simbólica que aí incide: "a castração é o ato simbólico cujo agente é alguém real, o pai ou a mãe". A função usualmente atribuída ao pai, neste sentido, é a de uma *metáfora*, ou seja, de um significante (*segundo*, S2) que vem substituir o primeiro significante

388 Idem, *O seminário, livro 5*, p.176. No original, *Le seminaire de Jacques Lacan, livre V*, p.171.

(S1), o materno e, com isso, inaugura o movimento que produz a cadeia significante.[389] Isto porque o pai, enquanto personagem do enredo edípico, ou "falta como presença, ou, como presença, está presente demais";[390] falta ou excesso do personagem pai levam Lacan (que convivia com a culpa pela paternidade de uma filha que não recebera seu nome)[391] a deslocar para o Nome-do-Pai, a *função* a ele atribuída.

O momento da puberdade, para o menino, implica num movimento duplo e articulado, como o argumento freudiano havia sugerido, de interdição e identificação. Por um lado, trata-se de "proibir o menininho (*petit enfant*) de se servir (*faire l'usage*) do seu pênis no momento em que o referido pênis começa a manifestar veleidades (*velléités*)"; por outro, é o momento de fazer valer o ideal de eu que se produziu a partir da identificação com a imagem do pai, no deslocamento que há entre esta e o personagem que a suscitou. Diz Lacan, que "no momento da puberdade, ele terá seu pênis prontinho, junto com seu certificado – *Aí está papai que no momento certo o conferiu a mim*".[392] O certificado que acompanha o "pênis prontinho" é o registro do ideal paterno, que funciona como promessa a ser cumprida (e *comprida*, pois é uma missão impossível), assim como delimita o uso a ser feito do *instrumento* em questão (a proibição acompanha o ideal). Tal como Freud descreveu no *Totem e tabu*, a validação do ideal paterno pressupõe, por sua vez, a morte do pai, fundamentando assim o campo simbólico – "o lugar do pai morto" – conforme a equação freudiana: assassinato, interdição e laço social. O momento da puberdade, quando é possível suportar a contundência da castração, descreve a passagem do sujeito ao campo social ampliado, como vários autores vieram a salientar, por meio dos múltiplos

389 Idem, *ibidem*, p.171-180.

390 Idem, *O seminário, livro 8*, p.289.

391 Ver E. Roudinesco, *Jacques Lacan*, p.292.

392 Idem, *O seminário, livro 5*, p.176-177. No original, *Le seminaire de Jacques Lacan, livre V*, p.172.

laços identificatórios que então se estabelecem, deixando suas marcas nos ideais de cada um.[393]

Não se trata, porém, do caso feminino, quando se destaca a identificação com as insígnias parentais como eixo para a compreensão do momento da puberdade. Para Lacan, "ela não tem que fazer essa identificação, nem guardar esse título de direito à virilidade. Ela, a mulher, sabe onde ele está, sabe onde deve ir buscá-lo, o que é do lado do pai, e vai em direção àquele que o tem". A palavra de Lacan salienta o que era sutil no texto freudiano; seria esta posição, a feminina, que estaria mais diretamente confrontada com a insuficiência da condição humana. Isto porque, para Lacan, a virilidade é a ilusão masculina de ser "sua própria metáfora", o que expõe o "ridículo" desta posição. A mulher, por sua vez, na posição feminina, está *em busca de*, dirige-se ao Outro no movimento que fundamenta o desejo em sua condição errante e impossível: "... uma feminilidade, uma feminilidade verdadeira, tem sempre o toque de uma dimensão de álibi. Nas verdadeiras mulheres há sempre algo meio extraviado (*un peu égaré*)".[394]

À primeira vista, é a lógica fálica que rege também a posição feminina, pela busca do que lhe falta; no entanto, o *extravio* sugere algo distinto. Lacan não fala aqui em ausência ou castração, mas em algo perdido, desviado, *extraviado* e, portanto, passível de ser procurado. É, conseqüentemente, a diferença entre ter, por um lado, um *certificado* e *ter que guardar esse título*, e, por outro, ter um *álibi* que permite a saída para uma *busca*. *Ter um álibi* torna afirmativo o que na lógica fálica era marcado como ausência, pois confere à condição feminina um recurso próprio para o movimento de busca.

Com razão, Gutierra considera que o caminho indicado por Lacan está vinculado a suas formulações posteriores sobre o feminino, particularmente descritas no *Seminário 20*, quando o au-

393 Ver comentários sobre o tema no início deste capítulo, além do argumento de Rassial descrito adiante.

394 J. Lacan, *O seminário, livro 5*, p.201-202. No original, *Le seminaire de Jacques Lacan, livre V*, p.195.

tor propõe um entendimento diverso da lógica fálica para a condição da mulher.[395] Lá, Lacan sugere que enquanto o homem é *um entre outros*, tendo sempre em vista a participação de um *conjunto*, onde deve haver alguém que ocupa a posição fálica (cada homem referido à imagem dO *homem*), a mulher segue uma outra lógica. Lacan é enfático: "não há A mulher", pois a própria condição da mulher é incompatível com esta posição universal, totalizante, própria ao masculino – "por sua essência ela não é toda".[396] O argumento de Lacan se alinha ao comentário de Freud acerca da peculiaridade da anatomia feminina, pois à mulher é oferecido o significante privilegiado para se pensar na condição humana, não propriamente na lógica binária do fálico-castrado (*com* e *sem*), mas a partir de um órgão que se afirma por sua *interioridade* e, ao não se mostrar, sugere o feminino como enigma. A mulher *não-toda* é a marca de um significante não definível, que se apresenta como lugar do desconhecido a ser desvelado.

A formulação de Lacan acerca do feminino articula-se a sua célebre proposição acerca da relação amorosa, quando diz que *ela não existe*; aliás, "se a relação sexual não existe, não há damas".[397] Refratário ao destaque dado pela corrente inglesa às *relações* (amorosa, terapêutica), fundamento de uma determinada concepção de sujeito e de uma clínica *relacional*, Lacan busca denunciar o caráter imaginário desta construção. Em lugar da ilusória possibilidade de se *compartilhar determinados afetos*, o autor resgata a condição de desamparo que Freud havia salientado e que fundamenta o desafio a ser enfrentado em cada processo analítico – *o rochedo da castração*. Ao invés do tradicionalmente cultuado *encontro amoroso*, Lacan descreve o *desencontro* dos amantes quando estes buscam reconhecer, em seus parceiros, o cumprimento de seus ideais. Tal desencontro se justifica, inclusive, na diferença entre as posições masculina e feminina, marcadas como são, por modalidades de gozo distintas, não complemen-

395 B. C. Gutierra, *Adolescência, psicanálise e educação*, p.55.

396 J. Lacan, O *seminário, livro* 20, p.98.

397 idem, ibidem, p.78.

tares. Enquanto a primeira é regida pelo gozo fálico – acessível e delimitável – a segunda dirige-se para um gozo Outro, o gozo feminino, não passível de determinação ou nomeação; como diz Lacan, não são complementares, mas no máximo suplementares, em função daquilo que resta de insuficiência do primeiro para o segundo.[398]

É a partir de tais formulações que, poucos anos após o *Seminário 20*, Lacan escreve o breve prefácio à peça *O despertar da primavera*, no qual não fala propriamente em *puberdade* nem em *adolescência*, mas nos desafios que os meninos ou rapazes (*garçons*) se deparam ao "fazer amor com as moças (*filles*)".[399] Reafirma a impossibilidade da relação amorosa e, em alusão ao título da peça dramática, sugere que este seja o momento em que a experiência amorosa resulta no despertar dos sonhos de cada um, quando se constata a insuficiência do gozo fálico. *Despertar dos sonhos* é se confrontar com o real, na incongruência entre o vivido e o simbolizado ou simbolizável; é, como havia sugerido na leitura que fez do *sonho do filho morto* (*Seminário 11*), acordar para o pesadelo do real impossível, para então mergulhar na alienação da vida *adulta* que, da posição masculina, é ser *um entre outros*: "um homem se faz O homem por se situar a partir do Um-entre-outros, por entrar-se entre seus semelhantes".[400]

Em seu comentário, Lacan destaca três personagens da peça: Melchior, jovem inteligente e reflexivo, solidário a seu amigo Morizt, que por sua vez encontra dificuldades para satisfazer as expectativas parentais sobre seu desempenho escolar. O terceiro é um personagem emblemático, próprio de uma dramaturgia contemporânea, chamado de Homem Mascarado: aparece ao jovem Melchior quando este se defronta com a ameaça da morte, num momento de desamparo, após ser expulso da escola

398 Idem, ibidem, p.99.

399 Idem, *Préface à* L'Éveil du printemps, p.561. A versão em português utiliza "meninos adolescentes" como tradução de "garçons" – *Prefácio a*O despertar da primavera, p.557.

400 Idem, ibidem, p.558.

e posto num colégio interno, por uma decisão de seus pais junto com os professores.[401]

Os dois amigos enfrentam as injustiças de um sistema educacional opressor. Moritz sucumbe, suicidando-se após ser reprovado e perder a vaga na instituição escolar, o que entende ser algo inaceitável para seus pais. Após dar um tiro na testa, fica pairando como uma *alma penada*, carregando a cabeça que lhe foi tirada. É, para Lacan, a marca da posição feminina, pois evita a punição que lhe foi imposta e se coloca como exceção – não é *um-entre-outros* –, ficando de escanteio no drama e passando a vaguear com seu corpo decepado. Melchior enfrenta a injustiça de ser responsabilizado pela morte do amigo, por ter-lhe respondido sobre suas dúvidas sexuais, o que foi considerado uma conduta desviante e indigna. Pela ação de um pai que afirma ter se calado frente aos *caprichos* permissivos da mãe, durante a criação de seu filho, Melchior é enviado a um colégio interno, do qual foge até encontrar o Homem Mascarado. A reação à punição leva-o à penúria que o aproxima da morte: o caminho anunciado pelos ideais outrora delegados pelos pais exige uma ruptura com estes, de modo a promover o descolamento entre ambos. Os ideais agora dependem de outras máscaras, capazes de servir para o deslocamento identificatório, realizando a função Nome-do-Pai, segundo a designação de Lacan. Conseqüentemente, a morte anunciada cabe também para a imagem da figura paterna, como movimento necessário para a própria instauração do simbólico, que neste momento se potencializa; como diz Lacan, o simbólico é o lugar ocupado pelo pai "que já está morto".[402] A insuficiência de um pai, pelo excesso de interdição, como é o caso de Moritz, ou falta de participação na educação do filho, como é o caso de Melchior, é justificada pela própria instauração do simbólico: é a passagem necessária para que outras figuras (nomes) possam ocupar seu lugar. Melchior faz a travessia, seu amigo desvia-se dela.

401 F. Wedekind, *O despertar da primavera.*

402 J. Lacan, *O seminário, livro 8*, p.289.

Ao que parece, há aí uma injustiça inevitável a ser confrontada, pois a própria insuficiência paterna é indicativa de uma lei que se instaura na desmedida ação parental. Se do herói ou heroína da "tragédia moderna é exigido assumir como um gozo a própria injustiça que lhe causa horror", como diz Lacan,[403] então, cada adolescente é convocado a se posicionar frente ao gozo da injustiça que se lhe apresenta como inevitável, na lei que instaura a condição de semelhança entre os homens. Assumir este gozo é a ironia de Lacan para a posição heróica na modernidade, como realização do proibido e expiação pelo insulto que isto representa. É o lugar idealizado em que é posto o jovem na modernidade e frente ao qual cabe cada um tomar uma posição. Ficar neste lugar é se colocar como objeto de um sacrifício; sair dele é enfrentar o desamparo do esquecimento.

Melchior, sem ser o mais estudioso, era um aluno destacado entre os demais, aos olhos de seus professores. Quando a morte do amigo é investigada e as caprichosas anotações que fez sobre o conteúdo erótico e herético são encontradas, passa a ser visto como vilão, cabendo a ele sofrer as conseqüências de sua ação. Quando se constata que possui um saber proibido, migra do admirado lugar que ocupava para a posição de sacrifício e de expiação. A teatralidade que caracteriza cada um dos dois extremos confere o semblante de exclusividade à experiência a ser vivida, mas que se mostra necessária, paradoxalmente, para retornar como *um-entre-os-demais*: é expulso da posição privilegiada e reunido à escória dos desviantes, fugindo então para um caminho incerto e sombrio. É o percurso atribuído na modernidade a cada um, a ser vivido singularmente, como provação única a ser ultrapassada. Neste sentido, a fuga de Melchior é o caminho esperado – *ele não teria outra saída* – para ser levado de volta ao mundo daqueles que pactuam um (suposto) saber sobre o gozo oferecido aos iniciados. A adolescência, na modernidade, representa a experiência de um sacrifício a ser teatralmente vivido pelo indivíduo, no silêncio de sua singularidade, frente aos

403 Idem, ibidem, p.296.

expectadores que o *assistem*, quando se depara com as injunções de poder (saber desigual) que fundamentam a lei injusta e sem sentido da ordem social.

A entrada de Lacan em cena traz para a temática da adolescência a divergência e a discussão acerca das concepções prevalecentes na psicanálise sobre o assunto. Aproxima-se do tema a partir de Freud e da perspectiva maturacional que descreve a puberdade, deixando explícita, no momento seguinte, sua crítica ao uso que é feito, pela *ego psychology*, do fundamento biológico, em função de uma lógica causal que põe a perder o fundamento da teoria freudiana da sexualidade. A dúvida que demonstra em relação à genitalidade – "se a pulsão genital não existe..." – se justifica, primeiramente, pela pretensa conquista da *integração* e *síntese* do psiquismo, responsáveis pela *identidade* do eu, nesta (suposta) *fase* do desenvolvimento;[404] como foi dito, são movimentos que buscam ofuscar a insuficiência do ser humano. Mas sua dúvida também se deve à impropriedade de se falar em algo da ordem genital sem passar pelo caráter simbólico (e portanto *fálico*) que a configura, "pois o órgão só é trazido e abordado se transformado em significante, e para ser transformado em significante ele é cortado".[405]

Quando Lacan volta a se ocupar das experiências inaugurais de rapazes e moças, o faz a partir da suspensão da questão das origens, mantendo presente a interrogação acerca do efeito *real* do biológico na sexualidade, neste momento incerto da experiência humana. Seu texto realça o *desencontro* amoroso e seus desdobramentos; marca a diferença de posição dos sujeitos aí implicados frente à lógica fálica e sua insuficiência, conforme as formulações que acompanham a etapa final de sua obra e que *dão corpo* à dúvida freudiana sobre a condição feminina. Sua formulação sobre este momento da experiência sexual e a teoria que a fundamenta permitem a interrupção da repetição que até então imperava, no meio psicanalítico, acerca do tema da adolescência.

404 J. Lacan, *O seminário, livro 11*, p.179, 53.

405 Idem, *O seminário, livro 8*, p.229.

A obra de Lacan, apesar de não falar propriamente em adolescência, permite uma abordagem distinta daquela que havia sido feita anteriormente, entre psicanalistas. Do ponto de vista da experiência sexual, é o momento em que cada sujeito se depara com a dimensão impossível da relação amorosa e com o caráter enigmático da sexualidade, que confere à condição humana seu viés errante e indefinível e justifica os contornos de um percurso que tende a voltar sempre aos mesmos pontos, sem nunca se repetir.[406] Da perspectiva política, a adolescência é um momento em que o sujeito é chamado a se posicionar frente às injunções da estrutura social, confrontando-se com as disjunções da ordem vigente (desigualdade de lugares instituídos) e com a arbitrariedade da lei entre os semelhantes. Entre o sexual e o político, há um confronto do sujeito com o real que se anuncia nesta dupla vertente, exigindo dele um posicionamento que, na inversão temporal característica deste momento segundo, vem confirmar a modalidade estrutural precocemente estabelecida a partir da castração.[407]

Como Freud, Lacan produziu uma obra densa e extensa, que permitiu a vários autores preocupados com a questão da adolescência, retomarem o tema de diferentes aspectos, não deixando de se deparar, também estes, com dificuldades que já estavam presentes desde os *Três ensaios* e que foram realçadas pelos representantes da *ego psychology*.

Os lacanianos, o real pubertário e a definição da estrutura psíquica

Nas últimas décadas do século XX, um contingente significativo de psicanalistas filiados à vertente lacaniana se mobilizou para discutir o tema da adolescência, na tentativa de rever as consagradas hipóteses formuladas pelos ícones da *ego psychology*

406 O encontro do impossível do sexo (com o *Outro sexo*) é uma tese particularmente defendida por S. Lesourd, como será visto adiante.

407 Sobre a posição de Lacan frente à política, ver capítulo III.

e oferecer outra leitura sobre o assunto. Entre estes, também é freqüente a descrição da adolescência como *crise*: Melman, por exemplo, a entende como "crise psíquica" na qual "um sujeito não encontra o lugar de seu gozo"; Rassial, por sua vez, descreve a adolescência como "pane" da imagem especular em que o *eu* se apóia, promovendo "um *après coup* do estádio do espelho", o que a configura, conseqüentemente, como momento de possibilidade de mudança da estrutura psíquica; Lesourd, de modo afim, compreende a adolescência como uma "crise narcísica", em função da subseqüente dúvida sobre o valor do corpo e do próprio eu.[408]

Para Rassial, a crise é necessária e estruturante, decorrente do "golpe do real, constituído pela puberdade", que envolve não só a dimensão anatomo-fisiológica desta última, como também, o desamparo do sujeito ao "ser jogado no mundo", momento em que "as referências simbólicas e as construções imaginárias da infância são, no real, inoperantes quanto a evitar para o sujeito sua derrelição, a decadência dos pais, a inutilidade do mundo exterior".[409] O encontro com o real, na puberdade, configura um estado de desamparo: as referências disponíveis mostram-se insuficientes, exigindo do sujeito o compromisso com a herança que lhe foi outorgada.

A adolescência é, a partir de Lacan, o trabalho psíquico exigido por este golpe, supondo a operação simbólica de reinscrever o Nome-do-Pai (a interdição da função paterna) no psiquismo e, a seguir, inventar novos Nomes-do-Pai. Rassial lembra que esta operação está condenada de antemão a um parcial fracasso, pois o real pubertário não pode ser plenamente simbolizado, sendo então, inevitavelmente, *foracluído*. O que é passível de simbolização depende da reedição, *a posteriori*, do estádio do espelho,

408 C. Melman, op. cit., p.29; J.-J. Rassial, A adolescência como conceito na teoria psicanalítica, p.49-54; S. Lesourd, *A construção adolescente do laço social*, p.97. O termo *breakdown* é utilizado também por M. Laufer, segundo G. Michaud – La noción de crisis, p.49.

409 J.-J. Rassial, A adolescência como conceito na teoria psicanalítica, p.65; idem, *O sujeito em estado limite*, p.148.

que na imaginária completude especular, oferece a possibilidade de realizar "uma refundação identitária". A posterioridade deste momento tem a função de validação ou não da primeira operação Nome-do-Pai, configurando a adolescência como um momento no qual é possível ocorrer uma "mudança de estrutura", dependendo das "novas respostas" (neurótica, perversa ou psicótica) exigidas do sujeito, confirmando ou não os dispositivos anteriormente estabelecidos.[410]

Puberdade e adolescência se articulam, para o autor, numa relação lógica – e não cronológica – na qual a primeira impõe "a exigência de uma reapropriação do corpo pelo eu, um corpo que se mostrou ameaçador, senão persecutório", assim como a "necessidade de construir novos ideais".[411] Para Rassial, a função Nome-do-Pai possui inscrição temporal, arriscando uma aproximação entre a referência estruturalista e a histórica. A produção simbólica adolescente é, para ele, o trabalho psíquico singular decorrente do "declínio da função paterna" e da inoperância dos ritos de passagem nas sociedades contemporâneas, ou mais precisamente, como salienta Ruffino, a partir de Lacan, tratar-se-ia do "declínio social da imago paterna".[412] Para Rassial e Ruffino, a adolescência é resultante, por um lado, da eclosão do real pubertário e, por outro, da falta de dispositivos simbólicos no campo do Outro que ofereçam, de modo homogêneo, significantes capazes de traduzir as transformações corporais.

Ruffino, próximo a Rassial, descreve a adolescência a partir dos três tempos lógicos de Lacan: o *instante de ver*, quando se dá o impacto com o real e se constata a insuficiência de recursos simbólicos para uma tradução do inusitado. O *tempo de olhar* compreende a saída do instantâneo e a promoção de uma antecipação imaginária; é quando o sujeito adolescente é convocado

410 Idem, A adolescência como conceito na teoria psicanalítica, p.53; O *sujeito em estado limite*, p.144-149.

411 Idem, ibidem, p.46.

412 Idem, ibidem, p.51; R. Ruffino, A adolescência e o declínio da função social da imago paterna, p.44.

a: ressituar-se na ordem familiar; posicionar-se frente ao Outro sexo, tendo o próprio corpo como enigma; rearticular atos e escolhas próprios conforme uma ética com a qual se identifique. Se suas respostas não são finais, a pergunta o leva a fazer apostas e esboçar, conforme sua criatividade, escrituras próprias. Por último, há o *momento de concluir*, quando é anunciada a *saída* da adolescência, a partir da enunciação singular do sujeito frente às questões que lhe são apresentadas, na diferenciação que é capaz de fazer frente aos *outros* com os quais se identifica, sejam estes seus pares ou os representantes das gerações precedentes.[413]

Porém, algumas dificuldades surgem com esta linha argumentativa. Primeiramente, entende-se que se o advento das transformações fisiológicas por si só não justifica o desamparo que configura a experiência adolescente, é este o evento que *inaugura* o processo anunciado, aquele que expõe o sujeito à existência de um corpo *Outro*, estranho, carente de significado. A relação *lógica* entre puberdade e adolescência, anunciada por Rassial, estabelece uma articulação entre ambas que faz lembrar, neste ponto, a perspectiva desenvolvimentista dos representantes da *ego psychology*.[414]

De fato, Freud havia sugerido a puberdade como elemento deflagrador de um incremento pulsional, o que marcaria o início de um processo de desprendimento das figuras parentais e de confronto com os conflitos edípicos posteriormente retomados. Porém, viu-se que Freud não se apóia literalmente na biologia, não sendo possível encontrar neste saber os determinantes (ou mesmo os fatores desencadeadores) para os caminhos da sexualidade – a não ser a partir da complexa e paradoxal hipótese filogenética – quando se tem em vista o fundamento do argumento freudiano sobre a sexualidade. Se Freud posteriormente preferiu

413 R. Ruffino, Sobre o Lugar da Adolescência na Teoria do Sujeito, p.51-56. Ver também C. Poli, *Clínica da exclusão*, p.234.

414 Nesta mesma linha, Birroux entende que a adolescência é, conforme as diferentes culturas, "o impacto da modificação pubertária sobre o espaço das representações" – Psicopatologia do adolescente, p.6.

falar em *anatomia* em lugar de *biologia*, foi porque aquele saber descreve superfícies que se oferecem ao movimento pulsional e a suas inscrições, deixando em segundo plano qual a determinação do anatômico.

Lacan, por sua vez, faz alusão à puberdade quando retoma Freud nos *Três ensaios*, mas o faz com o intuito de salientar o argumento privilegiado neste texto, a saber, o desprendimento da sexualidade a partir do biológico. Quando Lacan se propôs a considerar o tema da *juventude*, o fez do ponto de vista dos efeitos da experiência amorosa para rapazes e moças, conforme as formulações que desenvolvia no período final de sua obra, sem falar em puberdade nem em transformações orgânicas. Além disso, em seus seminários, expôs cada vez mais claramente sua desconfiança acerca da genitalidade e das várias funções que lhe são usualmente atribuídas, neste momento segundo da sexualidade humana.

Há que se considerar, aliás, que a própria puberdade está sujeita à intervenção do universo simbólico na qual se inscreve, ainda que não esteja a ele subordinado, podendo ser antecipada ou postergada conforme o contexto no qual cada indivíduo se insere e a história de vida que o singulariza.[415] As transformações pubertárias se estendem por vários anos (em torno de três ou quatro) e não parece sem motivo que vários autores, atualmente, prefiram descrevê-las como ocorrências *concomitantes* a condutas usualmente associadas à adolescência (como os ensaios de experiências amorosas e os confrontos com figuras parentais).[416] Se a puberdade é um dos elementos que participa da equação adolescente – pois *a natureza oferece significantes* – surge a dúvida

415 Ver por exemplo, J. A. Graber, J. B. Gunn, M. P. Warren, The antecedents of menarcal age.

416 Sobre a duração da puberdade, ver M. I. Saito, L. E. da Silva, *Adolescência: prevenção e risco*; neste texto, os dados sobre a realidade brasileira indicam as idades médias: de 9,7 anos aos 13,4 para meninas e de 10,9 a 15,6 para meninos. Outeiral observa recentemente uma *conduta adolescente* em indivíduos não púberes, com idades em torno de oito a dez anos – Adolescência: modernidade e pós-modernidade, p.23.

se o real a ser confrontado pelo sujeito, no momento adolescente, está suficientemente contemplado (ou nomeado com propriedade) pelo advento da puberdade. A lógica que encadeia o *real pubertário* à adolescência, ao que parece, tende a circunscrever o real que se anuncia na adolescência a uma das dimensões que compõem a equação em jogo, abafando o que escapa ao advento pubertário. A política que antecede e acompanha a adolescência, tal como foi discutido, sugere que o real que se anuncia para a adolescência está aquém e além do pubertário e se encontra na própria nervura da estrutura social na qual se lança o sujeito adolescente, em seu movimento de desprendimento das referências parentais. Nomear este real de pubertário é resgatar, direta ou indiretamente, o argumento anterior acerca da adolescência, devidamente criticado por Lacan e vários de seus leitores, sobre o destaque dado ao determinismo orgânico.

Ainda que demonstre preocupação com o problema, Lesourd também utiliza esta lógica em seu trabalho. De modo afim aos demais, este autor trata a puberdade como confronto com o real e a adolescência como trabalho daí decorrente, pois "a puberdade, enquanto surgimento da carne na psicossexualidade infantil da estrutura, desvela a inadequação do gozo sexual. O trabalho da adolescência é o re-velamento da carne do gozo no uso sexual do gozo".[417] O *surgimento da carne* é a metáfora utilizada para descrever a "irrupção do corpo sexuado na psicossexualidade", responsável pelo *desvelamento* que o real produz na psicossexualidade infantil, promovendo o "dilaceramento do véu fálico" e o "surgimento, por trás dele, da Coisa". Trata-se, no plano imagético, da "efração... daquilo que constituíra a imagem do corpo no tempo do estádio do espelho", do dilaceramento da imagem que havia se constituído "no olhar e na voz do Outro", para pacificar o "gozo da carne".[418] Ao que parece, é este dilaceramento que leva Lesourd a anunciar as *crises*: "crise narcísica", quando o sujeito fica "em dúvida sobre o valor do seu corpo e do seu

417 S. Lesourd, *A construção adolescente do laço social*, p.55.

418 Idem, ibidem, p.34-35.

eu",[419] e "crise interna de identidade", decorrente da falência das imagens idealizadas e "da perda da figura ideal do ideal de eu... que vêm a inscrever-se e a exprimir-se na realidade social da flutuação dos ídolos".[420]

No plano econômico, o encontro com o corpo pubertário denuncia a impossibilidade do sonhado gozo total, como havia sugerido Rassial ou mesmo Ruffino. O gozo possível é o "gozo fálico, marcado pelo selo da linguagem", que se mostra inevitavelmente distinto do "gozo da carne, do corpo", incapaz de conquistar plena inscrição no campo simbólico. O *re-velamento* do trabalho adolescente, conseqüentemente, ocorre a partir da "assunção, encontro inevitável, do significante da falta do Outro".[421]

A diferença que se destaca na formulação de Lesourd em relação a Rassial é o modo como o primeiro irá conceber o real pubertário, no destaque que dá à feminilidade, na experiência adolescente. Para Lesourd, a puberdade marca o encontro do sujeito com Outro sexo, o feminino, que escapa à lógica fálica (*presença* ou *ausência*), referência que diz respeito ao campo simbólico. A adolescência é entendida como a tentativa de reconstrução dos "véus fálicos sobre o desvelamento feminino, segundo as linhas de fenda preestabelecidas na construção subjetiva infantil...":[422] é o modo como o sujeito irá se posicionar frente ao feminino, esta figura não toda, como diz. A inspiração lacaniana de Lesourd lhe permite fazer outra leitura sobre a adolescência no processo constituinte do sujeito. Não se destaca mais a função paterna, mas sim o encontro com o *feminino*, que vem a romper o modelo infantil fálico. Além disso, a puberdade aqui descrita não anuncia diretamente as transformações fisiológicas, mas aponta o "Real

419 Idem, ibidem, p.97. S. Tubert também descreve a adolescência como um crise narcisista" – *A morte e o imaginário na adolescência*, p.107.

420 S. Lesourd, *A construção adolescente do laço social*, p.81.

421 Idem, ibidem, p.34-35, 47.

422 Idem, ibidem, p.32.

da carne" que se impõe como inevitável, "quando o sexual genital da puberdade irrompe".[423]

Lesourd parece assim estar atento ao problema do real pubertário e a sua diferença frente ao corpo sexuado. Porém, anuncia como estopim para a operação adolescente, a "*irrupção do corpo sexuado na psicossexualidade*", além de manter a referência ao advento pubertário.[424] Ora, se o corpo infantil já não era desde então sexual, por que ocorreria agora sua "irrupção"? Estaria fazendo referência às transformações pubertárias tradicionalmente anunciadas, em alusão à maturidade física descrita por Freud em 1905? Falar no confronto com a impossibilidade da relação sexual ou com o Outro sexo é diferente de falar na irrupção do corpo sexuado, a partir do significante puberdade, tradicionalmente associado às transformações fisiológicas biologicamente determinadas. Porém, se Lesourd considera a irrupção do "Real da carne", é para frisar que neste corpo há algo que não se circunscreve ao desenvolvimento previsível das transformações orgânicas, e que continua enigmático, como é próprio ao real lacaniano. Quando o autor anuncia o "sexual genital da puberdade" retoma a formulação freudiana de *Três ensaios* sobre a primazia da genitalidade a partir da puberdade, que por sua vez tem como diretriz a perspectiva de síntese pulsional e a finalidade da reprodução. Em Lesourd, a questão do *real pubertário* segue emblemática (provavelmente o será sempre) e talvez o maior mérito deste autor seja deixar a porta entreaberta para aquilo que escapa à lógica fálica, a partir de sua formulação sobre o feminino.

Não parece à toa que Melman, por sua vez, não tenha falado em puberdade ao tratar dos impasses sobre o gozo na adolescên-

423 Idem, ibidem, p.32. Lesourd aqui se apóia nas formulações de Lacan sobre o feminino quando defende que o significante fálico não define inteiramente a mulher – ver J. Lacan, *Seminário, livro 20*, p.70-86. Posição semelhante adota S. Alberti, *Esse sujeito adolescente*, p.151.

424 Numa perspectiva afim, Alberti considera "a menarca e as poluções... o novo encontro com o real do sexo", compartilhando da hipótese do trabalho adolescente a partir do encontro com o real pubertário, sendo este pautado pelas transformações fisiológicas – Idem, ibidem, p.135.

cia e, ao invés disso, simplesmente destaque a dissonância entre os estatutos biológico, subjetivo e social na sociedade atual. Da crise adolescente, o autor prefere salientar o confronto do sujeito com a *castração*, decorrente do "hiato que se abre na posição ideal" da criança, ao final da latência, pois a promessa que até então sustentava a postergação dos ideais, agora se mostra falaciosa.[425] Para Melman, a crise da adolescência "é o momento em que um sujeito não encontra o lugar de seu gozo", pois os ditos "adultos" já possuem um lugar de gozo conquistado e instalado, favorecendo o hábito e a repetição, que configuram a inflexibilidade desta almejada condição.[426]

A posição de Melman anuncia um duplo estatuto para a falta de lugar para o gozo. Num primeiro aspecto, destaca as disputas de poder, manifestas ou fantasiadas, com as instâncias de autoridade, que põem em cena o embate que caracteriza as célebres hordas ditas primitivas. Em segundo lugar, de modo próximo a Rassial e Lesourd, considera que a proximidade de efetivação dos ideais – acesso à sexualidade e aproximação do lugar "adulto" – anuncia que o gozo possível é sempre parcial – gozo fálico – sendo o gozo total – Outro – inalcançável.[427]

Passando ao largo da questão da puberdade, Melman evita toda a problemática das transformações fisiológicas e finca os alicerces de sua argumentação em outro ponto. Põe em destaque as questões narcísicas que envolvem a constituição do sujeito, desde a castração, a vertigem dos ideais e a questão de autoridade. Ao levar a adolescência aos impasses do gozo do sujeito, Melman realça aspectos muitas vezes abafados, evitando a seqüência rí-

425 C. Melman, Os adolescentes estão sempre confrontados ao Minotauro, p.35. Vários autores também enxergam a adolescência a partir do confronto com a castração, como por exemplo, T. Pinheiro, Narcisismo, sexualidade e morte, p.73,74; S. Tubert, *A morte e o imaginário na adolescência*, p.61,62.

426 C. Melman, Os adolescente estão sempre confrontados ao Minotauro, p.30-31.

427 J.-J. Rassial, A adolescência como conceito na teoria psicanalítica, p.47; S. Lesourd, *A construção adolescente do laço social*, p.49.

gida das zonas erógenas, assim como o finalismo adaptativo da meta da reprodução. A adolescência, deste prisma, distancia-se da cronologia das transformações fisiológicas e se aproxima das equações subjetivas que ficam atreladas ao jogo de força das relações sociais.[428] Torna-se uma condição própria àquele que, ao olhar para o mundo na posição de "não castrado", confronta-se com a questão da autoridade e com a inconsistência de seus ideais, atualizando os restos do conflito edípico.

No entanto, o desvio da questão da puberdade não o impede de anunciar na adolescência o "acesso à sexualidade",[429] fazendo lembrar o senão apontado em relação a Lesourd: se foi somente na adolescência que ocorreu o *acesso à sexualidade*, no que consistiria a experiência infantil? Não possui ela, em sua versão perversa polimorfa, também *acesso à sexualidade*? De que *sexualidade* aqui se trata? Se for a experiência amorosa apontada por Lacan, seria apenas uma imprecisão de texto; se não, seria mesmo uma contradição conceitual. Mais uma vez surge a dificuldade quanto ao lugar a oferecer ao corpo pubertário na operação adolescente, assim como a dúvida quanto à concepção de sexualidade utilizada.

O lugar atribuído à puberdade na equação adolescente não é a única dificuldade que este tema traz. Outra questão de relevo surge a partir do lugar da adolescência na definição da estrutura do sujeito psíquico. Como se sabe, a vertente lacaniana da psicanálise respeita a proposição freudiana acerca das principais estruturas (neurose, psicose e perversão) como norteadoras na compreensão e manejo de cada processo analítico, de modo que se torna decisivo o diagnóstico de cada caso para se ter em vista qual a posição do analista na transferência estabelecida e, conseqüentemente, quais as modalidades interventivas que daí se

428 Melman, em função da dificuldade de constatar a ocorrência de um fenômeno semelhante em outras culturas, entende a crise adolescente como uma crise própria da "nossa cultura" – C. Melman, *A morte e o imaginário na adolescência*, p.29.

429 Idem, ibidem, p.42.

depreendem. A questão das estruturas clínicas é, portanto, para esta vertente, decisiva para o exercício psicanalítico. Rassial e Lesourd, assim como vários pesquisadores da adolescência, entendem que este é um momento em que a estrutura é posta à prova, sendo possível haver mesmo sua modificação, em função da labilidade na qual o sujeito se encontra frente à contundência do impacto do real pubertário e a ausência de dispositivos simbólicos capazes de traduzi-lo.[430] Este entendimento atribui à adolescência e ao saber a ela atrelado, uma posição estratégica, pois relativiza o determinismo sexual infantil defendido por Freud e propõe a clínica da adolescência como um campo de trabalho privilegiado, amparada por uma "teoria da adolescência" capaz de lhe dar sustentação.[431]

É uma posição polêmica, pois retira o peso atribuído por Freud à sexualidade infantil e às inscrições mnêmicas produzidas nos primeiros anos de vida, deslocando para o segundo momento da sexualidade humana a definição propriamente dita da estrutura que irá se impor, para cada psiquismo, a partir de então. É em função disto que autores como Alberti descrevem a adolescência não como momento constituinte, mas sim como "um momento crucial na vida do sujeito", pois a estrutura estaria definida na infância, de acordo com a tese central do argumento freudiano. Como Rassial, esta autora também compreende a adolescência como trabalho psíquico resultante do encontro com o real, na tentativa de elaboração do conteúdo traumático a partir dos recursos simbólicos disponíveis; no entanto, considera que tal concepção não confere a este processo a capacidade de modificar a estrutura psíquica, como defende o primeiro.[432]

De fato, em 1932, Freud usa a analogia das "linhas de clivagem" dos cristais para dizer que as diferentes organizações psíquicas são definidas nos primeiros anos de vida de cada indivíduo, ainda que isso não seja perceptível, até o momento em

430 Ver S. Lesourd, *A construção adolescente no laço social*, p.48-55.

431 Expressão utilizada por Rassial, *O sujeito em estado limite*, p.172.

432 S. Alberti, *Esse sujeito adolescente*, p.26, 157, respectivamente.

que, posteriormente, ocorra um incidente que opere como *ruptura*, tornando exposta a estrutura que ainda não se fizera conhecer.[433] Nesta passagem, Freud não deixa dúvida quanto a seu entendimento acerca do momento de definição da estrutura e de qual papel cumpre o evento posterior. A dificuldade estaria em compreender que estrutura foi definida, antes mesmo de sua emergência, pela hiância instaurada entre a experiência precoce constituinte e a deflagração da dita patologia. Seria como uma charada que guarda o segredo a ser desvelado apenas num segundo momento, oportunamente.

Por outro lado, tal como foi discutida no início deste capítulo, a idéia de tempo ganha outra perspectiva a partir da noção de *posterioridade*, tendo em vista a subversão que realiza sobre a seqüência creditada a um *antes* e um *depois*, usualmente encadeados numa linearidade cronológica. Se as marcas das primeiras experiências infantis são decisivas, juntamente com o posicionamento do sujeito frente à castração, será *só depois* que um determinado sentido lhes é atribuído, na organização neurótica, conforme a *ressignificação* que este outro momento realiza em relação ao anterior.

O recalcamento, como sugere Freud, depende de três tempos: o *recalque originário*, mito singular que permite a passagem da pura indeterminação para a inauguração do inconsciente, a partir das primeiras inscrições no psiquismo; o recalque propriamente dito, secundário em relação ao primeiro, suscitado por uma situação vivida como insuportável, produzindo uma outra marca, que incide sobre a anterior; finalmente, o terceiro tempo – aqui associado ao segundo momento da sexualidade humana – no qual uma terceira situação se soma às anteriores, de modo a deflagrar a irrupção do conflito e do sintoma resultante.[434] No modelo neurótico, é este *depois* que atribui *sentido traumático* às inscrições

433 S. Freud, Conferência XXXI das *Nuevas conferencias de introducción al psicoanálisis*, p.185.

434 S. Freud, *Puntualizaciones psicoanalíticas sobre un caso de paranoia* (*Dementia paranoides*) *descrito autobiograficamente*.

anteriores, anunciando, aliás, a *ausência de sentido* que as acompanha; estabelece entre as inscrições produzidas a partir dos eventos marcantes, uma *série* (seqüência de marcas) que tende a se reproduzir, em função de sua força inercial.

O recalque realizado no segundo tempo é a saída encontrada pela organização neurótica para suportar a *angústia da castração*. Consiste na aceitação de uma imposição que se mostra inevitável, resultando na clivagem do eu, daquilo que lhe é insuportável e que tende a retornar, por meio de sintomas. Outras situações de angústias, quando surgem, tendem a retomar este mesmo mecanismo, promovendo a repetição há pouco indicada, conforme os recursos de cada aparelho psíquico. É neste movimento circular que se evidencia a estrutura estabelecida.

Outra saída para a angústia de castração é aquela que caracteriza a organização perversa, na qual há, concomitantemente, sua aceitação – a ciência de sua possibilidade – e sua *renegação* [*Verleugnung*]: busca-se contornar a ameaça da castração por meio da substituição do objeto faltante pelo fetiche, exigindo do sujeito o incessante esforço de provar sua capacidade de se impor frente à lei da interdição. Duas atitudes contraditórias subsistem em paralelo, sem que uma venha interferir na outra e nem produzir qualquer clivagem no eu. A idéia de retorno ao anterior se evidencia quando Freud considera haver um ponto de *fixação*, no qual o sujeito busca resgatar uma imagem não-castrada, como se fosse possível voltar atrás frente àquilo que causa horror (como ocorre com a criança, ao descobrir as diferenças sexuais). Tanto no caso da neurose quanto na perversão, o mecanismo utilizado no segundo tempo depende também da incidência do primeiro, conforme se deu o recalque original (ainda que seja impossível sabê-lo exatamente). Portanto, a configuração das *linhas de clivagem* (estruturas) depende da conjunção que se produz entre estes dois primeiros tempos, consolidando-se no terceiro, quando a série passa a se impor em seu movimento inercial, manifestando-se sintomaticamente.

Talvez seja a psicose a modalidade de organização psíquica mais precocemente determinada, em função da inoperância simbólica que lhe é característica, decorrente do que Roulot chamou de "estilhaçamento do recalque originário", que produz a "fuga dos significantes primordiais", restringindo significativamente os recursos psíquicos, em função da "não delimitação do universo do discurso".[435] É a partir daí que se delineia o mecanismo próprio da psicose, nomeado pela tradução francesa, de *foraclusão* [*Verwerfung*], como expulsão do psiquismo daquilo que o eu é incapaz de suportar, promovendo a sua própria fragmentação, ou talvez, não alcançando a ilusória (mas necessária) completude especular. O que não é suportável é o desamparo que acompanha a condição humana e chega como castração, para cada um, em sua história singular.

De acordo com o referencial lacaniano, a psicose se caracteriza pela indiscriminação do sujeito entre o simbólico e o imaginário, em função da falência da função paterna, comprometendo assim a possibilidade de encadeamento de significantes e, conseqüentemente, o próprio trânsito no campo simbólico. Como decorrência, há mesmo a falência da perspectiva temporal, o que torna problemático falar em um *antes* e um *depois*, a não ser a partir de um olhar neurótico sobre a desorganização psicótica.

Deste prisma, a questão sobre o momento de definição da estrutura perde força, pois é a equação estabelecida *entre* os vários momentos (suas inscrições) que é capaz de definir a saída adotada pelo sujeito. Tal como Freud costuma trabalhar com dualidades em constante tensão (de modo que o isolamento de seus componentes tende a torná-los estéreis), também aqui a resposta não parece estar num momento específico, mas na equação que se cria entre os fatores que compõem cada um dos *tempos* considerados e suas marcas. O *segundo momento*, como foi dito anteriormente, ocupa uma posição secundária naquilo que constitui o sujeito psíquico, mas nem por isso sem relevância na equação estabelecida.

435 D. Roulot, Neurose e psicoses, p.369.

Quando se entende que a puberdade não é a condição necessária para a deflagração do *terceiro tempo* (e *segundo momento* da sexualidade), é porque esta depende, antes, daquilo que da superfície corpórea é feito ou significado: é a partir do olhar de um *outro*, na função de Outro, que o sujeito se defronta com uma estranheza inusitada, ao ser posto numa posição desconhecida, reacendendo conflitos anteriores adormecidos durante o hiato da latência. Mergulhado num caldo imaginário que não encontra suporte simbólico para sua tradução, a estranheza experimentada surge com o olhar que toma o corpo adolescente não propriamente como objeto de ternura ou de investimento narcísico, mas (do ponto de vista deste que olha) como objeto sexual, no sentido primeiro do termo, ou como objeto de inveja e desafio, fazendo com que o próprio corpo, neste instante, se anuncie como *estranho*, para o sujeito, convocando-o a uma vertigem que se alastra e coloca em suspenso o que era tido como certo. A superfície do corpo serve então como apoio para o enigma da sexualidade, anunciado no brilho de um olhar sem código, real, pela dissonância que possui em relação àquilo que até então era considerado verdadeiro e legítimo.

Este movimento é capaz de inverter uma lógica usualmente utilizada, na qual as mudanças orgânicas são os disparadores da estranheza adolescente, pois este olhar pode postergar ou retardar os códigos de transformações pubertárias previamente determinados. Se a puberdade não é condição necessária, é preciso haver um *grão de realidade* que cumpra sua função: desejos adormecidos, marcas deixadas no momento inicial da sexualidade, mantêm-se à espreita de algo que os reascenda, a fim de confirmar o que apenas estava indicado. Aqui parece valer o traço imperativo de uma *escolha forçada*, pois a confirmação não pode ser outra, mas o terceiro tempo é decisivo para que a equação se estabeleça, cabendo ao modo como ocorre, a determinação da singularidade de cada estrutura.

Afora a dificuldade diagnóstica de cada caso clínico, como faz lembrar o caso do *Homem dos Lobos*,[436] também vale se perguntar sobre a fronteira entre os mecanismos que definem as diferenças entre as estruturas. Freud descreveu o recalque a fim de elucidar a organização neurótica, mas se deparou com os limites deste mecanismo, quando constatou que na dissolução do complexo de Édipo algo se perde e não é retomado posteriormente.[437] Não é sem razão que Rassial, em relação à operação adolescente, considera que algo se perde, sendo inevitavelmente foracluído, como foi dito anteriormente. Foi neste sentido, aliás, que Ruffino notou que além do luto a ser vivido nesse momento, haveria um traço melancólico que acompanharia o percurso adolescente.[438] Quando se pensa na diferença entre os caminhos que se anunciam a partir de cada estrutura, também cabe considerar a proximidade entre a neurose e a perversão, que tanto chamou a atenção de Freud: até que ponto um não se encontra na borda do outro, tendo em vista que a castração nunca é plenamente aceita - no caso da neurose - nem de todo renegada - no caso da perversão. São questões complexas e que têm mobilizado o trabalho de muitos pesquisadores, valendo aqui ser lembrada a fim de assinalar as dificuldades que acompanham o tema das estruturas e a definição diagnóstica.

A questão da adolescência inquieta e demanda reflexão sobre os fundamentos da teoria psicanalítica, em torno da noção de corpo, de sexualidade e de estrutura psíquica. A contribuição de autores de referência lacaniana veio quebrar a repetição de determinados estigmas que se criaram em torno deste tema, produzindo movimento nos discursos sobre o assunto. Melman, em seu argumento, destaca o confronto com a castração e o lugar do significante fálico frente ao qual o sujeito, na adolescência, vem se posicionar, em consonância com a ênfase que a corrente fran-

436 G. Lombardi, Notas sobre los diagnósticos difíciles en psicoanálisis (in *Vestígios de lo real en el hombre de los lobos*).

437 S. Freud, El sepultamiento del complejo de Édipo.

438 R. Ruffino, Sobre o lugar da adolescência na teoria do sujeito, p.54.

cesa dá ao tema da *falta*, a partir da formulação freudiana quanto à condição de desamparo que acompanha o ser humano. Rassial, neste ponto, prefere o termo *derrelição*, numa inspiração existencial que sintetiza a imagem do *ser jogado no mundo*, o que lhe permite anunciar a insuficiência do simbólico frente ao impacto do real. Lesourd, por sua vez, aborda o tema a partir do feminino, *figura não toda*, com a qual o sujeito se confronta no advento da puberdade. Assim como Rassial, Lesourd visa descrever a incompletude, ou mais propriamente, o *buraco* que escapa à lógica fálica e que diz respeito à ordem real, produzindo contundentes efeitos sobre o imaginário (*efração* das imagens infantis)[439], como atestam as várias crises que anuncia: narcísica, de identidade e de valores.

A idéia de crise anunciada por estes autores, cada qual a seu modo, diz respeito portanto ao confronto com a *falta*, incompletude ou condição de desamparo própria à condição humana e que, durante um longo período, haviam sido imaginariamente amortecidas por produções especulares precedentes. Logo, conforme Rassial e Lesourd, tal confronto causa *pane* ou *efração* das cultuadas imagens infantis, justificando o caráter vertiginoso da experiência de crise pela qual passa o sujeito adolescente.[440] É neste espectro que Lesourd resgata a idéia de *crise de identidade*, marcando um lugar próprio para o registro imaginário neste processo. A noção de *identidade* utilizada deixa de lado a perspectiva essencialista que possuía na tradição da *ego psychology*, passando a ser compreendida como construção (imaginária e inevitável) que será posta em xeque na necessária *crise da adolescência*.[441] Nessa mesma linha, alguns autores de filiação lacaniana

439 A partir do modelo físico e médico, o termo *efração* descreve o efeito traumático sobre o corpo, buscando marcar o caráter contundente e acidental do evento – cf. L. C. Monzani, Freud, o movimento de um pensamento, p.158.

440 Alberti fala do "risco de ruptura no sentimento de continuidade de si" – *Esse sujeito adolescente*, p.25.

441 Há, no entanto, autores que apesar de trabalharem com a discriminação entre os registros real, simbólico e imaginário, mantêm a noção de identidade característica da *ego psychology*, como é o caso de Tubert, quando diz que "as

localizam a questão da *identidade sexual*, na "incerteza na construção de um corpo de ficção para 'ser homem', 'ser mulher'".[442] Torna-se clara, portanto, a distância que separa o sujeito e as imagens com as quais se identifica, assim como a condição frágil e provisória de um construto desta ordem, o que estabelece uma diferença significativa em relação à perspectiva sociológica que trata dos *gêneros* masculino e feminino.

A argumentação dos franceses permitiu o incremento da discussão sobre a adolescência. Com outra leitura do texto freudiano, os autores lacanianos retomam as questões que sustentam a concepção de adolescência da *ego psychology* – tais como a questão da puberdade e da identidade – e as problematizam a partir dos três registros dispostos por Lacan, demandando mais cautela nas inferências sobre os conteúdos inconscientes. Se fica a dúvida de até onde foi possível romper esta questão da perspectiva desenvolvimentista ao qual o tema da adolescência está tradicionalmente associado – tendo em vista a referência constante à adolescência como processo subseqüente à puberdade e suas transformações orgânicas – é possível perceber o rompimento do consenso que pairava em torno da questão da adolescência, exigindo debate e reflexão sobre algo que parecia dado como certo.

A reação à *falta*: por uma formulação afirmativa da adolescência

Alguns autores, de modo distinto dos herdeiros da *ego psychology*, mas também dos autores lacanianos, buscam posições teóricas que permitam estabelecer outros parâmetros para a questão da adolescência, tentando por um lado, contemplar as críticas

mudanças que sofreu em seu corpo colocam em crise a identidade do adolescente: perdeu-se como idêntico a si mesmo", dando a entender que em algum momento isso teria sido possível – S. Tubert, *A morte e o imaginário na adolescência*, p.123. Ver também E. Saggesse, *Adolescência e psicose*, p.79.

442 A. Costa, O eterno hoje e o tempo da atividade adolescente, p.151.

às diferentes linhas de pensamento e, por outro, reconhecer a propriedade das conquistas teóricas realizadas. Entre os vários ensaios sobre o tema que surgiram nas últimas décadas do século XX, não se percebe uma concepção significativamente distinta das referências teóricas anteriormente descritas, mas sim, proposições que buscam realçar ou recolocar aspectos particulares da questão da adolescência, seja em função de dificuldades clínicas que as formulações anteriores não pareciam superar, seja em função das posições teóricas que davam margem a tais dificuldades.

Um exemplo é o trabalho de Rodulfo, que lança mão da referência winnicottiana para rever a passagem adolescente e sua inserção no mundo do trabalho. Para este autor, a redução da adolescência a um processo adaptativo decorre da usual cisão entre o brincar e o trabalhar, cerceando as possibilidades simbólicas deste processo. Apoiando-se na idéia de "moratória psicossocial", o autor estabelece um paralelo entre a adolescência, como momento de postergação da entrada no mundo adulto, e a latência, como postergação das fantasias edípicas. O trabalho é tomado como referência e condição primordial para a participação em "um circuito comunicável mais amplo".[443] O autor entende que o adolescente, ao sair do lugar de falo de sua família, tem a possibilidade de tomar o "espaço da realidade social cotidiana" como seu "espaço transicional", aonde poderá formular projetos e explorar sua capacidade lúdica, a fim de se afirmar como "sujeito brincante".[444]

Questiona a expectativa adaptativa da inserção social via trabalho, quando esta fica destituída de sentido, em função de sua cisão da atividade lúdica que, a seu ver, caracteriza a condição humana em sua potencialidade simbólica. Destaca-se o autor pela busca de uma formulação afirmativa da adolescência, deslocando o foco da "crise da puberdade" – que não deixa de reconhecer e

443 R. Rodulfo, *O brincar e o significante*, p.138, 170.

444 Idem, ibidem, p.140-144. A noção de espaço transicional é utilizada também por outros autores mais próximos da tradição inglesa, tais como R. Cahn, *O adolescente na psicanálise*, p.147.

anunciar[445] – para as possibilidades de gozo que surgem com a associação entre o brincar e o trabalho. No entanto, se critica uma perspectiva adaptativa, não deixa de caracterizar a adolescência como uma *passagem* a ser percorrida, na qual a meta é a questionável *inserção social*, tese que resgata a idéia de *moratória* defendida por Erikson, que segundo Rodulfo teria sido "injustamente esquecida".[446] A expectativa de integração, além da dimensão social, é apontada em relação ao sujeito em constituição: em seu empenho em articular (*ligar*?) distintas posições teóricas, Rodulfo afirma que é próprio da adolescência a "reunificação sob algum significante" (das pulsões? das fantasias?), fazendo supor que a idéia de *síntese* indicada no texto freudiano, se mantém de algum modo válida.

A referência à realidade social quotidiana como *espaço transicional* do adolescente, por sua vez, permite questionar o sentido da realidade experimentada na adolescência. No entanto, a suposição de um espaço *entre*, que faria transição entre um espaço *interior* e um espaço *exterior*, depende da hipótese de existência de espaços distintos, que por sua vez demandam a construção de algo que permita sua *ligação*. Rodulfo reconhece a ilusão que paira sobre a dicotômica cisão entre interno e externo e constata a dificuldade do problema, pois, de modo "paradoxal, característica do inconsciente, a segunda função do brincar põe de manifesto, em um espaço bidimensional, uma certa dimensão de volume, *contradição que não há mais remédio senão aceitar*".[447] No entanto, o conceito de "espaço transicional" e suas implicações não são problematizados, assim como "a realidade social cotidiana" é vista como *espaço transicional* somente para o adolescente, como

445 R. Rodulfo, *O brincar e o significante*, p.136.

446 Idem, ibidem, p.138.

447 Idem, ibidem, p.104-108. Grifo meu. Winnicott, conforme a tradição inglesa, supõe a realidade como mundo concreto, anterior ao sujeito psíquico. O conceito de espaço transicional é a proposta de um terceiro *espaço* que supõe a existência dos outros dois. Ver por exemplo, D. W. Winnicott, *O brincar & a realidade*, p.13-44.

se posteriormente o *sujeito brincante* pudesse olhar a realidade de modo direto ou efetivo.

Se a ênfase do campo simbólico promovida por Lacan e seus seguidores punha em xeque as ilusões do psiquismo e de sua *realidade*, o texto de Winnicott vinha alertar para os riscos de não se dar a devida atenção à concretude desta última e ao papel do ambiente na constituição do sujeito.[448] Rodulfo, pautando-se na referência winnicottiana, não só propõe uma formulação afirmativa da adolescência que permite rever a dimensão trágica da crise, como também põe em questão o lugar do ambiente na operação adolescente, uma vez que a leitura lacaniana, a partir dos três registros, corre o risco de tomar a realidade como simples efeito do imaginário.[449]

A hipótese dos três espaços – interno, externo e transicional – não deixa de ser uma posição teórica defensável, mas pouco harmônica com o viés estruturalista próprio à referência lacaniana. Se por um lado, a proposta de Rodulfo, de aproximar referências conceituais distintas, tem o mérito de rever dificuldades teórico-clínicas da questão adolescente, por outro, a *integração* efetiva destas parece ter permanecido lacunar e incompleta.

Piera Aulagnier, por sua vez, apresenta uma concepção diferenciada da maioria dos autores que discutem a adolescência. Propõe uma reformulação da perspectiva histórica, que havia sido deixada em segundo plano por Lacan e seus seguidores, em função da crítica à rígida determinação cronológica da constituição do psiquismo empreendida pela vertente desenvolvimentista.[450] A autora, atenta à dimensão imaginária, presente em

448 A mensagem de Winnicott é clara: "se ninguém ali está para ser mãe, a tarefa desenvolvimental do bebê torna-se infinitamente complicada" – idem, ibidem, p.153.

449 Rassial por exemplo, considera que "a realidade é imaginária" – J.-J. Rassial, A adolescência como conceito na teoria psicanalítica, p.58. Numa posição afim à de Rodulfo, C. R Rappaport defende que o sujeito se singulariza a partir de sua história de vida e dos "acontecimentos reais" que vivencia – *Adolescência*, p.9.

450 Ver capítulo III.

qualquer proposição histórica, inverte a perspectiva e percebe no próprio exercício de construção linear de uma história, a condição para o eu evitar a organização psicótica e alcançar uma possibilidade *relacional* que dê a sustentação identificatória necessária a sua constituição.

De modo distinto da leitura desenvolvimentista, que se apoiava em um "tempo físico", cronológico, Aulagnier privilegia o "tempo humano", aquele segundo o qual cada sujeito reinterpreta sua própria história. Evita, portanto, uma seqüência pré-estabelecida de passos que culmine em uma síntese funcional de antemão determinada e defende, em contrapartida, o peso do "capital fantasmático", com toda sua dimensão imaginária, no infinito processo de identificação simbólica. Referindo-se à relativização que Green faz da condição atemporal do inconsciente, Aulagnier aposta numa "negociação a ser feita entre o tempo do Eu e o tempo da organização inconsciente", assim como do sujeito com seus "pólos relacionais", compondo um "tabuleiro identificatório" a partir do qual ocorrem as inscrições simbólicas no psiquismo. Apesar de haver sempre um "vácuo subjetivo" entre os *pólos relacionais*, a instauração e o investimento "na relação" dependem de uma crença de que o tempo presente é compartilhado e acompanhado "por construções não contraditórias". Certamente, diz ela, é uma "concordância em parte ilusória", mas são construções que podem ser preservadas na medida em que cada uma não venha a desmentir plenamente a outra.[451]

Esta concordância parcialmente ilusória torna possível estabelecer, conseqüentemente, uma *realidade*, não propriamente como *realidade psíquica*, intrinsecamente singular, mas como algo compartilhado entre os indivíduos, na crença das percepções *comuns* frente ao que é observado. Seguindo a tradição da leitura francesa da obra freudiana, Aulagnier atribui ao campo simbólico

451 P. Aulagnier, *Se construire un passe*, p.29-31. Ao privilegiar em seu trabalho as relações e sua importância, a autora manifesta sua diferença frente à tradição lacaniana, que se apóia na contundente afirmação de Lacan de que "não há relação sexual", comentada anteriormente.

o fundamento da própria *realidade*, pois estabelece "um mundo que garante ao sujeito a existência dos objetos por ele pensados", neste tecido construído entre os indivíduos, a partir da confluência entre os *investimentos* dos vários *eus* para a sustentação do campo social.[452]

Em sua concepção, a *realidade* depende de uma concordância entre os homens, algo que antecede a cada um e se apresenta, de início, como "um dado imposto pelo discurso dos outros, certezas que lhe permitem se assegurar de que um limite é imposto ao questionamento e à dúvida", configurando o que nomeia como "contrato narcísico".[453] Este, por sua vez, é o acordo firmado pelo coletivo e "pelo bebê, este estrangeiro que chega"; por um lado, possui a potência do instituído, mas, por outro, sofre as turbulências da tensão que acompanha a frágil aproximação dos homens. É neste terreno eminentemente *político*, que a autora constrói o cenário no qual o adolescente se depara com seu desafio:

> O Eu, ao encontrar o Eu dos outros, encontra uma realidade já investida pelo outro, uma realidade na qual quer ter um lugar porque quer ser e permanecer um objeto investido, mas encontra também uma realidade que vai lhe designar um lugar e uma função conformes ao prazer que outro Eu espera de sua presença e como recompensa de seu próprio investimento.(...) Este tipo de relação, entretanto, só aparece depois de ultrapassada a infância.[454]

A posição da autora faz lembrar a formulação de Melman, sobre a tensão que subsiste entre a busca adolescente de lugares de gozos e aqueles que representam o instituído, quando se colocam como detentores dos saberes necessários para tanto. Aulagnier faz ver que não é exatamente a experiência de gozo que compromete os *eus* entre si, mas a expectativa de cada um frente ao outro – *lugar e função que o outro Eu espera* –, em função das possibilidades que este possa lhe trazer. São as demandas que enlaçam os indivíduos e estabelecem entre eles um emaranhado

452 Idem, *Os destinos do prazer*, p.102.

453 Idem, ibidem, p.68.

454 Idem, idem, p.118.

de desejos e identificações, ambivalentes e instáveis, a partir do qual sua realidade é estabelecida.

Porém, é um encontro que, em parte – naquilo que não se seduz pelo caráter ilusório do contrato –, está fadado ao fracasso. Quando se considera a ordem social estabelecida na modernidade, em suas várias versões – e não há como falar sem considerá-la como tal – constata-se o caráter coercitivo que há neste acordo, no uso que é feito da ilusão de quem chega:

> ... no momento em que o Eu descobre o extra-familiar, que seu olhar procura um sinal dele que lhe confira direito de cidadania entre os seus semelhantes, só pode encontrar um veredicto que lhe nega este direito, propondo-lhe um contrato inaceitável, pois respeitá-lo implicaria a renúncia, na realidade de seu tornar-se, a ser qualquer coisa que não uma mera engrenagem sem valor, a serviço de uma máquina, a qual não esconde sua decisão de explorá-lo ou excluí-lo.[455]

Um contrato, para sua sustentação, depende da anuência e da confirmação de cada um dos pólos do tecido, ficando comprometido quando alguma de suas partes rateia. É um ponto diferenciado da formulação desta autora, no meio psicanalítico, pois inclui o traço social e político na própria concepção de adolescência, não como dados de contexto, mas na compreensão do trabalho psíquico a ser realizado. Lembra que a ruptura do contrato por parte da realidade social, que antecede o *estrangeiro* e seu pedido de pertinência, faz esgarçar os pontos de fissura que cada psiquismo carrega em sua estrutura a ser confirmada. O frágil percurso a ser feito pelo adolescente depende, em larga medida, portanto, do terreno no qual busca pisar, quando se lança no universo extra-familiar.

É neste tenso tabuleiro, a partir das marcas identificatórias e das construções ilusórias que as acompanham, que, para Aulagnier, se dá a tarefa do adolescente acerca de sua história. Para ela, cabe a cada *sujeito* compor o "fundo de memória" que resta da porção infantil "na qual se enraíza nosso presente e seu

455 Idem, *A violência da interpretação*, p.153.

vir a ser".[456] A pretensa construção de uma linearidade entre estes diferentes *tempos* sofre uma ruptura quando o *sujeito* se confronta com um "evento que, de um só golpe, desvela cruamente, que aquilo que acreditava ser presente, já é passado" – a adolescência (*l'adolescence*).[457] A tarefa que se anuncia, então, compreende o trabalho de selecionar o material necessário ao fundo de memória, a fim de estabelecer um "espaço identificatório" e "relacional" que permita a conquista de "posições estáveis... a partir das quais o sujeito possa se mover sem o risco de se perder", fazendo "escolhas de objeto que sejam suporte do desejo e promessa do gozo".[458]

Ao estabelecer como foco de seu olhar a construção de uma história, pelo sujeito psíquico, transformando o tempo cronológico em tempo humano, a autora se alinha à tradição da psicanálise que privilegia a perspectiva hermenêutica da busca de *sentido* como condição primeira do ser humano. Resgata a perspectiva histórica presente no desenvolvimentismo, mas o faz sob a égide do campo simbólico, ainda que de modo bastante próximo ao registro imaginário, que lhe dá sustentação. Sem a preocupação de discriminar detalhadamente os três registros estabelecidos pela teoria lacaniana, Aulagnier trabalha com um imaginário que se confunde com os efeitos simbólicos que suscita, salientando a implicação entre ambos. É também em função do lugar de relevo que confere às produções imaginárias que se permite resgatar as noções de *afeto* e de *emoção*, postas em xeque por Lacan; para ela, "as construções compostas que constituem o capital fantasmático permitem ao Eu transformar o afeto, como tal incognoscível, em uma emoção que pode ser conhecida, nomeada e assumida".[459] Portanto, a autora faz uso da crítica da teoria lacaniana às formulações da *ego psychology* que estabelece uma ontologia

456 Idem, *Se construire un passe*, p.4.

457 Idem, ibidem, p.40.

458 Idem, ibidem, p.7.

459 Idem, ibidem, p.16. Sobre esta questão para Lacan, ver adiante.

para algo que ocorre na ordem do imaginário, mas inverte o argumento a fim de realçar a relevância de tais produções (como o afeto e a construção histórica) assim como sua proximidade das inscrições simbólicas.

Se a adolescência é para ela momento de *ruptura* de uma linearidade em construção, logo assinala o resgate do *fio da meada* que cabe ao adolescente como tarefa. Ainda que Aulagnier sublinhe o caráter incompleto desta costura, a ênfase de sua formulação não está na *falta*, na *incompletude* ou em uma *crise* a ser reafirmada, mas sim na *positividade* do movimento psíquico em favor da busca de sentido; construção ilusória e parcialmente compartilhada entre sujeitos *em relação*. A autora demonstra assim seu esforço em estabelecer uma formulação afirmativa para a adolescência, sem perder de vista o terreno político que fundamenta a condição humana, o que diferencia o seu da maioria dos trabalhos sobre o tema.

Ao privilegiar a produção simbólica e a busca de sentido para a compreensão da adolescência, a questão da puberdade deixa de ser condição para sua compreensão. Tão pouco faz qualquer menção à integração das pulsões parciais ou algo afim. Porém, a adolescência é a construção de uma *passagem – se construire un passe* – para algo, a saber, "aquilo que definimos como idade adulta".[460] Condição esta que prevê a conquista de "posições estáveis" no espaço identificatório, capazes de suportarem a promessa de gozo. Se por um lado sublinha a tensão que acompanha tal *passagem* e o traço ilusório dos acordos firmados no corpo social, por outro, aposta nas possibilidades que estes encontros possam oferecer, bem como na *inserção* na rede de relações capaz de permitir uma *continuidade* e uma *estabilidade*. Neste ponto, Aulagnier compartilha da visão da adolescência como *momento de passagem* em que desvios e dissonâncias são aceitos ou até esperados: para ela, o adolescente oscila entre "a refutação a qualquer mudança de status" e "uma reivindicação barulhenta ou silenciosa de

460 Idem, ibidem, p.7.

seus direitos no mundo dos adultos".[461] Ainda que não haja *crise*, a *passagem* pressupõe turbulências e inquietações neste momento constituinte. Se a autora denuncia o caráter político que acompanha a constituição do sujeito – *reivindicação de direitos* – espera também que uma *passagem* seja construída neste processo, a fim de garantir a *inserção social* – dependendo dos vários agentes do *contrato narcísico* – meta almejada que justifica a aceitação de um comportamento oscilante entre extremos inquietantes, durante este período *passageiro* (*vai passar*, costuma-se dizer).

Se Aulagnier não menciona crise, é porque esta já é de algum modo presumida. Ou seja, ao tomar a adolescência como momento de reinterpretação da história singular do sujeito, superação da ruptura de uma linha temporal, a autora propõe uma tentativa de sair do confronto inevitável com a *falta* ou *incompletude*, visão preponderante para uma parcela significativa de psicanalistas, sobretudo os de língua francesa, para quem a condição humana está fundamentalmente marcada pelo desamparo inevitável, defendido por Freud. O confronto com a incompletude, freqüentemente associado à operação adolescente, por sua vez, é uma das formulações possíveis para a *crise necessária* à constituição do sujeito. O que quer dizer que a formulação afirmativa acerca da adolescência tem, como ponto de partida, a própria concepção de crise necessária.[462]

461 Idem, ibidem, p.1.

462 O resgate da idéia de síntese (ou solução de conflito) também indica a busca de uma posição afirmativa para a adolescência. Na vertente da *ego psychology*, P. Bloss (em texto revisto de 1977) defende como tarefa da adolescência a "resolução edípica", necessária ao "*acesso maduro, sem conflitos* e aberto às imagos integradas da mãe boa e má" (grifo meu) – *Transição adolescente*, p.316, 324. Mas esta maturidade sem conflitos, ao que parece, nunca é conquistada, dando a entender que a expectativa otimista do sujeito adolescente *solucionar conflitos* acaba por reafirmar uma condição de *crise* nunca superável. Numa produção mais recente, R. Cahn dá sua versão sobre a síntese possível; defende a adolescência como "tempo e *agente organizador* decisivo do funcionamento psíquico, latente ou manifesto, silencioso ou ruidoso, mas sempre operante, da *elaboração* da posição depressiva e da angústia de castração", elaboração esta que depende de "religamentos e desligamentos" dos investimentos narcísicos e objetais – *O adolescente na psicanálise*, p.127. Grifo meu.

O trabalho de Aulagnier, no destaque que dá às *redes de relações* que sustentam o *tabuleiro identificatório* no qual se apóia o adolescente, em seu momento de passagem, encontra ressonância na proposição de outros autores particularmente preocupados com este aspecto da operação adolescente. Recentemente, alguns psicanalistas brasileiros se dedicaram à reflexão da relevância que possui, para a adolescência, o lugar do *semelhante*, neste momento de vida que tem mobilizado educadores e profissionais da saúde, assim como o público em geral. A experiência grupal, há muito discutida por vários pesquisadores das ciências humanas, é usualmente associada à experiência adolescente, mas é pouco ou lateralmente problematizada no meio psicanalítico, para além de sua dimensão fenomênica. Neste sentido, a proposição destes autores (ou mais precisamente, autoras) vem contribuir significativamente para o debate acerca da adolescência, na psicanálise.

Não parece casual, aliás, que tenham sido autoras brasileiras que se debruçaram sobre o recorte da horizontalidade das relações entre pares, na adolescência. Isto porque, como foi apontado anteriormente, a realidade social brasileira é caracterizada pela mistura de culturas - por um lado, uma cultura urbana e desigual, subordinada aos ditames do capitalismo globalizado e, por outro, marcada pela tradição patriarcal, que privilegia a rede de influências, informal e hierarquizada - que veio a estabelecer dispositivos de interação social específicos. O traço relacional da cultura brasileira faz com que as redes de relações sociais ganhem destaque, sobretudo quando se busca compreender processos psíquicos daqueles que almejam se desprender dos laços familiares e estabelecer outros laços, diversificados, no universo extra-familiar. Torna-se particularmente relevante, nesta realidade, a construção de dispositivos teóricos que ofereçam suporte para este diferencial. Se tais construtos não ficam restritos a este universo, isto não os impede de serem aqui especialmente fecundos.

Ao considerar os comentários de Assoun sobre *grupo fraterno* e os de Lacan sobre *complexo fraterno*, Kehl levanta a hipótese de uma *função fraterna*, tendo em vista o caráter necessário da posição do *semelhante* na emergência do sujeito. Secundária à *função paterna*, diz ela, a imagem do corpo de um outro, *pequeno outro*, fornece à criança, durante o conflito edípico, um suporte para a reunificação do próprio corpo, após ter se defrontado com a angústia da castração. Para o adolescente, em seu movimento de desprender-se da autoridade parental, o *pequeno outro* oferece abertura para uma circulação identificatória para além das figuras parentais.[463]

Se Freud destacou a rivalidade entre os irmãos e Lacan, o ciúme e a dependência do outro, Kehl busca destacar nas identificações horizontais a cumplicidade estabelecida entre os *semelhantes*, não só como mediação para a saída do conflito edípico e suporte para a função paterna – confronto com a Lei – mas também pelo caráter político que representa. Para a autora, a formação das frátrias tem primeiramente a função de fazer operar a função paterna, quando a aliança entre os irmãos, no assassinato do pai, instaura a Lei da cultura. Secundariamente, quando a aproximação entre estes pode incluir a diferença e não formar uma *massa* – aproximação de *iguais* – a frátria adquire a capacidade de pôr em xeque o caráter arbitrário das autoridades com as quais se defronta, sem, necessariamente, romper com a Lei da cultura. Quando isto ocorre, é possível ocorrer a "re-escritura do pacto civilizatório", promovendo-se a alteração do campo simbólico e resgatando-se o caráter coletivo da organização social, algo

463 M. R. Kehl, *Função fraterna*, p.31-46. A referência a esta autora neste tópico não implica que não possa ser incluída entre os autores lacanianos que tomam a adolescência como conceito, considerados no item anterior. Sua referência neste item se justifica pelo caráter afirmativo dos laços estabelecidos na operação adolescente, aproximando-se, neste ponto pelo menos, da discussão de Aulagnier sobre o tabuleiro identificatório adolescente. Esta ressalva é igualmente válida para o trabalho de C. Poli comentado a seguir, que retoma e desenvolve o argumento de Kehl.

que, segundo a autora, foi recalcado nas sociedades contemporâneas a partir do "individualismo moderno".[464]

Neste ponto, porém, Kehl se depara com a dificuldade de distinguir o caráter perverso da ação da *massa*, na obediência cega ao grupo, da ação transformadora de uma coletividade que leva adiante o confronto com as leis, em respeito à Lei. Apesar de marcar a diferença entre ambas, não deixa de notar "a fragilidade das formações fraternas" e a "possibilidade sempre presente da passagem de um modo de funcionamento ao outro".[465]

Poli retoma a questão, fundamentando o argumento de Kehl. Para tanto, parte da distinção entre cultura e laço social, apoiando-se na leitura que Lacan faz da obra de Freud: cultura diz respeito ao "elemento genérico" que funda a humanidade ao instaurar a Lei e o campo simbólico, a partir do mito do assassinato do pai; o laço social, por sua vez, diz respeito aos determinantes contingenciais que descrevem a história da humanidade, configurando as diversas modalidades de agrupamentos entre os irmãos, a partir do *pai morto*. Entende que a cultura possui em seu fundamento, a produção da perversão, pois se sustenta na substituição da *falta do pai* pela inscrição simbólica que vem ocupar seu lugar (*traço unário*), substituição esta, que implica em uma recusa. É o que se observa, por exemplo, na posição do líder que, na condição de substituto do pai morto, *recusa* a perda do pai. O laço social, por sua vez, conduz à neurose, pois para ela, "é na horizontalidade das relações entre irmãos que se situa a efetividade do trabalho de luto, o reconhecimento da castração".[466]

O argumento de Poli distingue cultura e laço social, mas, concomitantemente, sugere a articulação entre seus respectivos mecanismos, na medida em que a castração se dá a partir da função

464 Idem, ibidem, p.34-41. H. Pellegrino havia destacado este movimento não a partir de uma coletividade, mas na ação daquele indivíduo que se apresenta como revolucionário, rompendo com o *pacto social*, mas sem abrir mão do *pacto edípico*, conforme sua formulação – *Pacto edípico e pacto social.*

465 M. R. Kehl, *Função fraterna*, p.229.

466 M. C. Poli, *Clínica da exclusão*, p.27-33.

paterna, mas sua *efetivação* depende da *horizontalidade das relações entre os irmãos*. Neste sentido, o enlaçamento constante entre ambos não se dá apenas em função da observação da história da civilização, mas pelo encadeamento que possuem na emergência do sujeito e na realização de cada ordem social: a horizontalidade das relações oferece a sedução de compor um todo único, "ser-um-com-o-todo", como diz, tornando suportável o desamparo fundamental, miticamente representado pela morte do pai.

Neste momento, Poli retoma o argumento de Freud no texto *A negação*, a fim de lembrar a cisão entre o *eu-prazer* e o *mundo exterior*, o que permite a responsabilização deste último pelos desprazeres ou infortúnios vividos. De modo afim, a operação adolescente compreende um movimento de alienação, no qual *ser-um-entre-outros*, é participar de um todo harmônico, *nirvânico*, que traz a ilusão de completude, renegando a insuficiência originária do ser humano.[467] O semelhante, por sua vez, oferece sua imagem cúmplice desta colagem totalizante capaz de encobrir, temporariamente, as desarmonias e insuficiências do *todo* – o corpo social – e de cada um – o sujeito descentrado e errante. É um tempo necessário para que a inscrição simbólica se efetive, podendo ser dispensada no momento seguinte, quando a constituição do eu e emergência do sujeito podem ser anunciadas.

É o momento da ilusão com os semelhantes que configura, segundo Poli, o segundo dos três tempos da dedução lógica estabelecidos por Lacan (instante de ver, tempo de compreender e momento de concluir, descritos anteriormente a partir de Ruffino). Após o impacto inicial, real, quando há a inscrição do traço, o segundo tempo promove um velamento daquilo que é insuportável, apoiando-se para tanto na dimensão imaginária do "olhar dos outros". É quando um sentido é construído para depois, no terceiro tempo, ser descostruído, dispensando o olhar dos semelhantes, quando o sujeito pode emergir na enunciação, marcando, portanto, sua diferença frente aos demais. Este terceiro tempo depende do segundo, pois a sustentação de uma afirma-

467 Idem, ibidem, p.77.

ção, argumenta Poli, depende do recurso da negação, tal como Freud descrevera.[468]

Com isso, Poli oferece bases para a fundamentação do argumento de Kehl, retomando a partir de Freud e Lacan aquilo que estes sugeriram, mas que não estaria suficientemente destacado nas leituras que deles são feitas. Do olhar do outro, Poli destaca sua função imaginária, cúmplice do registro simbólico frente ao real impossível; faz notar a importância das imaginárias relações entre os irmãos na emergência dos sujeitos, algo particularmente relevante quando se considera o tema da adolescência e a circulação que se observa, neste momento, entre espaços, referências e identificações. Sua argumentação permite a compreensão da articulação intrínseca entre os três registros estabelecidos por Lacan, assim como o encadeamento necessário entre os vários *momentos* que compõem a constituição do sujeito, conforme Freud indicara, no qual a adolescência cumpre um papel decisivo na *confirmação* das inscrições inicialmente estabelecidas, de acordo com a formulação precedente.[469]

Seu trabalho, juntamente com o de Kehl, avança em relação à formulação de Aulagnier, no que diz respeito às redes de relações e ao tabuleiro identificatório, pois permite discriminar as diferentes posições que o *outro* ocupa na operação adolescente, conforme a horizontalidade ou verticalidade dos laços estabelecidos – como semelhante ou ideal, reflexo de um mesmo ou diferença que desampara e significa. Tal distinção ganha relevo quando se considera a disputa de poder de que participam os adolescentes, quando buscam outras modalidades de gozo e outras posições nas organizações sociais, assim como as dispu-

468 Idem, ibidem, p.230-233.

469 Note-se que, neste aspecto, a posição adotada pela autora não é a mesma deste trabalho, conforme argumentação precedente, assim como difere o sentido dado à *confirmação* adolescente. Para ela, "não há um determinismo prévio na estrutura ou no discurso do Outro que o condicione", sendo o "ponto de impasse da operação adolescente", o momento em que a "inscrição significante pode ou não acontecer", como também entende Rassial – idem, ibidem, p.229. Ver tópico anterior.

tas que se dão em torno da adolescência e dos indivíduos a ela associados. Alianças e confrontos de diferentes ordens percorrem cada um destes tabuleiros e a possibilidade de discriminar os vários *outros* que os compõem é também um recurso para se pensar na especificidade que o Outro adquire, para cada sujeito, na realidade social a qual este último se refere.

Vale comentar que a formulação de Poli indica a impossibilidade de uma distinção clara entre massa e formação fraterna, como pretendia Kehl, em função da articulação entre recalque e renegação, nos três momentos que configuram a constituição do eu e a emergência do sujeito, tal como foi indicado. Neurose e perversão persistem como formações distintas, mas complementares, como Freud havia dito, sobretudo quando se consideram as formações coletivas e a multiplicidade de traços singulares que compõem cada uma. Se há uma distinção possível, ela é fruto de uma implicação clara na realidade considerada, sem a possibilidade de isenção do ideário que a organiza. Portanto, não há como falar da modalidade laços sociais a não ser da posição que se ocupa na situação transferencial e no jogo de forças que configura cada realidade institucional ou social.

A elucidação da relevância do imaginário, do lugar do semelhante e das formações fraternas, no momento da operação adolescente, vem marcar o caráter afirmativo que dispositivos fortuitos e evanescentes como estes conquistam no momento adolescente, alicerçados como estão na lacuna ou mesmo no vácuo que fundamenta a condição humana.

Freud como ponto de aproximação e dissonância

Objeto de tantas paixões, a obra freudiana continua sendo referência primordial para as diversas tendências e instituições psicanalíticas, de acordo com cada tradição e posição política específica. As divergências e também, por vezes, as afinidades, manifestam-se nas diferentes leituras e traduções do texto do fundador da psicanálise. A discussão sobre o tema da adolescência, que se incrementa ao longo do século XX, participa deste processo, fazendo emergir os pontos de tensão entre as diferentes tendências, conforme discussão precedente. Os psicanalistas, uma vez confrontados com os desafios da clínica da adolescência – tanto de modo estrito, quanto ampliado, da realidade social genericamente considerada – lançam mão de suas referências teóricas e explicitam as nuances, as contradições ou mesmo os impasses da metapsicologia freudiana.

O primeiro destes pontos de tensão a ser considerado diz respeito ao fundamento da psicanálise – a *sexualidade*. Seu entendimento, como aponta Laplanche, varia conforme a concepção das *forças* que movem o ser humano e a tradução dos termos utilizados por Freud, *trieb* e *instinkt*. O texto de Laplanche permite ver que consolidadas tradições teóricas acabaram assumindo distintas e decisivas posições quanto ao tema: uns tomaram *trieb* como *instinto*, seguindo a tradição de Strachey em inglês (*instinct*), privilegiando o caráter *inato*; outros utilizaram *pulsão*, pondo em destaque o conteúdo *adquirido*. A questão é que o texto freudiano, para Laplanche, utiliza os dois termos (*trieb* e *instinkt*) de modo irregular, estabelecendo uma dualidade congruente à tensão que sustenta a polaridade entre o *inato* e o *adquirido*. Diz ele:

> há o caráter hereditário, fixo, adaptativo, com uma tensão somática no início, uma 'ação específica', um objeto que satisfaz, levando a um repouso duradouro. Em contrapartida a isso, a pulsão no sentido puro, não seria hereditária nem necessariamente adaptativa.[470]

As diferentes traduções são coerentes com as posições teóricas assumidas. Tomar *trieb* como *instinto* é condizente com a proposta pedagógica e adaptativa de Anna Freud e da *ego psychology*, ao passo que a opção de Lacan por *pulsão* está de acordo com a metáfora da criança como *pedaço de carne* a receber inscrições de acordo com o campo simbólico que lhe cabe.

470 J. Laplanche, Pulsão e instinto, p. 17-19.

No que diz respeito à adolescência, a posição de Laplanche demonstra o zelo do autor pelo texto freudiano o que o leva a desconfiar deste tema como objeto de investigação da psicanálise. O autor vê a sexualidade pautada por esta tensão contínua entre o inato e o adquirido, entre o instintivo e o pulsional, entre o que busca apaziguamento e o que busca excitação. A noção de *apoio*, conseqüentemente, não fica restrita à origem da pulsão sexual em relação à pulsão de auto-conservação, mas continua presente, por exemplo, no momento da adolescência, em função da eclosão da puberdade. É o que anuncia, quando diz que "na adolescência então, temos a confluência de dois rios de águas fortemente heterogêneas, das quais nada prova que chegarão a uma mistura harmoniosa. De um lado a pulsão e o fantasma infantil, do outro o instinto e a puberdade".[471]

Ao que parece, é uma posição arriscada, dada a separação que estabelece entre instinto e pulsão, configurando uma sexualidade apenas parcialmente desviada das determinações endógenas. Ao supor *dois rios* distintos, surge a dúvida se suas águas são da mesma natureza, percorrendo caminhos diferentes (*pulsão sexual* e de *auto-conservação*) ou se é uma sexualidade *dupla* (dois tipos de energia sexual distintos), determinada pelo funcionamento, nem sempre convergente, de energias de diferentes ordens, uma instintiva e outra pulsional.

É uma posição difícil; faz lembrar, aliás, as questões enfrentadas por Freud quando ainda trabalhava com a primeira dualidade pulsional e, em função do conceito de narcisismo, encontrava dificuldade em sustentar a tensão entre forças igualmente libidinais, uma voltada para o objeto e outra para o próprio eu. Se Freud optou por defender uma *trieb* em constante tensão entre o orgânico e o psíquico, entre o inato e o adquirido, Laplanche prefere uma composição desta *força* a partir de dois vetores distintos, a serem articulados ou não de acordo com o momento em que se encontra o psiquismo. Não parece ser o mesmo que utilizar um único termo – oscilante e paradoxal – que trate de

471 Idem, ibidem, p.26.

uma mesma sexualidade, deixando a tensão necessária à sustentação da dualidade de forças psíquicas, para a segunda dualidade pulsional, apresentada em 1920, em *Mais além do princípio do prazer*.[472]

Laplanche, no entanto, é claro sobre a água a ser navegada pela psicanálise:

> o objeto da psicanálise é o inconsciente, e o inconsciente é antes de tudo o sexual no sentido exato freudiano, o sexual pulsional infantil, pré ou paragenital ou genital infantil. É o sexual que tem sua fonte própria no fantasma, certamente implantado no corpo.[473]

Isto posto, o tema da adolescência acaba ficando em segundo plano, dada sua proximidade com o advento de uma puberdade endógena, que pouco diz respeito ao objeto específico da psicanálise – o inconsciente, que é, *antes de tudo*, o sexual pulsional infantil. Se a questão da adolescência mantém relevância, para Laplanche, é por sustentar o confronto deste pulsional infantil com sua contrapartida instintiva, de modo a estabelecer uma oposição entre a excitação e o apaziguamento, que continua ao longo da vida adulta. Trata-se do momento em que há uma integração parcial dos prazeres pré ou para genitais: o que não pode ser integrado sustenta a criatividade humana, mas por outro lado, é a integração possível que evita a "fixação dos objetivos sexuais preliminares" e, conseqüentemente, a perversão.[474]

A defesa de uma integração parcial na adolescência é compartilhada por vários autores que sustentam, cada qual a seu modo,

472 S. Freud, *Más allá del principio de placer*. Laplanche argumenta que Freud, apesar de não ter se utilizado do termo *instikt* nos *Três ensaios*, considera que "a palavra... está muito evidente por trás daquilo que Freud chama de 'visão popular da sexualidade'", quando trata dos processos de maturação que se instalam na puberdade – idem, ibidem, p.16. Parece ser um golpe de força de Laplanche, retirando a ambivalência que carrega o uso que Freud faz da noção de *pulsão* neste texto, conforme foi discutido no início do capítulo.

473 Idem, ibidem, p.27.

474 Idem, loc. cit.

uma perspectiva energética na leitura que fazem do texto freudiano,[475] tese particularmente defendida pelos representantes da *ego psychology*. No entanto, diferenciam-se desta vertente quando alertam para a impossibilidade da integração plena das pulsões parciais e não mais se referem a instintos pré-determinados ou endógenos. Em lugar da integração plena, resgatam a posição freudiana em favor da idéia de *dualidades em conflito*, responsáveis pela insistente tensão de forças que jamais conquistam uma solução final. Se a idéia de síntese não é de todo abandonada é porque defendem a necessidade de uma integração parcial e, a partir daí, mantêm a referência a um *desenvolvimento* do sujeito psíquico que descreve os diferentes momentos pelos quais passa.

A incidência da questão temporal na constituição do psiquismo ou emergência do sujeito é abordada também de outra perspectiva, igualmente respaldada no texto freudiano: a sexualidade em *dois tempos*. Ponto de aproximação entre autores de diferentes tendências, esta formulação freudiana clássica permite que o complexo de Édipo (e a angústia da castração), mesmo após seu deslocamento da puberdade para a infância anterior à latência mantenha-se como eixo norteador para a compreensão do segundo momento da sexualidade, em suas distintas acepções: após a inscrição (ou foraclusão) sexual na infância, o segundo ocorre como *confirmação* do primeiro, seja como *repetição*, *renovação* ou *ressignificação* do conflito edipiano.

A idéia de *repetição* dos conflitos precedentes, de modo intensificado ou não, como dispositivo privilegiado para a operação adolescente, é destacada por aqueles que se apóiam numa concepção *instintiva* ou *inata* das forças psíquicas, que determinam uma seqüência rigidamente estabelecida das etapas do desenvolvimento sexual. É o que sugere o texto de Jeammet e Corcos, simpáticos a uma "perspectiva essencialmente genética" do desenvolvimento da sexualidade, entendendo que "a ado-

475 Ver por exemplo, S. Tubert, *A morte e o imaginário na adolescência*, 13, R. Cahn, *O adolescente na psicanálise*, p.62. Em ambos os casos há um esforço em articular as perspectivas energética e hermenêutica.

lescência por si mesma não criaria nada de fundamentalmente novo", pois "todos os ingredientes essenciais da personalidade são determinados na infância". Ainda que reconheçam a possibilidade de surgirem "elementos novos", enfatizam, a partir de Anna Freud, que "a noção de repetição permanece pertinente", o que justifica manter o argumento de que "o que se repete é aquilo que provocou as *fixações* na infância, o que permaneceu recalcado ou às vezes clivado no seio do Ego, como um enclave daquilo que não participou da *evolução* do Ego".[476] Repetição, fixação e evolução são marcas claras da filiação destes autores, vertente que tende a descrever o corpo de uma perspectiva orgânica e biológica, fazendo ecoar os elementos mais rapidamente apreendidos do texto freudiano de 1905 – determinismo endógeno rigidamente determinado.

Outro olhar, não muito distante deste, põe em relevo a dimensão imaginária do corpo e acaba por trazer de volta o conflito edípico para perto da puberdade, como sugerira Freud em 1905. Não se trata aqui de uma *repetição*, mas da própria *ocorrência* do conflito edípico. É o caso de Tubert, que entende que na puberdade "começa o verdadeiro drama edípico", pois o crescimento do corpo coloca o adolescente como "sério rival na situação triádica". Ao destacar as fantasias que as transformações corporais suscitam, a autora tende a isolar o imaginário, destacando-o das limitações do campo simbólico que o acompanham. No entanto, a fantasia incestuosa não tem possibilidade de realização na medida em que o Édipo é, em última instância, o registro mítico de uma história presente. É possível viver novamente o mito apenas de modo imaginário, pois *o verdadeiro drama edípico* é algo impossível. A posição de Tubert faz supor que a realização do Édipo depende de um corpo crescido, como se as interdições já não estivessem dadas de antemão pela lei da cultura.

476 P. Jeammet, M. Corcos, *Novas problemáticas da adolescência*, p.52-53. Grifo meu. Ainda que não siga esta filiação, M. R. Kehl se aproxima desta concepção ao supor a adolescência como "retorno da crise edipiana em proporções aumentadas" – A juventude como sintoma da cultura, p.94.

A concepção de sexualidade em dois tempos ganha outra perspectiva quando é compreendida a partir da noção de *posterioridade* – defendida por Freud desde o *Projeto* – pois anuncia a possibilidade de desprendimento da perspectiva linear que persegue a noção de *desenvolvimento*. É um olhar que tende a enfatizar o *sentido* em detrimento da *força*, pois, conforme Aulagnier, trata-se do tempo considerado em sua dimensão eminentemente humana, de acordo com o *sentido* conquistado pelas inscrições psíquicas e a *ressignificação* a que estão submetidas.

Seguindo as palavras de Jacques André, "a sexualidade humana em duas fases combina-se com a temporalidade do trauma psíquico que tem um segundo tempo (*a posteriori*)",[477] o que permite abordar o tema da adolescência a partir da etiologia das neuroses, eixo paradigmático da teoria freudiana em função da qual foi possível pensar nos demais quadros clínicos. A adolescência é, portanto, o segundo momento da vida sexual dos seres humanos, quando há a *confirmação* das inscrições iniciais, no psiquismo, do posicionamento do sujeito frente à castração. Confirmação, como foi dito anteriormente, que estabelece um encadeamento entre os marcos decisivos na estruturação do sujeito: o recalque originário, a castração e o segundo momento da experiência sexual. Neste último ficam expostas as *linhas de clivagem* do sujeito, como diz Freud, sendo então possível considerar a definição da estrutura, já sugerida pelas marcas deixadas nos momentos precedentes.

O privilégio da *ressignificação* é oferecido à saída neurótica, na possibilidade que esta conquista tem de fazer movimento na produção de outros sentidos, daquilo que restou de sua experiência precoce, sexual e narcísica. A fronteira tênue entre a neurose e a sedutora perversão indica a fragilidade na qual se sustenta

477 Este autor está entre aqueles que supõem a puberdade como advento da sexualidade instintiva, "conjunto de processos fisiológicos e anatômicos" que produz o efeito traumático a ser elaborado. Portanto não é sua posição como um todo que aqui está sendo utilizada, mas sua formulação acerca dos dois tempos da constituição do sujeito – J. André, Feminilidade Adolescente, p.29-30.

o dispositivo que caracteriza a primeira, o recalque. A recusa de se submeter à contundência da castração se mantém à espreita, como uma fugidia tentativa de escapar à finitude e insuficiência que fundamentam o dilema humano. Na impossibilidade de dispor de tais recursos, resta a reclusão psicótica, foraclusiva daquilo que o eu não consegue suportar. Há que se considerar, no entanto, que mesmo este dispositivo não fica de todo descartado para todos aqueles que constrõem sua passagem pelo Édipo, tendo em vista que, a partir de Freud, algo aí é sempre irremediavelmente perdido.

A perspectiva da ressignificação é utilizada por autores de diferentes vertentes. Aqueles que se mantêm favoráveis às noções de desenvolvimento e de adaptação, mas reconhecem a noção de posterioridade, vêem-se diante da necessidade de reformular a concepção de desenvolvimento defendida pela vertente da *ego psychology*, como é o caso de Cahn: "nesta perspectiva temporal, a adolescência vem representar um papel determinante para fazer bascular esta problemática [do desenvolvimento], o do *a posteriori*, (...) fazendo a história, irredutível a qualquer linearidade".[478] Se ainda assim defende um *desenvolvimento*, o autor o faz na tentativa de síntese entre as perspectivas *diacrônica* e *sincrônica*, de modo a incorporar a discussão sobre as estruturas, articulando-as à perspectiva energética em torno dos incessantes ligamentos e desligamentos que se sucedem ao longo do "processo de subjetivação" do sujeito.[479]

Lacan, ao retomar Freud, lhe confere o peso de sua pena. Deixando evidente a cada passo sua discordância dos fundamentos da *ego psychology*, constrói um projeto de resgatar em Freud o que havia sido abafado, sobretudo, pela leitura que esta vertente fazia da obra freudiana. Utilizando-se dos três registros da experiência humana, busca discriminar o caráter imaginário de

478 R. Cahn, *O adolescente na psicanálise*, p.43. Sobre sua defesa do desenvolvimento e adaptação, ver p.155, 167. Numa posição próxima à de Cahn, ver S. Tubert, *A morte e o imaginário na adolescência*, p.22.

479 R. Cahn, *O adolescente na psicanálise*, p.55.

vários construtos usualmente utilizados na discussão acerca da adolescência: a síntese egóica como conquista da identidade, a fase genital e o desenvolvimento psicogenético pautado no determinismo endógeno instintivo.

A partir de sua crítica, Lacan retoma o texto dos *Três ensaios* e dá pistas sobre um tema que, até então, estava particularmente associado à *ego psychology*. Argumenta que, se há puberdade, esta serve ao confronto do sujeito com uma outra versão do rochedo da castração, a saber, a impossibilidade da relação sexual, levando cada um a se posicionar frente à masculinidade e à feminilidade. A primeira oferece a sedução da circulação fálica, que se desdobra na multiplicidade identificatória dos laços sociais e na reformulação incessante de um ideário a ser cultuado, servindo como fundamento para as diversas hierarquias das instituições estabelecidas pelos homens. A segunda, por sua vez, denuncia a falácia da primeira, ao expor o caráter enigmático da sexualidade humana e lançar o sujeito pela errância de sua condição desejante. Neste caminho, Lacan almeja descortinar as nuances do texto freudiano, capazes de sustentar o caráter radical e provocativo da psicanálise.

Alguns de seus seguidores, recentemente, tomaram a adolescência como tema de investigação, reconhecendo-a como segundo momento da sexualidade, quando ocorreria a definição da estrutura psíquica, em função da *segunda operação do Nome-do-Pai* (Rassial) ou do *confronto com o Outro sexo* (Lesourd).[480] Para estes autores, no entanto, o primeiro momento é parcialmente deslocado do Édipo para o estádio do espelho, em função do alerta de Lacan sobre o caráter imaginário que acompanha o enredo edípico. Argumentam que a adolescência compreende a operação simbólica, sempre insuficiente, frente ao real pubertário, o encontro com o Outro sexo (Lesourd) e a falta de dispositivos societários

480 Ver J.-J. Rassial, A adolescência como conceito na teoria psicanalítica, p.53; R. Ruffino, Sobre o lugar da adolescência na teoria do sujeito, p.44; A. Costa, O eterno hoje e o tempo da atividade adolescente, p.151; G. Díaz, R. Hillert, *El tren de los adolescentes*, p.37.

capazes de dar sustentação ao impacto experimentado (Rassial). A insuficiência da produção significante vai além de uma *falta*, pois não se trata apenas de uma questão de presença ou ausência. Os autores usam termos como *derrelição* do sujeito (Rassial) e *efração* (Lesourd) das imagens especulares do estádio do espelho, na tentativa de, paradoxalmente, nomear a insuficiência do campo simbólico. A referência ao Édipo é deslocada para a questão da castração, encruzilhada a partir da qual se diferenciam os modos de organização psíquica. É o que argumenta Rassial, ao defender que a segunda operação Nome-do-Pai valida ou invalida a primeira operação, pautada por sua vez, pela inscrição ou a foraclusão da castração.[481]

Alberti, por sua vez, questiona tal argumento em nome do determinismo infantil defendido por Freud e, também, por sua discordância acerca da possibilidade de uma estruturação psicótica na adolescência. Para a autora, tal estrutura é sempre estabelecida precocemente, tendo em vista a inoperância do significante primordial nesta modalidade de organização psíquica.

Na vertente lacaniana, a ênfase na construção significante fica marcada pelo peso atribuído ao simbólico; sua insuficiência é problematizada a partir de uma particular abordagem da questão econômica, tomada não propriamente como *força*, mas a partir do *gozo* e do real. Para estes autores, a adolescência é efeito do confronto com o *real pubertário* (Rassial, Lesourd, Alberti e Ruffino), com a impossibilidade do gozo total e os impasses do gozo daquele que não conquistou a estabilidade almejada do dito adulto (Melman).

Aulagnier, por sua vez, faz da noção de posterioridade (*après-coup*) o eixo de seu trabalho. Para ela, é a reintepretação que cada um faz de sua própria história, de acordo com sua rede identificatória (o que é impossibilitado ao psicótico), que permi-

481 J.-J. Rassial, A adolescência como conceito na teoria psicanalítica, p.53. Alberti resgata a idéia de *repetição* (aqui, a partir da *compulsão à repetição*) para descrever a "insistência dos signos e significantes" e também o que escapa ao simbólico e que "é da ordem da re-ato-alização" – *Esse sujeito adolescente*, p.156.

te a conquista da condição de sujeito. A adolescência é a construção de uma *passagem* própria, em meio às nervuras de um incerto e desigual *contrato narcísico* estabelecido entre os homens, frente à *ruptura* de dar-se conta que o presente já é passado, constatando o caráter singular e humano do tempo vivido. A ênfase posta na reinterpretação da própria história resgata a relevância do imaginário, necessário à sustentação de cada nova versão que dela é feita, assim como da rede de identificações que compõem cada realidade social. Tal estatuto conquistado pelo imaginário é o que permite a Aulagnier retomar termos utilizados por Freud, postos sob suspeita pela corrente lacaniana – relação e afeto. Para ela, nas *fases relacionais* infantis, formam-se *pontos de estofo* (*points de capiton*) que enlaçam as representações fantasmáticas, seu vácuo afetivo, o traço específico do objeto e a situação que as desencadeou, de modo que a articulação entre eles é intrínseca ao capital fantasmático do sujeito, condição para a possibilidade de reconstrução de sua história.[482] A posição de Aulagnier é próxima à de Schneider, que se detém neste ponto polêmico entre a obra de Lacan e o texto freudiano.

Schneider retoma os trabalhos iniciais de Freud para propor uma revisão da "abordagem formalista da linguagem" promovida por Lacan – que explica os diferentes efeitos do sentido de acordo com o encadeamento de significantes, segundo ela, depurados de qualquer dimensão afetiva. Pauta-se a autora em uma referência empirista e pragmática para rever o próprio estatuto da linguagem, segundo a disposição de todo sujeito, em seu discurso, de "afetar o outro", a partir da teatralidade que a palavra carrega, tão claramente manifesta pela fala histérica.[483] Logo, Schneider se diferencia daqueles que supõem um sentido intrínseco para os afetos e busca, em contrapartida, reconhecer a intencionalidade e expressividade que manifestam, conforme sua vinculação ao campo da linguagem.

482 P. Aulagnier, *Se construire un passe*, p.16.

483 M. Schneider, *Afeto e linguagem nos primeiros escritos de Freud*, p.40-45.

A autora entende que o "segundo tempo" (inaugurado com a puberdade) se caracteriza pela "explosão do afeto em seu poder traumatizante" e, a partir deste, pela tentativa de "admissão do eu" (*Annahme* ou *Aufnahme in das Ich*, em Freud), usualmente traduzido por "tomada de consciência". Para a autora, é uma tradução problemática, pois sugere *Annahme* ou *Aufnahme* como uma operação *reflexiva*, como possibilidade de *tornar objetivo*, ao passo que "reconhecer, admitir uma representação, não é objetivá-la, é, pelo contrário, decifrar em si o afeto correspondente, movimento sem o qual a adesão pela 'crença' não poderia se produzir" – crença entendida como mecanismo necessário para "lastrear de quase-realidade as representações carregadas de afeto".[484] A posterioridade do segundo tempo, a partir de Schneider, depende de uma articulação inevitável e necessária entre o afeto e as representações então suscitadas. O sentido só é conquistado na medida em que é embuído de uma afetividade que o sustenta e realiza, de modo a expressá-lo em sua teatralidade, a fim de afetar o outro.

O trabalho de Schneider mostra o empenho em rever a equação entre a *força* e o *sentido*, a partir da noção de *afeto*, como conceito que remonta à concepção freudiana clássica de que as idéias só conquistam lugar no psiquismo na medida em que são compostas de representações investidas de energia. Schneider e Aulagnier se aproximam sobretudo, na tentativa de rever a posição difundida no lacanismo que privilegia o campo simbólico e deixa em segundo plano a função de produções imaginárias tais como a história, as relações humanas e o afeto.

A identificação de diferentes posições teóricas sobre a adolescência, mais do que mapear o suposto panorama teórico sobre o assunto – o que representaria o ideal de síntese e neutralidade que é aqui igualmente questionado – visa constatar os pontos de conflito e os de convergência relativos a este tema. Freud segue sendo a referência privilegiada para uma parcela significativa dos autores que discutem a adolescência, em geral, conforme as lei-

484 Idem, ibidem, p.94-97.

turas de seus mais ilustres tradutores. Como sua obra é complexa e carrega pontos de tensão e contradição, diversas são as abordagens que surgem a partir dela, conforme as questões culturais e políticas que envolvem cada vertente em particular.

A adolescência como momento segundo que demanda uma peculiar operação psíquica é um ponto de convergência entre os autores, mas as determinações deste momento e os efeitos que produz variam conforme o entendimento que se tem de sujeito psíquico, concepção de estrutura psíquica e o modo como é praticada a noção de posterioridade. Tais referências, por sua vez, dependem primeiramente das diferentes hipóteses estabelecidas a partir da teoria freudiana.

O conceito de adolescência, na psicanálise, inquieta, não somente em função das práticas clínicas e institucionais, mas também da teoria que lhes dá suporte, pois faz emergir as contradições ou *nós* que percorrem a metapsicologia freudiana, levando ao confronto das diferentes vertentes, que então são convocadas a se posicionarem umas em relação às outras, configurando assim, o cenário institucional psicanalítico e a história deste saber.

3
Psicanálise, história e política

Encher de conteúdo histórico a enfermidade, reencontrar até no excluído e no marginalizado a significação precisa do dilema social presente no mais postergado do mais pessoal, é voltar a descobrir a determinação chamada 'política' na mais profunda subjetividade. E compreender que é a partir dali, a partir do desejo do homem, onde novamente deve voltar a fecundar [em] *suas raízes uma proposta de modificação que as meras colocações 'políticas' e 'econômicas' não conseguem, por si só, abalar.*
L. Rozitchner, *Freud e o problema do poder*, p.175.

A tensão entre psicanálise e história

Como foi dito a partir da questão do *desenvolvimento*, a perspectiva histórica é, na psicanálise, um ponto de tensão e controvérsia. Quando a história em foco é aquela que pretende descrever a cronologia dos fatos que determinam de modo homogêneo e inequívoco a condição dos diferentes sujeitos que participam do corpo social, a contradição emerge na negação da singularidade, fundamento da psicanálise e da obra freudiana. Quando se pensa em história a partir da evolução do sujeito, que passa por etapas de desenvolvimento da libido rigidamente determinadas, uma contradição se instaura frente ao caráter errante e singular que caracteriza a sexualidade humana, pautada em desejos conflitantes que subvertem qualquer caminho pré-estabelecido.

Freud, ao discutir nos *Três ensaios* a questão da constituição psíquica a partir dos determinantes inatos ou adquiridos, visava evitar duas posições igualmente problemáticas. Por um lado, o privilégio dos aspectos inatos trazia o risco de incorrer numa concepção *essencialista* que, em última instância, tende a estabelecer uma ordem aleatória e transcendental para a constituição do psiquismo. Por outro, o peso excessivo atribuído aos fatores adquiridos significava tomar o homem como mero *fruto do meio*, seguindo processos de adaptação em que as necessidades de cada contexto específico determinam a modelação psíquica dos indivíduos.

A noção de *séries complementares* foi o construto formulado por Freud para evitar estes dois extremos. Visa equacionar os dois determinantes em questão – o inato e o adquirido – e defender a *singularidade* do psiquismo, conforme as distintas heranças recebidas e as inscrições produzidas ao longo da história de vida de cada um. Umas e outras se interpenetram nas sedimentações que delas são resultantes, compondo o caldo cultural heterogeneamente transmitido entre gerações, filogeneticamente, defende Freud. A noção de *posterioridade*, por sua vez, impede que o sujeito seja um efeito direto dos acontecimentos vividos e torna mais complexa a lógica da determinação na constituição do psiquismo. Os acontecimentos vividos – na condição de determinantes adquiridos – participam da constituição psíquica a partir das marcas mnêmicas que promovem e ganham sentido, retroativamente, conforme o encadeamento estabelecido com as marcas deixadas pelos acontecimentos experimentados subseqüentemente.

Em conseqüencia, a pretensão de estabelecer a cronologia dos fatos não é capaz de responder pela singularidade do sujeito, uma vez que lhe é alheio o sentido conquistado pelo vivido.

Como diz Aulagnier, a história do sujeito depende do *tempo humano* – e não do *tempo físico* –, construído a partir do reconhecimento do lugar inevitável da subjetividade em qualquer produção humana. A noção de posterioridade, portanto, subverte o sentido clássico de história como seqüência cronológica de fatos e prevê, em seu lugar, uma história que está sempre sendo reescrita.

A defesa em favor da singularidade do sujeito psíquico fundamenta o campo de tensão que subsiste entre a psicanálise e outros saberes das ciências humanas que falam do homem privilegiando a perspectiva coletiva, na busca da compreensão de processos amplos, macro-históricos ou macro-sociais, como ocorre na história ou na sociologia.[485] Freud não deixa de dialogar com diferentes áreas – como ocorre nos textos *Totem e tabu* e *Psicologia de massas* – de modo a destacar pontos de aproximação e, sobretudo, de divergência em relação à psicanálise. No entanto, não pretende estabelecer o que ele próprio questiona, a saber, uma "cosmovisão" [*weltanschauung*] que, numa pretensão totalizadora, venha a antecipar de modo homogêneo e pré-determinado a condição humana em sua versão tanto singular quanto coletiva. Argumenta em favor das diferenças, tanto do indivíduo em relação ao meio, quanto dos grupos sociais, uns em relação aos demais, conforme suas palavras nas *Novas conferências introdutórias*, quando expõe suas divergências frente ao pensamento marxista: "... diversas pessoas, raças, povos, comportam-se de maneira diferente em idênticas condições econômicas...".[486]

A singularidade, portanto, diz respeito à diferença da parte em relação ao conjunto, tanto entre indivíduos quanto entre coletividades. No entanto, a não igualdade entre as partes não chega a resultar, necessariamente, numa independência entre elas, muito pelo contrário. A predileção de Freud por dualidades que se tensionam em distintos recortes da experiência humana, le-

485 A *ego-história*, por exemplo, seria uma exceção a esta tendência; é uma proposta que, como o próprio nome sugere, busca articular história e, indiretamente, psicanálise. Ver por exemplo, E. Roudinesco, *Genealogias*.

486 S. Freud, 35ª *conferencia, En torno de una cosmovisión*, p.165.

vam-no a contrapor a diferença à formação de coletividades e massas homogêneas, de modo a estabelecer a célebre discussão sobre o conflito insolúvel entre indivíduo e cultura, abordado tanto nO *futuro de uma ilusão* quanto no *Mal estar da cultura*. Este conflito, como se sabe, é vivido por todo sujeito, que ora é levado por aspirações que o opõem aos demais, ora por aspirações que o aproximam de seus pares, a fim de "reunir-se com os demais em comunidade".[487] Conseqüentemente, cada sujeito se encontra igualmente presente nos dois lados do conflito anunciado, ora como indivíduo que se opõe à maioria, ora como coletividade que busca subjugar aqueles que dela se diferenciam. Se a psicanálise destaca a singularidade do humano, em função da diferença que cada parte estabelece com o conjunto, a participação de cada sujeito nos diferentes pólos deste conflito exige dela abertura e cuidado para com o repertório da condição humana que diz respeito ao coletivo. O que há de apelo em cada sujeito para alinhar-se ao corpo social que o antecede e determina é o que demanda, no discurso analítico, abertura à dimensão *excentrada* do sujeito psíquico, assim como, eventualmente, escuta de saberes que privilegiam a organização social, tanto em sua heterogeneidade espacial – o recorte sociológico tradicionalmente considerado, por exemplo – quanto em sua variação temporal – a perspectiva histórica ou historiográfica.

Como ilustração, vale lembrar que, para Freud, cada indivíduo é o precipitado da história de sua cultura: na medida que carrega consigo seus ancestrais e sua organização psíquica é, conseqüentemente, o resultado do posicionamento singular que realiza frente à herança recebida. É por este motivo que se torna possível, conforme expressa nas *Novas conferências introdutórias*, por exemplo, investigar o "sistema religioso" e a presença da religião na cultura, a partir das funções do supereu no aparelho psíquico e do lugar atribuído à "instância parental" pela criança. Por outro lado, há sempre, em cada indivíduo, uma oposição à

487 S. Freud, *El malestar en la cultura*, p.135-136. Ver a discussão sobre a questão em T. C. Matheus, *Ideais na adolescência*, p.63-71.

determinação do meio, conforme a especificidade de sua organização psíquica singular. No caso, o sistema religioso não é um determinante necessário a cada sujeito e, por isso mesmo, há a possibilidade de questionar sua pretensão dogmática.[488]

Percebe-se, portanto, o resguardo ou tensão que o pensamento freudiano mantém com a história, genericamente considerada, chegando, por vezes, a contradizer a lógica histórica ao considerar a organização social e sua temporalidade a partir do indivíduo, seus conflitos e sua estrutura psíquica. Se não abre mão da referência histórica é também em função da tentativa de promover uma outra versão mais condizente com as nervuras da complexa condição humana, ainda que, talvez, a partir da construção de um *mito de origem*, mais do que da descrição seqüencial da organização em coletividades.[489] É o que justifica o argumento de Valade, ao dizer que "é como sociólogo, e não como historiador, que Freud aborda a história".[490]

O resguardo ou diferença em relação à determinação histórica não é exclusivo do pensamento freudiano. Partindo de concepções variadas, outros pensadores, contemporâneos e posteriores a Freud, adotaram posição semelhante, conforme o modo como percebiam a história. Como lembra Dosse, autores de peso, como Nietzsche e Heidegger questionam o saber histó-

488 S. Freud, 35ª *conferência, En torno de una cosmovisión*, p.150-155.

489 Há aqueles que, como Enriquez, seguem Freud mesmo na hipótese do assassinato como ato fundador, descrição de um *fato* que inaugura a história da humanidade e os assassinatos subseqüentes – E. Enriquez, *Da horda ao Estado*, p.44. Há outros que validam a hipótese freudiana como construção mítica – por ex., B. Valade, Psicanálise & História, p.656 –, sonho – Levi-Strauss, citado por Enriquez, loc. cit. – ou fábula – E. Roudinesco, M. Plon, *Dicionário de Psicanálise*, p.758.

490 B. Valade, Psicanálise & História, p.655. R. Mezan considera que Freud, a partir de sua hipótese filogenética, promove a "negação da História como surgimento de determinações outras [além do parricídio] e indetermináveis completamente *a priori* e *de jure*"; num movimento circular, a História seria apenas uma atualização dos conflitos e determinações presentes no crime originário – *Freud, pensador da cultura*, p.589.

rico, quando este estabelece uma lógica progressista ou globalizante.[491] A vertente estruturalista, que marcou o pensamento ocidental no século XX, colaborou de modo destacado para a crítica à perspectiva histórica.

A metáfora de Saussure sobre o jogo de xadrez expressa bem a ênfase posta no *sincrônico* em detrimento do *diacrônico*: independente do caminho precedente, é a posição que as peças estabelecem entre si, no tabuleiro, que importa para as possibilidades do jogo.[492] Deste prisma, a pergunta sobre a determinação causal dos eventos se mostra secundária e, com ela, a perspectiva histórica. Seguindo o mesmo argumento, Levi-Strauss entende que são as *estruturas* – modos de organização social determinados pelas leis de parentesco – que prevalecem sobre as variações contingenciais que caracterizam o desenrolar da história.[493] A referência à *estrutura* era o caminho que anunciava a possibilidade de sustentar a crítica ao saber histórico, que ora se mostrava totalizante e, conseqüentemente, dogmático, ora incapaz de perceber a parcela imaginária de seu discurso, ou ainda, incorria num relativismo cético, que vinha a destituir de valor qualquer saber científico, uma vez que nada seria capaz de perdurar frente à primazia do tempo.

Desse modo, conforme as palavras de Dosse, o estruturalismo "impeliu as ciências humanas para as margens que as distanciaram da historicidade", na medida em que teve como meta

491 F. Dosse entende que tanto Nietzsche quanto Heidegger se posicionam "contra uma certa concepção da historicidade, como portadora de progresso". Para o primeiro, lembra em seu comentário que "a história é, entre nós, uma teologia camuflada"; para o segundo, Dosse entende que as criticadas concepções de história são substituídas "pela história do Ser, história sem história, simples desdobramento do que se dá através de suas imagens sucessivas" – *História do estruturalismo*, v.1, p.402-404.

492 Idem, ibidem, p.69.

493 Para Levi-Strauss, segundo as palavras de Dosse, "não existe a totalidade histórica mas uma pluralidade de histórias não ligadas a um sujeito central" e o lugar da história seria, conseqüentemente, uma "*simples contingência*" – *História do estruturalismo*, v.1, p.267, 295. Grifo meu.

a "desconstrução da metafísica ocidental, levar a fissura até os fundamentos da semiologia, esvaziar todo o significado, todo o sentido, para fazer circular melhor um Significante puro".[494] O estruturalismo, aliás, levava adiante um projeto que dizia respeito à modernidade como um todo, com sua proposta de rompimento e crítica em relação à tradição e ao instituído; nas palavras de Kumar, "a modernidade sente que o passado não tem ligações com ela; seu impulso é constantemente em direção ao futuro (...). É possível dizer que ela inventou a 'tradição do novo'".[495]

Entre os próprios historiadores também surgiu, já nas primeiras décadas do século XX, o questionamento sobre o modo como a história vinha sendo abordada, ponto de partida para o movimento que seria inaugurado anos mais tarde, denominado *história das mentalidades*. Segundo Burke, os fundadores deste movimento entendiam que, na historiografia em voga, "situações históricas complexas se viam reduzidas a um simples jogo de poder entre grandes – homens ou países – ignorando que, aquém e além dele, se situavam campos de forças estruturais, coletivas e individuais que lhe conferiam densidade e profundidade". Para além da constatação dos grandes movimentos que se destacavam no cenário histórico, buscou-se privilegiar a "diversidade", tendo em vista que o homem "criava e sentia diferentemente, em situações diferenciadas".[496]

A *história das mentalidades* era, no entanto, uma reação ao freudismo. Por um lado, autores como Bloch e Febvre mostravam a influência que receberam dos estudos sobre o inconsciente, levando adiante a crítica que também faziam à chamada "escola historicizante", que atribuía uma posição passiva ao historiador, de apenas deduzir as hipóteses ditadas pelos fatos e seus documentos. Passaram, então, a incluir o não dito em seus trabalhos e, ao fazê-lo, reviam os métodos de pesquisa utilizados: memória e narrativas se tornaram fontes privilegiadas, bem como determi-

494 Idem, ibidem, p.18-19.

495 K. Kumar, Modernidade, p.473.

496 Ver P. Burke, *A Escola dos Annales*, p.7-8.

nados elementos sutis e aparentemente secundários, adquiriram maior destaque frente aos demais pelo sentido que adquiriam.[497] Carlo Ginzburg chamou de *paradigma indiciário* a concepção que sustenta esta forma de trabalhar, apoiando-se para tanto, na estratégia policial de Sherlock Holmes, no modo como Morelli constatava a autenticidade de pinturas famosas, bem como no método de investigação freudiano, no qual lapsos, sonhos e associações tornavam-se a principal referência de análise.[498]

Nesta perspectiva, as representações dos acontecimentos e a diversidade de suas narrativas tornaram-se parte integrante do próprio acontecimento, modificando-se ele próprio ao longo do tempo, conforme o tratamento recebido. Neste ponto, historiadores e psicanalistas se deparam com dificuldades semelhantes, em função do confronto entre o discurso e o real: para o primeiro, trata-se da impossibilidade de descartar, mas também de ter acesso à "materialidade da trama dos acontecimentos"; para o segundo, é o real, na diferença que possui frente à realidade, que se impõe como obstáculo intransponível.[499]

Se vários foram os pontos de aproximação entre estes historiadores e a psicanálise, também houve diferenças. Criticavam nos psicanalistas a pretensão de ascender a categorias trans-históricas, que davam espaço a análises anacrônicas inaceitáveis para um historiador, mas, principalmente, reagiam à dúvida lançada ao próprio campo de estudo historiográfico: a análise do sujeito do inconsciente, singularmente considerado, expunha as limitações de uma perspectiva histórica voltada para os processos amplos e generalizantes, mas também ao próprio olhar diacrônico, posto em xeque não só pela crítica estruturalista, como pela psicanálise como um todo, na defesa que esta fazia das diferenças e da pluralidade temporal.[500]

497 F. Dosse, *História e ciências sociais*, p.91-92.

498 C. Guinzburg, *Mitos, emblemas, sinais*, p.143-180.

499 F. Dosse, *História e ciências sociais*, p.66.

500 Idem, ibidem, p.72.

A possibilidade de estudar *mentalidades* representava, para os historiadores, a inclusão do inconsciente em seu próprio campo de investigação e a reformulação de seu objeto de estudo, agora menos empírico e mais interpretativo; evitava que este campo se tornasse um exercício museográfico. Esta perspectiva da historiografia encontrava seu diferencial na possibilidade de atribuir historicidade ao inconsciente, enfatizando assim a perspectiva coletiva que lhe era inerente, mas que era deixada de lado por análises individualizantes empreendidas a partir da psicanálise que, do ponto de vista do historiador, eram *selvagens*. É o que ocorre, por exemplo, com o trabalho de Erikson sobre Lutero, que investiga este personagem sem adentrar questões históricas necessárias à compreensão do protestantismo e de sua ascensão.[501]

A historiografia, portanto, sofreu influência de saberes que abalaram o século vinte, sendo levada a rever seu objeto de estudo e seus métodos de investigação. Em contrapartida, juntamente com outras áreas das ciências humanas, propôs questões que ainda hoje se mantêm como desafios para o campo psicanalítico, como ocorre com a dimensão histórica que acompanha o complexo e não consensual conceito de inconsciente.

O abalo sofrido, por sua vez, não foi em vão. O termo *estrutura* foi utilizado de distintos modos nas diferentes áreas das ciências humanas – história, filosofia, antropologia, lingüística e psicanálise, para citar os principais – de modo a resgatar a diversidade da condição humana, evitando o dogmatismo generalizante da descrição dos grandes movimentos sociais, assim como sair do relativismo historicista, que culmina numa posição cética e politicamente suspeita que consiste em desqualificar qualquer saber em função de sua efemeridade. Se a perspectiva histórica como um todo não estava sendo deixada de lado, ao menos era posta em posição secundária, conforme o argumento de cada autor.

Lacan, que participou e contribuiu ativamente para esta discussão, propôs uma leitura da obra freudiana com o intuito

501 Idem, ibidem, p.73-78.

de atribuir rigor teórico e conceitual, depurando o desenvolvimentismo e empirismo organicista que se intensificava entre os herdeiros oficiais de Freud, como foi dito anteriormente. Buscou realçar a singularidade do sujeito, diferenciando-o do indivíduo, distinção que já se anunciava no texto freudiano e que Lacan fundamentava a partir do sujeito que se anuncia na cadeia discursiva. Aponta a *exterioridade* do sujeito pela primazia da linguagem que, para ele, oferece os subsídios necessários à fundamentação da dimensão simbólica analisada por Freud.[502] Lacan marca sua diferença em relação à perspectiva estruturalista (na variedade que esta possui, em suas várias acepções), ao sustentar uma estrutura aberta ou incompleta, a partir da insuficiência de um campo simbólico surpreendido por um real inapreensível. Do estruturalismo, mantém a desconfiança e crítica às *histórias* então relatadas, assim como a tentativa de formular uma teoria capaz de realizar a depuração do campo simbólico de seus inúmeros incrementos imaginários, tão presentes nas versões da teoria freudiana em voga.

Se em Freud é possível perceber uma tensão e desprendimento em relação ao saber histórico, em função inclusive da almejada *universalidade* do sujeito psíquico, em Lacan esta posição parece se radicalizar, agora ancorada na referência estrutural que em sua ênfase sincrônica não mais se pergunta sobre as origens e o percurso, mas sim sobre o princípio e a constituição da estrutura do sujeito psíquico.[503] Se Freud contornava parte da tradição histórica que conhecia, propondo ele próprio uma outra versão para a real origem da condição humana, Lacan não hesita em apontar a fragilidade do argumento apresentado no texto *Totem e Tabu*, chegando a qualificá-lo de "palhaçada darwiniana", engrossan-

502 Lacan, no discurso de Roma, diz que "o ser humano caracteriza-se pelo fato de seus órgãos estarem fora dele" – citado por F. Dosse, *História do estruturalismo*, v.1, p.131.

503 Sobre a renúncia à questão das origens: "... para estruturar corretamente um saber, é preciso renunciar à questão das origens" – J. Lacan, O *seminário, livro 17*, p.16.

do o coro contra Freud, neste ponto, de pesquisadores de várias áreas das ciências humanas.[504] Freud não ficava fora da crítica que Lacan fazia ao caráter imaginário que percorria tantas construções historiográficas.

Por outro lado, é o mesmo desprendimento presente em Freud que permite a Lacan percorrer autores e referências de diversos momentos do pensamento ocidental, a fim de anunciar a lógica que estrutura o múltiplo jogo dos significantes que, em sua insuficiência, torna-se interminável (lembrando que a *banda de Moebius* é também uma versão do símbolo do infinito – ∞). Lacan participa do projeto estruturalista de esvaziamento de sentido e de significado no campo simbólico, a partir do qual redescreve o complexo de Édipo segundo lugares ocupados e funções (materna e paterna) que os determinam, assim como havia feito Levi-Strauss em sua análise estrutural dos mitos, na qual anuncia o peso da interdição do incesto no fundamento de toda estrutura social. Levando adiante este projeto de esvaziamento, Lacan passa a questionar, num segundo momento, o próprio Édipo, tomando-o como "um sonho de Freud" a ser depurado, como foi dito anteriormente, na posição do sujeito frente à angústia da castração.[505] Seria esta a versão com a qual cada um, em sua singular história de vida e a partir dos efeitos da linguagem, se depara com a finitude da condição humana, marcada como é por um desamparo inevitável e pela insuficiência de sua compreensão e expressão simbólica.

O desprendimento demonstrado por Freud e Lacan frente às amarras históricas serve de referência para muitos psicanalistas que, seguindo seus passos, propõem um lugar para este saber menos como historiografia propriamente dita e mais como construção simbólica, a partir dos marcos determinantes na cultura para a configuração do Outro, em função do qual cada sujeito se posiciona. É assim que, para Valade, "o assassinato do ancestral onipotente desembocou na historicidade da cultura: através da

504 Idem, ibidem, p.105.

505 Idem, ibidem, p.110, 121.

culpa carregada pelo grupo, desde então empenhado em mascarar sua causa".[506] Deste prisma, tratar-se-ia mais propriamente, de uma *antropologia cultural* do que de um lugar para a história ou historiografia, que parte dos conflitos e vicissitudes individuais para buscar os registros míticos sedimentados na herança silenciosamente transmitida pelas sucessivas gerações. É também aí que fundamenta a idéia de história como *repetição*, como anuncia Rey-Flaud, concordando com Valade:

> ... o curso da história segue um traço em círculos concêntricos no qual cada círculo reproduz o círculo precedente sem recobri-lo. Sem dúvida, uma cobertura perfeita (sem memória do esquecimento) de um estágio da história por um outro, abolindo toda nostalgia e tornando a espera sem objeto, marcaria de fato a petrificação do processo. É em virtude desta regra pela qual o totem é impotente para substituir *completamente* o pai primordial que o banquete totêmico vai indefinidamente repetir e expiar o assassinato do pai, alimentando a culpa dos filhos num intricado entre amor e ódio que é o princípio da civilização. Dessa maneira, a festa totêmica tem por função reanimar o ódio e ao mesmo tempo tranqüilizá-lo até encontrar um núcleo irredutível onde a culpa se alimenta.[507]

Para Rey-Flaud, a repetição acompanha os movimentos circulares da história, reprodução imperfeita do "nascimento do simbólico", tal como entende o assassinato do pai da horda primitiva. Se há história, é em função da própria imperfeição do campo simbólico frente ao *resto* (culpa e expiação) que se atualiza em cada ritual revivido. Pelo que se vê, as variações do mesmo (*história?*) tornam-se secundárias frente àquilo que perdura e insiste, conforme foi descrito no texto freudiano e que Levi-Strauss e Lacan enfatizaram, cada qual de acordo com sua linha de pensamento. É a partir deste mesmo entendimento que tanto Freud quanto a maior parte de seus sucessores defendem, conforme a

506 B. Valade, Psicanálise & Sociologia., p.731. Valade apóia-se em Kaufmann para sustentar seu argumento.

507 H. Rey-Flaud, Os fundamentos metapsicológicos de O *mal- estar na cultura*, p.51.

fundamentação adotada, a universalidade do Édipo, que continua suscitando polêmica em várias áreas das ciências humanas.[508]

Atento à dimensão dramática que acompanha o Édipo, Lacan, como foi dito, promove sua depuração em funções capazes de marcar a estrutura da linguagem e seus efeitos, para aquele que, na condição de sujeito, se enuncia. Na tentativa de evitar cair em problema semelhante, empenha-se por não assumir qualquer elemento como núcleo de sua argumentação, tomando o próprio vazio como construto teórico privilegiado, seja ao estabelecer conceitos que demonstrem o caráter evanescente e fortuito da circulação desejante – como ocorre com o objeto *a* –, seja ao fundamentar o real como negatividade radical, sem qualquer consistência, mas responsável por efeitos concretos para o ser humano. A aposta da universalidade, em Lacan, é deslocada para a estrutura da linguagem que, em suas inúmeras ocorrências lingüísticas, configura as diversas modalidades de organizações sociais, conforme as condições conjunturais particulares a cada coletividade.

Em contrapartida, autores próximos ou comprometidos com a referência marxista têm uma particular preocupação com a perspectiva histórica e, conseqüentemente, vêem-se convocados a equacionar as diferenças que surgem entre teorias que apresentam pontos de conflito, talvez intransponíveis, como a psicanálise e o marxismo. Zizek, por exemplo, oferece a possibilidade de análise de "diferentes situações históricas concretas" a partir da "multiplicidade da determinação da ideologia",[509] ela própria possuidora de uma historicidade que não se reduz a uma dimen-

508 Em Freud, ver, por exemplo, El dictamen de la Facultad en el proceso Halsmann, p.249. Entre psicanalistas e seus simpatizantes também há críticas quanto a este aspecto: P. Silveira por exemplo indica, a partir de Dumont, a possibilidade de uma "*historicização* do grande Outro" e de defender a "recusa à universalização do Édipo" – A gênese extramundana, p.42. B. Nominé, em palestra realizada em São Paulo em setembro de 2005, entende que o complexo de Édipo "é historicamente datado" ao mesmo tempo em que o concebe a partir de dois pares de significantes articulados, o pai e sua mulher e a mãe e a criança – O sintoma e a estrutura familiar.

509 S. Zizek, *Um mapa da ideologia*, p.14.

são concreta nem tampouco linear, conforme os três momentos da ideologia enunciados no capítulo I. Este duplo registro histórico é o artifício utilizado para evitar, por um lado, o *relativismo historicista*, que em nome de uma ilusória isenção interpretativa, acaba homogeneizando as diferentes realidades construídas num suceder circunstancial; por outro, evita a posição suspeita daquele que, ao anunciar o *universal*, acredita desprender-se das vicissitudes políticas que determinam a produção de seu discurso.

Seguindo as pistas deixadas pelo próprio Lacan, Zizek leva adiante a hipótese de que a produção do sintoma compreende uma história própria, como Marx havia sugerido. Expressa sua compreensão sobre a realidade social da modernidade: em função do fetichismo da mercadoria, os indivíduos são atomizados e uma razão instrumental é produzida, recalcando, ou mesmo foracluindo a lógica que sustenta o processo responsável pela determinação de cada uma das partes que compõem esta equação. Independentemente da consciência ou da crença que se pode conquistar, a reificação desta realidade se efetiva pelo próprio ato de troca de mercadorias. O resto, recalcado e foracluído (como Freud havia sugerido para o Édipo, há algo que é irreversivelmente descartado), retorna como pesadelo fantasmático, inscrevendo-se nas figuras espectrais, portadoras do antagonismo insuportável que escapa à racionalidade instrumental e denuncia a insuficiência do campo simbólico da modernidade, em suas heterogêneas configurações específicas.

A ausência de história talvez seja, inversamente, um efeito do imobilismo produzido a partir desta operação. É quando determinados saberes ganham legitimidade transcendental, denegando ou renegando o processo que os determina, sendo então praticados em realidades cotidianas e institucionais que, ao se inscreverem nos corpos, passam a compor a *falsa realidade* concreta que cada um experimenta em sua íntima exterioridade (ou *extimidade*, como diz Lacan). Desta perspectiva, é a ideologia a responsável pela paralisia histórica, em função do recalcamento das relações de dominação que sustentam os caminhos percorridos pela humanidade e retornam, em sua insistência circular, na multiplicidade dos movimentos pulsionais de cada sujeito. Por outro lado, quando se considera que cada campo simbólico necessita de um *ponto de estofo* para se estabelecer, a paralisia se mostra inevitável: é o velamento que torna suportável o traumático, sono em vigília que permite o esquecimento momentâneo do real pesadelo onírico. Na modernidade, ao que parece, esta função cumprida pela ideologia do indivíduo, sendo este seu ponto de estofo.

Para a psicanálise, que desde Freud buscava pensar o lugar ocupado pelo analista (na situação transferencial), a formulação de Zizek serve como possibilidade de reflexão do lugar ocupado pela psicanálise, em meio às ciências humanas, na história da produção dos sintomas da modernidade. O autor sugere à psicanálise o exercício da *liberdade negativa* de se pensar a si própria, criticamente, no inquieto exercício de não se acomodar a qualquer racionalidade instrumental, depurada das marcas humanas que nela ficam denegadas.

Outro autor que se apóia na referência marxista para resgatar a perspectiva histórica e fazer a auto-crítica da psicanálise é Rozitchner. Entende a psicanálise "como *ciência histórica*, ou seja, constituindo o indivíduo como lugar onde se verifica e se debate o sentido da história, sem o qual a conduta se converte em *in-significante*".[510] O autor parte igualmente do mito freudiano inaugural – horda primitiva e aliança fraterna – para marcar a inscrição histórica da condição humana, mas destaca-se ao alertar os riscos do "*ocultamento da origem histórica* dos processos que levaram à criação das instituições, à expropriação real do poder coletivo do adulto na *atomização individual* e nos coletivos submetidos".[511] Para ele, psicanálise e marxismo se aproximam em função da articulação necessária entre o psíquico e a estrutura social, conforme os processos de dominação que se tornam mais complexos ao longo da história da humanidade. O primeiro salienta os aspectos subjetivos do processo e o segundo, os objetivos. Lembra que a psicanálise não é um corpo coeso e critica as várias vertentes que

510 L. Rozitchner, *Freud e o problema do poder*, p.19-20. O segundo grifo é meu.

511 Idem, ibidem, p.132. Grifo meu.

acabam por promover a *atomização da individualidade*, em função do *ocultamento da história* dos processos de dominação.

Em Rozitchner este processo de atomização é expressão de uma posição política "liberal", presente entre psicanalistas e, neste sentido, diz respeito a determinadas posições no jogo de forças que estruturam as sociedades contemporâneas. A formulação de Zizek, no entanto, permite ver que este processo de *atomização* não diz respeito somente à posição teórico-política de determinadas correntes da psicanálise, como se a elas em particular competisse o desvio ou equívoco (ainda que nelas esteja realçado). A *atomização* é fruto da *ideologia do indivíduo*, que acompanha estas sociedades e nas quais a psicanálise tem sua participação. A atomização é, inicialmente, o momento desta ideologia em que a noção de indivíduo ganha estatuto ontológico e amplitude universal, como realização do ideário da ilustração. Torna-se prática institucional e hábito particular, conforme é apreendida e se mostra útil às estruturas de poder vigentes, até, finalmente, penetrar os poros dos sujeitos e se tornar uma realidade que se supõe não ideológica. Processo longo e turbulento, do qual participam diversos atores sociais e que configura a história de uma ideologia, composta por momentos que se sobrepõem e se interpenetram, sem um ponto final, como o atestam os contextos em que esta realidade não é total. Não se trata, portanto, da seqüência de fatos, mas da construção de uma lógica que produz realidade, a partir de um significante – indivíduo – em torno do qual, múltiplas cadeias são produzidas.

Este breve recorte de diferentes posições adotadas na psicanálise em relação à história permite constatar a tensão que subsiste entre os dois saberes. A preocupação que caracteriza o pensamento psicanalítico em priorizar a singularidade do sujeito psíquico estabelece, de princípio, a dissonância frente a todo saber que, em nome das determinações sociais, antecipa-se ao discurso singular, atribuindo-lhe sentido prévio e necessário. Sendo assim, a psicanálise possui como fundamento a contraposição à homogeneidade que a ênfase na diacronia tende a promover, numa redução das diferenças que cada sujeito insiste em anunciar. Também se diferencia de um relativismo historicista que torna aleatória a determinação do sujeito, em nome de uma ilusória isenção e pretensão de neutralidade científica. É neste sentido que se dá a aproximação a uma leitura estruturalista como a de Levi-Straus, que busca a inscrição capaz de evitar este risco, aquela que trata do próprio fundamento da ordem social ou, no caso da psicanálise, do fundamento da constituição da estrutura psíquica e da emergência do sujeito. Trata-se, pois, da busca da universalidade, usualmente compreendida como trans-histórica e, concomitantemente, trans-cultural.

Esta busca corresponde também à tentativa de deslocar a questão que acompanhou e ainda acompanha boa parte da história da sociedade moderna, sobre a determinação causal da condição humana, principalmente a partir da epistemologia, mas também da historiografia ou mesmo da psicologia, que, aliás, tem início em meio a esta investigação. Como foi dito, a ênfase no sincrônico partiu do suposto de que a determinação causal do ser humano é uma questão não resolvida mas, principalmente, secundária, pois o passado nem sempre seria o melhor instrumento para explicar o presente.[512] A referência às estruturas ganha força e ressonância na psicanálise, oferecendo sustentação inclusive para a busca da universalidade, projeto presente desde Freud. No entanto, a ênfase no sincrônico tem seus riscos, pela pretensão (política) de conquistar *a verdade* ou a última palavra sobre o ser humano; como diz Rodulfo, "o sincrônico por si só nos conduz muito facilmente a delimitações arbitrárias ou parciais".[513]

512 Na própria historiografia a questão foi colocada. M. Vovelle, representante da história das mentalidades, argumenta que um evento é capaz de mudar as estruturas, o que elimina a problemática das causas – entrevista publicada em M. D'Alessio, *Reflexões sobre o saber histórico*, p.107.

513 R. Rodulfo, *O brincar e o significante*, p.168.

Adolescência e o mito do ritual de passagem

A questão da adolescência é um dos campos de investigação onde a tensão entre psicanálise e história se mostra particularmente presente. O desenvolvimentismo adaptativo de Anna Freud, ainda que tenha resultado num determinismo endógeno que encontrava algum respaldo na obra de seu pai, foi também, curiosamente, uma tentativa de evitar o *determinismo químico*, como ela própria diz.[514] A evolução que defendia buscava estabelecer um caminho necessário ao desenvolvimento sexual, seguindo fases claramente seqüenciadas, que tinham apoio no organismo, mas não se restringiam às transformações orgânicas, pois a sexualidade já fora descoberta antes mesmo da puberdade. Anna Freud buscou evitar uma concepção inatista que estivesse ingênua ou estritamente subordinada à concepção médica, mas acabou mantendo-se fiel ao organicismo, o que justificou a crítica de ter favorecido a naturalização dos processos psíquicos, característica da maior parte dos representantes da *ego psychology* e demais desenvolvimentistas, como foi apontado anteriormente.

Segundo suas próprias palavras, Erikson tentou evitar a "falácia naturalista", buscando, conforme a influência culturalista que recebeu, considerar a influência do "meio ambiente", a fim de estabelecer conceitualmente "uma relação ótima entre as potencialidades inatas e a estrutura do meio".[515] Localiza a *crise de identidade* naquilo que chama de *evolução sociogenética* pois, para ele, as turbulências vividas na adolescência configuram um momento necessário de um processo mais amplo, que inclui a coletividade e a humanidade e culmina numa razão transcendental. Ainda que reconheça a obscuridade da relação entre as crises individuais e as crises coletivas que ocorrem em determinado momento histórico, Erikson supõe uma articulação entre elas que justifica a idéia de uma *evolução* e justapõe os determinantes genéticos e sociais como se estivessem harmonicamente equacionados.

514 A. Freud, *O ego e os mecanismos de defesa*, p.118.

515 E. Erikson, *Identidade, juventude e crise*, p.234.

Na medida em que não chega a discutir propriamente a crise em sua dimensão coletiva e histórica, restringindo-se a descrever o comportamento de turbulência que acompanha a *moratória* juvenil, seu argumento termina por ficar mais próximo ao fundamento genético. Se busca evitar a naturalização da adolescência e sua crise, isso não o impede de manter-se fiel à perspectiva funcionalista da *ego psychology* – defende a universalidade da tendência à síntese (tanto individual, *egóica*, quanto coletiva, dos grupos juvenis) e a capacidade adaptativa do ser humano, sobretudo nesta etapa de seu desenvolvimento[516] – oferecendo-lhe uma versão com semblante culturalista para um desenvolvimentismo transcendental.

O trabalho de Erikson inaugurou, entre psicanalistas, o empenho em inscrever a perspectiva histórica e sociológica na problemática da adolescência. Trata-se de uma preocupação que se tornou freqüente nas últimas décadas, mas não chegou a conquistar, nos trabalhos sobre o tema, propriedade argumentativa à altura do problema considerado. A menção histórica é feita, em geral, mais como ilustração ou sinal de disposição à interlocução, do que como apresentação e discussão das dificuldades envolvidas na questão – que compreendem a tensão entre o universal e o conjuntural, psicanálise e outros saberes e o sujeito psíquico em sua ambivalência individual e coletiva. Vários autores mantêm a defesa da universalidade da adolescência e sua crise, atribuindo à situação histórica um papel secundário. Pautam-se no argumento de que as diferentes situações históricas e sociais caracterizam apenas o modo como eclode o conflito subjetivo, freqüentemente chamado de crise, mas não sua ocorrência – a *forma* ou a *solução* específica. É a posição adotada, por exemplo, por Birroux, Jeammet e Corcos,[517] a partir da idéia de desenvol-

516 Idem, ibidem, p.184, 234.

517 Jeammet e Corcos dizem: "não acreditamos que a adolescência seja uma criação de uma época da história de uma determinada sociedade. Ela corresponde a uma exigência de 'trabalho psíquico' inerente ao desenvolvimento de *todo e qualquer ser humano*, com a qual todo indivíduo é confrontado e para a qual *toda e qualquer sociedade* se esforça para encontrar uma solução"; para eles, o

vimento humano. Lesourd, numa versão lacaniana, adota uma posição, neste ponto pelo menos, não muito distante. Para ele, as funções materna e paterna acompanham a constituição de cada ser humano em todas as épocas e culturas, configurando por sua vez, o Édipo, "descoberta" da psicanálise perceptível desde a Antigüidade. Seguindo este mesmo raciocínio, Lesourd, a partir da falência dos ideais, descreve a

> *crise de adolescência banal, que sempre* existiu *em todos os tempos e culturas,* e cujas formas diferentes são mais ligadas à maneira pela qual a sociedade administra esse tempo de desilusão e de reconstrução de ideal do que a uma *diferença de natureza* entre os adolescentes.[518]

Ao que parece, a experiência de angústia se *banaliza* ao universalizar-se. Na medida em que se torna uma passagem necessária e inerente à constituição de qualquer sujeito psíquico, trata-se de uma turbulência subjetiva a ser suportada e que independe das vicissitudes culturais e políticas em jogo – *é próprio da natureza adolescente.*

No entanto, a posição adotada não impede o autor de considerar a implicação entre as imagens da adolescência e os modos de organização das relações humanas, em função da "troca entre os sexos e da transmissão do poder". Para Lesourd, o interesse pela adolescência e sua educação é, por exemplo, uma decorrência dos momentos históricos em que há mudanças políticas e sociais,[519] mas são questões que não chegam a interferir na *natureza* propriamente dita destes processos subjetivos, que são, portanto, universais.

contexto cultural é responsável pela "forma e resultado" deste processo – *Novas problemáticas da adolescência*, p.33-34. Grifo meu. De modo não muito distante, Birroux entende que "se pode haver várias linguagens da adolescência, segundo os modos e as culturas, não há mais que um determinante, e só um, dessas expressões múltiplas, a saber, *o impacto da modificação pubertária sobre o espaço das representações psíquicas*" – A. Birroux, Psicopatologia do adolescente, p.6.

518 S. Lesourd, *A construção adolescente no laço social*, p.20-21,81.

519 Idem, ibidem, p.15-27. O autor apóia-se em Foucault para sustentar que ao longo das diferentes épocas o que permanece constante para a adolescência é a "questão da ética sexual" – p.24.

Outros autores, em contrapartida, entendem que a experiência adolescente está diretamente marcada pelas ocorrências históricas e sociais das sociedades contemporâneas. Num primeiro esforço, alguns anunciam rapidamente esta correlação, sem, no entanto, aprofundá-la. Ao invés disso, tal como foi discutido anteriormente, a partir do exemplo de Aberastury, apenas argumentam em favor da *crise* que se deflagra a partir da (universal) eclosão das transformações pubertárias.[520] Se aqui há o anúncio da relevância dos aspectos históricos e sociais envolvidos, não encontram estatuto teórico que lhes dê legitimidade e consistência.

Outros, ainda, neste esforço de estabelecer uma articulação entre a adolescência e sua inscrição histórica, dão um passo além. Argumentam que o trabalho psíquico adolescente é decorrente da falta de dispositivos societários socialmente compartilhados, o que resulta neste *período crítico* (Dolto), na *pane* do sujeito frente ao impacto do real que o invade (Rassial e, de modo semelhante, Ruffino), nos impasses do sujeito frente ao gozo (Melman) ou na crise adolescente reiteradamente anunciada.[521] Para Rassial e Ruffino, autores que enfatizam este aspecto, a adolescência é o posicionamento do sujeito frente ao impacto do real pubertário, na produção significante que o singulariza e busca fazer suplência, a partir da insuficiência encontrada no campo simbólico disponível.

520 Numa posição semelhante: J. O. Outeiral argumenta que a adolescência é um fenômeno psicológico e social que pode ocorrer antes dos sinais pubertários, mas, contraditoriamente, entende que a adolescência se inicia com as "transformações corporais e as alterações psíquicas derivadas destes acontecimentos" – *Adolescer*, p.1-7; P. Bloss fala da "desorganização endêmica do processo normativo de desenvolvimento da adolescência", que ocorreu nos anos 50 e 60 num segmento privilegiado da sociedade norte-americana – *Transição adolescente*, p.7

521 Sobre a falta de dispositivos societários socialmente compartilhados, ver, por exemplo, F. Dolto, *A causa dos adolescentes*, p.20,34; C. Melman, Os adolescentes estão sempre confrontados com o Minotauro, p.40; S. Alberti, *Esse sujeito adolescente*, p.28; E. Saggesse, *Adolescência e psicose*, p.77.

Seguindo esta linha argumentativa, anuncia-se a precariedade ou mesmo a falta dos *rituais de iniciação* ou *de passagem* – ou de dispositivos que cumpram sua função – e se faz uma comparação com as sociedades ditas primitivas, a partir da qual se analisa a *passagem adolescente* nas sociedades contemporâneas.[522] De diferentes modos, alude-se a estas outras modalidades de organização social, supostamente mais harmônicas e integradas, a fim de marcar lacunas nas sociedades contemporâneas, que resultam na sobrecarga de cada indivíduo em seu momento de *passagem* ao universo adulto. A idéia de passagem, por sua vez, como foi dito, assinala a expectativa de *inserção* ou *integração* social e anuncia, direta ou indiretamente, o papel *conservador* que se costuma adotar frente às novas gerações, na preocupação que se tem com a manutenção da sociedade e com a transmissão da cultura e suas instituições. Os trabalhos psicanalíticos sobre o tema, neste sentido, aproximam-se daquele setor da sociologia da juventude que adota tal posição. Ao buscarem a compreensão dos mecanismos ou processos subjetivos implicados na *passagem adolescente*, servem como suporte para distintas áreas das ciências humanas que se voltam para os cuidados e a preservação do instituído, no compromisso que assumem de favorecer ou resgatar as possibilidades de inserção e integração social, de cada indivíduo, em seu processo constituinte.

A menção à *fragilização dos rituais de passagem* supõe a hipótese de uma organização social mais harmônica e integrada, capaz de garantir uma *passagem* menos turbulenta e, quem sabe, menos contaminada pelas várias crises (de valores, de ideais, assim

522 Além das referências acima citadas, falam diretamente da falta de rituais de iniciação R. Cahn, *O adolescente na psicanálise*, p.22; M. R. Kehl, A juventude como sintoma da cultura, p.95; A. Jerusalinsky, Traumas de adolescência, p.26; G. Díaz, R. Hillert, *El tren de los adolescentes*, p.33-35; O. Mannoni entende que os rituais existem em nossa sociedade, mas não funcionam bem como nas sociedades primitivas – *La crisis de la adolescencia*, p.33. São variações de um mesmo argumento, que visa responder à hipótese de Freud de que cabe a cada sociedade apoiar o jovem no desligamento da família, via rituais de iniciação – S. Freud, *El malestar en la cultura*, p.101.

como suas subseqüentes crises subjetivas) que acompanham as sociedades contemporâneas.[523] A reiterada menção à *fragilização dos rituais de passagem* ou dos dispositivos substitutivos, ao que parece, independentemente de sua fundamentação antropológica, serve sobretudo como construção mítica que, como tal, funciona como organizadora para práticas sociais instituídas e composição do campo simbólico a partir do qual cada indivíduo se constitui. É, por um lado, a constatação de uma lacuna numa organização social que se tornou complexa e não foi capaz de sustentar os elos necessários a uma almejada *coesão social*; constatação que legitima, para aqueles que se identificam com o ideário da adolescência, assim como para os demais atores envolvidos, o desamparo experimentado singularmente e reafirmado institucionalmente. Para os primeiros, é a autorização para sua angústia ou turbulência expressiva. Para os demais, é a expiação de uma culpa ou isenção da impotência frente a um contexto refratário e opressor.

Por outro lado, é uma referência simbólica, cultuada e idealizada em sua *irrealidade* (ou virtualidade real), a partir da qual os sujeitos constroem dispositivos singulares, por vezes convergentes, que lhes permitem formular suas marcas identificatórias específicas.Vale lembrar do resgate feito por grupos juvenis, na atualidade, de rituais iniciáticos que seriam próprios de outras culturas ou épocas, impondo provações aos candidatos a novos membros como condição para o reconhecimento de sua bravura ou fidelidade submissa, como é o caso de grupos de traficantes exigem a prática de atos cruéis cometidos contra inimigos ou devedores.

523 Propõem uma articulação entre o conflito adolescente e as vicissitudes da cultura ou sociedade atual: R. Cahn relaciona as crises juvenis às crises de valores e econômica, nesta "época pós-moderna", como diz – *O adolescente na psicanálise*, p.11,16; J.-J. Rassial toma a adolescência como testemunho do mal-estar na civilização, próprio do "sujeito moderno" – A adolescência como conceito da teoria psicanalítica, p.68; ver também R. Ruffino, Sobre o lugar da adolescência na teoria do sujeito, p.38-39.

É também neste sentido que não se mostra de todo contraditória a posição daqueles que descrevem a adolescência, à *semelhança* de um ritual de passagem. A experiência de turbulência subjetiva na adolescência é, desta perspectiva, caracterizada *como um ritual*, como o eram as iniciações descritas pela antropologia, de modo que tais rituais também servem como referência a partir da qual a adolescência conquista sentido e encontra sua referência. É, por exemplo, a posição de Tubert, para quem os dispositivos da sociedade atual e os ritos de iniciação traduzem uma "mesma passagem", discriminada apenas por uma nuance de extensão temporal, variação de possibilidades, obscuridade e contundência. Trata-se sempre de um ritual promovido a partir da puberdade e que anuncia a "crise narcisista" (estagnação ou regressão da libido, delírio de grandeza) própria da adolescência.[524] Por um lado, as variedades de configurações históricas e espaciais são aqui utilizadas para marcar a uniformidade da passagem adolescente e, conseqüentemente, sugerir a universalidade deste processo, o que faz diferença frente à posição precedente. Por outro, os ritos de iniciação são igualmente tomados como referência a partir da qual a adolescência é concebida, em suas turbulências e crises específicas, diretamente correlatas a quaisquer outras práticas reproduzidas circularmente nos rituais. O desamparo resultante das insuficiências da sociedade contemporânea fica amortecido nesta argumentação, mas a legitimação da *passagem* a ser suportada a partir de um modelo *irreal* que confirma a *natureza* e necessidade do processo, é mantida e destacada.

A semelhança ou diferença entre as turbulências subjetivas que caracterizam a adolescência das sociedades contemporâneas e a *iniciação* nas sociedades sem tradição escrita, manifes-

524 S. Tubert, *A morte e o imaginário na adolescência*, p.37, 107-110. A posição da autora é oscilante, pois diz também que "... os fenômenos que aparecem como acontecimentos 'naturais' no adolescente... são na verdade o produto de vínculos humanos cristalizados" – p.16. Jeammet e Corcos, coerentes com sua posição desenvolvimentista trans-histórica, também mencionam a separação dos pais, na adolescência, como um ritual de passagem – *Novas problemáticas da adolescência*, p.44.

tam igualmente a comparação feita de modo a estabelecer um sentido – afirmativo ou negativo, via *falta* – para a vertigem de tais experiências, inscrevendo a crise adolescente num *processo de passagem* necessário e constituinte. Nesta última versão (da semelhança entre ambos) a pretensão à universalidade da passagem fica realçada, em detrimento das diferenças históricas e sociais que distanciam cada uma destas realidades. Na anterior (diferença entre a adolescência nas sociedades contemporâneas e os rituais de iniciação) é a inscrição histórica que ganha destaque, restringindo as pretensões da conquista da universalidade do saber formulado, o que estabelece um paradoxo que não é discutido diretamente, nem anunciado em sua complexidade. A adolescência é, neste caso, descrita como advento do contexto histórico e social que caracteriza as sociedades contemporâneas,[525] mas, paradoxalmente, não perde seu estatuto de universalidade, seja a partir de uma vertente desenvolvimentista (Bloss, Aberastury e Kalina), seja pelo viés estrutural que acompanha a vertente lacaniana (Rassial e Ruffino), que busca compreender como se dá a constituição do psiquismo ou da estrutura do sujeito.[526] Haveria,

525 A inscrição histórica é freqüentemente feita a partir do questionado trabalho de Ariès, sobretudo entre autores brasileiros. Ver por exemplo, E. Saggesse, *Adolescência e psicose*, p.56; R. Ruffino, Sobre o lugar da adolescência na teoria do sujeito, p.36; E. Paladino, *O adolescente e o conflito de gerações na sociedade contemporânea*, p.53-54; B. C. Gutiguerra, *Adolescência, psicanálise e educação*, p.26-28. P. Burke entende que Ariès comete vários deslizes sérios para um trabalho da área: generaliza o fenômeno francês para o resto do mundo, não faz as devidas considerações entre as diferenças sócio-econômicas envolvidas, assim como entre os gêneros masculino e feminino – *A Escola dos Annales*, p.81-82. Grifo meu.

526 Uma formulação interessante é a concepção de adolescência como "*traço identificatório* para os sujeitos humanos de uma determinada faixa etária", que se estabelece a partir dos processos históricos que vêm desde o século XIX, segundo entende S. Alberti, sem se deter na contextualização específica – *Esse sujeito adolescente*, p.38. Grifo meu. Numa posição afim, Calligaris descreve a adolescência como "*um mito*, inventado no começo do século 20, que vingou sobretudo depois da Segunda Guerra Mundial", a partir do qual "os adultos olham os adolescentes" e "os próprios adolescentes se contemplam"; o autor apoia-se abertamente no culturalismo de M. Mead – *A adolescência*, p.9. Grifo

a partir da discussão da adolescência, o reconhecimento de que o saber psicanalítico sobre a emergência do sujeito psíquico seria válido somente para um momento histórico específico? Ou tratar-se-ia apenas de uma variação do sujeito – este sim, universalmente determinado pelo saber psicanalítico – de acordo com as *contingências* históricas? Neste sentido, seria válida a posição de Laplanche, o qual sugere que a adolescência não configuraria um tema propriamente psicanalítico; seria uma incursão da psicanálise pelos fenômenos sociais atuais, favorecida pela abertura que propõe em favor do diálogo com outras áreas das ciências humanas? O silêncio entre o anúncio da relação necessária entre a adolescência (como trabalho psíquico) e a modernidade, por um lado, e, por outro, as várias formulações sobre a constituição psíquica, sugere que a fronteira entre a psicanálise e a historiografia é pouco discutida pelos psicanalistas, pelo menos no que diz respeito ao tema da adolescência.

A tentativa de articular a adolescência à modernidade, portanto, demonstra o esforço em reconhecer a relevância da historiografia, mas não chega a problematizar a tensão que se cria entre a inscrição histórica e a pretensa universalidade do sujeito psíquico, que acompanha o saber psicanalítico. Como foi dito há pouco, não se trata de uma particularidade dos trabalhos sobre a adolescência. No mais das vezes, a adolescência é um tema onde esta questão se destaca, seja em função do peso conquistado por saberes de outras áreas das ciências humanas – como a sociologia da juventude e a antropologia dos rituais de iniciação; seja pela própria especificidade do tema, que trata da *hiância* entre o infantil e a pretensa maturidade, entre a instituição família e as demais instituições sociais, ou ainda, entre a constituição do psiquismo e

meu. Tais formulações não chegam a elucidar a tensão entre o sujeito psíquico e sua inscrição histórica, mas indicam um caminho fecundo e compatível com a questão da ideologia. Mitos configuram produções imaginárias que conquistam peso simbólico pelo estatuto que adquirem numa determinada sociedade; traços identificatórios indicam a função que determinadas produções simbólicas podem conquistar entre indivíduos que compõem determinado segmento social. A este respeito, ver T. C. Matheus, *Ideais na adolescência*, p.67.

emergência do sujeito e a múltipla realidade histórica e social que o antecede, mas não é capaz de predizer a singularidade que lhe é peculiar. Se outros tantos autores discordam da posição sugerida por Laplanche e buscam discutir a questão da adolescência como tema próprio da psicanálise, é porque estão diante do paradoxo que acompanha este tema no campo psicanalítico.

Psicanálise, política e adolescência

A política acompanha a psicanálise desde seus primórdios, o que não poderia ser diferente. Desde o confronto do saber psicanalítico com o saber médico instituído, a discussão de Freud em torno das disputas de poder que fundamentam a condição humana e resultam no *mal estar* inevitável, até as disputas de saber entre as diferentes correntes psicanalíticas, a política tem incessantemente marcado presença junto à psicanálise, ciência humana que é.

O termo política é derivado de *polis* (*politikós*), relativo ao público ou mesmo ao que é social, no uso clássico do termo. Difundiu-se a partir de Aristóteles, na discussão que este faz em sua obra intitulada *Política*, sobre a natureza e formas de governo e a arte de governar. Desde o início, o caráter descritivo esteve confundido ao normativo, na abordagem deste tema, indicando, aliás, a impossibilidade de se tratar da política, sem fazer uso da mesma. Modernamente, o termo passou a se referir ao conjunto de atividades que de alguma maneira têm implicações no modo de organização dos vários membros que compõem um grupo social e, neste sentido, está diretamente vinculado à questão do poder do homem sobre outro homem, nas várias formas que este assume.[527]

É possível fazer um recorte de três incidências do poder, conforme propõem as teorias modernas: aquele relativo às necessidades, aquele relativo aos saberes e, por último, ao uso da

527 N. Bobbio, Política – in *Dicionário de política*, p.954-962.

força física. Logo se percebe a proximidade que freqüentemente conquistam entre si, não só em função de suas ocorrências históricas, como pela própria dificuldade de separar, por exemplo, a necessidade do saber e da força física, quando se considera o ser humano a partir da contribuição do saber psicanalítico – a dialética do desejo torna nebulosa a distinção de tais elementos. O fator força, por sua vez, tende a se mostrar decisivo na imposição das disposições consideradas necessárias à mediação entre os membros do grupo social. A bem dizer, como frisa Bobbio, não é o exercício da força em si que fundamenta o poder político, mas sim a possibilidade de dispor dos meios para seu uso. É o acesso aos instrumentos capazes de impor a força que serve como garantia para a ordem social, sendo esta, em última instância, o "fim mínimo na política", nas mais variadas circunstâncias, conforme os interesses considerados prioritários para cada grupo social.

Logo, Plon não parece equivocado ao tomar a política como aquilo "que é da ordem do coletivo" ou o modo de "organizar e dirigir uma coletividade humana".[528] Tal concepção permite compreender porque houve quem considerasse que o fundamento mesmo da psicanálise estava *em oposição* à questão política. O argumento lembra a tensão entre psicanálise e historiografia: a singularidade do sujeito da psicanálise se anuncia pela diferença individual ou coletiva frente ao grupo ou à massa, em função de sua condição cindida e descentrada; ou ainda, especificamente, às determinações que configuram o universo em que o sujeito se inscreve. É o que defende Teixeira, para quem o poema trágico é o que melhor anuncia a ética da psicanálise, pautada no *desejo* que singulariza o sujeito e o constitui como tal; é ele, poema trágico, o limite à "determinação política do bem de todos" e anuncia ao que veio a psicanálise: "ao colocar em cena a dimensão subjetiva que não se deixa subsumir pelo caráter universal do discurso político, a tragédia define o espaço onde se situa a particularidade irredutível do sujeito no qual buscamos pensar a sua responsabi-

528 M. Plon, Da política em O *mal-estar* ao mal-estar da política, p.148, 156.

lidade ética".[529] O resgate da *palavra plena*, como gesto próprio ao herói da tragédia, diz respeito ao desafio que cabe a cada um, de responsabilizar-se por seu destino, ainda que este lhe seja desconhecido e que sobre ele não possua poder deliberativo.

Gesto heróico capaz de afirmar a singularidade do sujeito a partir do anúncio de seu desejo, marcando sua diferença frente ao coletivo, que por sua vez é determinado pela palavra política – tomada aqui como universal. Aliás, não seria esta a expectativa, bem como o temor, que paira sobre cada adolescente, de realizar um gesto ou sinal heróico, como algo único que o singulariza e lhe confere, contraditoriamente, o estatuto de semelhante? Não seria esta ambivalente expectativa um dos elementos que compõem o cenário da esperada crise adolescente?

A psicanálise está, de princípio, comprometida com a escuta da singularidade do sujeito. Porém, é também aqui que surge o risco do lugar delegado à política. Risco do preço a ser pago pela defesa da *ética do desejo*, quando esta é descolada da dimensão política da escuta psicanalítica: distanciamento e suspeita frente ao que diz respeito ao coletivo e ao que lhe diz respeito (é o que parece indicar Teixeira quando se refere ao "bem de todos"). Se por um lado este talvez seja, de fato, o momento necessário à enunciação do sujeito como tal, a restrição da política a esta concepção situa a psicanálise em uma posição questionável, quando se torna cúmplice do silêncio frente ao coletivo e ao domínio público.

Como foi dito anteriormente, o sujeito psíquico está implicado ao *outro* de modo contraditório, ora a partir da diferença que o singulariza e distancia da maioria hegemônica, ora na identificação que o aproxima e o indiferencia daqueles com os quais forma *massa*. O desejo do sujeito é, conseqüentemente, também aquele capaz de subverter *a diferença* entre os semelhantes, de modo que a oposição, tal como foi discutida no *Psicologia de massas*, entre o indivíduo e o coletivo, ocorre para todo sujeito, no conflito de cada um entre os interesses narcísicos e os interesses voltados

529 A. Teixeira, A estrutura trágica da ética em J. Lacan, p.156.

para a massa. Conflito que, como se sabe, exige a mediação da maioria (ou de cada um, naquilo que possui de convergente com a maioria) a fim de garantir a sobrevivência da ordem social (da coletividade) e a transmissão da cultura. Mediação, em última instância, impossível, porque o conflito não termina, o que justifica ser esta função – a organização da coletividade –, segundo Freud, uma das profissões impossíveis – governar, assim como educar e analisar.[530]

Logo, a ética do desejo não é somente aquela que marca a *diferença* do sujeito frente ao coletivo, mas também, paradoxalmente, aquela que sustenta sua indiferenciação na massa. Além disso, a palavra que se volta para a coletividade e seus interesses é fruto da tênue alteridade de que cada um é capaz, a partir do deslizamento de seu narcisismo, de voltar-se para o *outro*, num movimento identificatório igualmente singular. Sendo assim, o *bem coletivo* – usando os termos de Teixeira – é um objeto de investimento frágil, dependente da porção narcísica passível de deslocamento e convergência entre os semelhantes. O coletivo é um campo de conflito que, se por um lado está ameaçado pelos interesses narcísicos individuais, por outro, depende da possibilidade de deslocamento destes mesmos interesses para que o *bem comum* possa ser alvo de investimento.

Portanto, o desejo de cada um participa necessariamente da política do *bem comum* e, quando isso não ocorre, o espaço público torna-se expressão do esvaziamento de seu investimento conforme a contrapartida dramática anunciada pela pulsão de morte. Se cabe à psicanálise, primeiramente, o compromisso com a escuta da singularidade do sujeito, a fim de resgatar a possibilidade de circulação do desejo e sua anunciação, é também para restituir ao sujeito o sentido que possa encontrar na palavra política, aquela que diz respeito ao *bem coletivo de cada um*. Se a psicanálise visa restituir ao sujeito a capacidade de *tornar suportável a infelicidade inevitável da vida cotidiana*, é também para permitir que esta possa ser percebida com maior plasticidade, oferecendo

530 S. Freud, *Análisis terminable e interminable*, p.249.

a possibilidade de um diferente posicionamento do sujeito frente às questões com que se defronta.

Neste sentido, é paradoxal a posição em que se coloca a psicanálise frente à política. Seu objeto não é o bem *comum* em si, mas a singularidade do sujeito desejante. No entanto, ao participar do resgate da condição de sujeito agente, permite, quem sabe, que o espaço compartilhado seja percebido de diferentes modos e reconhecido como palco de investimento (ambivalente) para cada um e de debate das diferenças, conforme a singularidade de seus desejos e de seus movimentos identificatórios. Como conseqüência, não é somente o governar e o educar que dizem respeito ao político. O exercício da psicanálise também enfrenta este desafio, em função das possibilidades que inaugura para o sujeito, no reposicionamento frente a seus desejos, seu discurso e o coletivo ao qual se dirige.

Entende-se, portanto, que a política se anuncia para a psicanálise de diferentes modos. É tema para o texto freudiano quando discute a principal ameaça ao ser humano – o vínculo entre os semelhantes, que desde o início, encontram-se em condição de desigualdade –, problematizando o mal estar que acompanha o “dia a dia da coisa política”, que Plon chama de “prática política”.[531] Num sentido ampliado, a política também se anuncia no texto freudiano quando Freud se volta para as estruturas de poder (sociais e institucionais) e os modos de operação da autoridade e de alteridade, o que inclui, conseqüentemente, a questão edípica, suas ambivalências e desdobramentos na constituição do psiquismo e emergência do sujeito.[532]

531 M. Plon, Da política em O *mal-estar* ao mal-estar da política, p.157.

532 Rozitchner considera que a obra de Freud trata da questão política desde o início, quando trata do embate de forças a partir da singularidade do sujeito psíquico e permite ver a luta que se estabelece a partir do campo da palavra – *Freud e o problema do poder*. Bruner, por sua vez, alerta para o risco que o texto freudiano apresenta, caso se entenda como necessária a submissão à autoridade, o que seria a legitimação do autoritarismo – Oedipus políticus, p.85.

A adolescência, por sua vez, constitui um momento em que a questão do poder se mostra particularmente destacada, tendo em vista conflitos que envolvem o sujeito frente àqueles que são, para ele, modelos ou figuras de autoridade. Como Freud havia anunciado, o segundo momento na constituição do sujeito se caracteriza pela busca de autonomia e de desprendimento da autoridade parental, estabelecendo-se um confronto com as figuras de autoridade que é acompanhado pelo conflito entre os próprios anseios do adolescente, conforme o complexo jogo identificatório que aproxima e afasta os personagens desta cena. Como já foi desenvolvido em outro momento, o desprendimento da autoridade parental é acompanhado por uma paradoxal realização do modelo herdado, de modo que o afastamento é também a confirmação da inscrição parental.[533] Reafirmando o ideal parental ou contrapondo-se a ele, a referência é sempre a herança recebida e ambos, ao colocarem em ação um ideal *próprio*, indicam, concomitantemente, o desprendimento das figuras parentais e a realização daquilo que foi deixado por estas nas identificações sedimentadas.

Aliás, o confronto adolescente é também uma prova de amor. A ambivalência das determinações superegóicas inauguradas no Édipo – *deves ser como o pai* e *não te é permitido ser como o pai*[534] –, até então contidas no hiato da latência, agora afloram de modo vertiginoso. Cada um destes movimentos é acompanhado pela intensidade imaginária das paixões, que cumprem sua função ao colorir o dramático enredo adolescente.

Nota-se, portanto, que os conflitos em jogo entrelaçam sexualidade e poder, inevitavelmente.[535] Como momento segundo,

533 T. C. Matheus, *Ideais na adolescência*, p.89-94.

534 S. Freud, *El yo y el ello*, p.36.

535 Trata-se do "conflito entre a paixão parental e a reivindicação, por parte do adolescente, de sua autonomia subjetiva", conforme as palavras de P. David, citado por La Robertie – in O. Manoni, *La crisis de la adolescencia*, p.60; C. Poli entende que, para Freud, "a posição do adolescente é relativa a uma determinada função de ruptura concernente ao exercício da sexualidade e à posição diante da autoridade" – Transmissão e transgressão na adolescência, p.2; num sentido

quando tal privilégio é possível, ressignificam-se as marcas deixadas pelas figuras parentais, na subversão temporal que a posterioridade da ação inconsciente realiza. A leitura da adolescência como retomada do complexo edípico ou da angústia da castração encontra consenso entre os autores. Azoulay faz uma versão elucidativa deste recorte da questão adolescente, a partir da articulação entre os conflitos identificatórios aí presentes e o mito da horda primitiva. Para ele, a crise adolescente é a reprodução inconsciente, em gesto ou fantasia, do *mito da horda primitiva*, na qual cada sujeito participa do assassinato do chefe da horda e a seguir se pergunta junto aos irmãos sobre o culto de amor ao pai desaparecido. Se por um lado o conflito envolve a disputa de poder e a oposição à lei imposta, por outro, também está presente a busca pelo reconhecimento do Outro, assim como a busca de um sentido para a vertigem vivida, demandas agora deslocadas da figura paterna para o coletivo instituído como tal. Se Azoulay vê o adolescente em crise "como uma alma penada que rechaça o maior (adulto) e ao mesmo tempo o solicita", é também porque a ambivalência de seu pedido não encontra resposta suficiente neste Outro a quem se dirige.[536]

A agressividade freqüentemente destacada no fenômeno adolescente, usualmente articulada às forças destrutivas, está ligada à questão narcísica, seja da perspectiva da busca de reconhecimento, de pertencimento ao coletivo, da busca de sentido que demanda a produção simbólica ou, em último caso, de rompantes da pulsão de morte que, em função das insuficiências de cada conjuntura simbólica em particular, mostram o lado mais sombrio do humano. Como se sabe, a busca por pertinência só surge após a ameaça de exclusão, que por sua vez é conseqüência da

próximo, S. Lesourd, *A construção adolesecente no laço social*, p.15. Outros autores anunciam esta *dualidade* a partir das questões narcísica e sexual ou relativas à escolha objetal – R. Cahn, *O adolescente na psicanálise*, p.35; P. Jeammet, M. Corcos, *Novas problemáticas da adolescência*, p.11.

536 V. Azoulay em comentário do debate transcrito em O. Manoni, *La crisis de la adolescencia*, p.35-36.

experiência de culpa decorrente da emergência da força de destruição, tal como sustenta a equação freudiana: tirania, revolta, assassinato, ausência, lamento e lei. De modo afim, a construção simbólica só surge após o confronto com o desamparo, condição necessária para a constatação da incompletude do sujeito frente ao objeto amado para sempre perdido.

A busca por autonomia que move o sujeito neste seu momento segundo depende, primeiramente, da possibilidade de sua inscrição no campo social, o que se dá a partir da produção de sentido na qual se empenha e o torna cúmplice do campo simbólico que lhe foi outorgado; depende também dos sinais de reconhecimento que o sujeito avidamente busca entre os representantes do corpo social ao qual almeja pertencer; mas, por outro lado, a autonomia do sujeito depende de seu posicionamento frente àquilo que não conquista sentido, bem como à insuficiência dos sinais recebidos. De modo que o sujeito adolescente, na condição de estrangeiro, busca ser qualificado pelos demais, seus pares ou seus modelos idealizados, qualificação esta sempre inatingível, o que tende a ser experimentado como prova de desqualificação. No entanto, é somente ao constatar a dimensão inqualificável de seu pedido que pode se aproximar do traço radical da autonomia que lhe é possível, que não representa, muito pelo contrário, seu desprendimento da dialética do desejo do Outro.

O adolescente, portanto, defronta-se com uma questão política: sua busca por autonomia depende também de sua heteronomia, ou seja, depende de sua possibilidade de negociação com os eus dos demais participantes da realidade almejada, coletiva e imaginariamente estabelecida. Busca o pertencimento ao corpo coletivo a partir da designação de um lugar e de uma função conformes ao prazer que os outros (na função de Outro), esperam de sua presença, o que pressupõe, portanto, a submissão a uma ordem simbólica que o antecede, assim como a negociação no jogo da busca de prazer do qual depende a composição dos laços sociais. Busca tanto garantir uma posição estável de gozo (como dissera Melman), quanto oferecer-se como objeto de gozo, ou ainda, oferecer aos demais possibilidades (de gozo) que sirvam como contrapartida para sua negociação. É o que configura o "poder de prazer e poder de sofrimento" anunciados por Aulagnier:[537] são as forças que sustentam laços simétricos ou assimétricos entre os vários eus, conforme as possibilidades de cada um na obtenção de prazer e promoção de sofrimento, no âmbito familiar ou no campo social ampliado.

Percebe-se, a partir da questão adolescente, a articulação intrínseca entre o poder e o tema privilegiado da psicanálise – a sexualidade. A busca do sujeito por autonomia, na adolescência, leva-o a um ambivalente confronto com suas referências primeiras, fazendo jus à nomeação do Édipo como um *complexo* de conflitos a serem equacionados, como *dejà vu*, neste segundo momento. Busca de autonomia na produção significante e no deslocamento do sujeito entre os grupos de pertença para além do âmbito familiar, na tentativa de ressignificar seus ideais, de acordo com a *formação de compromisso* entre as heranças recebidas e a especificidade de seu posicionamento singular. Autonomia que encontra, talvez, fugidiamente, quando deixa de procurá-la e é capaz de se posicionar frente à insuficiência simbólica que lhe é accessível e à constatação da impossibilidade de pertencer a um corpo que é, ele próprio, fragmentado, composto por tensões e dissonâncias.

Até aqui, procedeu-se a uma leitura da questão adolescente. A aposta na propriedade de seu argumento não impede, aliás, o reconhecimento de que este trabalho, como tantos outros, participa do debate sobre o tema e, conseqüentemente, não está isento do jogo de forças entre os saberes que os produzem, pois carrega consigo uma posição teórica e política que se anuncia nos conceitos e no modo de problematizá-los. A questão do poder está presente não só no segundo momento da vida sexual dos seres humanos, tal como se organizam as sociedades contemporâneas, mas se anuncia no próprio discurso que a elege como objeto privilegiado e com o qual o sujeito adolescente se identifica, no embate que estabelece com os demais e se condensa nos próprios conceitos que formula. É o que se pode chamar de política científica ou política dos saberes.

537 P. Aulagnier, *Os destinos do prazer*, p.148.

Diferentes posições teóricas surgem a partir do texto freudiano e buscam se impor frente às demais. Cada uma assume um lugar no jogo de forças do qual participam, que produz efeitos nos próprios objetos de estudo de que falam. Uma primeira vertente é inaugurada por Anna Freud e segue com vigor nos dias atuais, seja devido aos seguidores da *ego psychology*, seja devido àqueles que compartilham seus fundamentos conceituais. Pautando-se na ênfase do desenvolvimentismo endógeno rigidamente determinado, conforme sugere uma leitura específica do texto freudiano, a crise adolescente é, de modo explícito ou não, *naturalizada*, o que permitiria dispor da legitimidade e do prestígio próprios ao saber médico organicista.[538] O argumento visa dar força e sustentação à defesa de um *desenvolvimento normal*, diretamente atrelado à idéia de *adaptação* necessária do indivíduo ao meio, a partir da capacidade de *controle* do *ego* sobre os *instintos* que o invadem, neste momento crucial que é a adolescência. O projeto intervencionista de Anna Freud privilegia apenas um dos aspectos do conflito discutido por seu pai entre o *indivíduo* e a *cultura*: trata-se da adaptação necessária do primeiro à segunda, num caminho previamente determinado, na tentativa de apaziguar as turbulências que permanecem vivas entre estes personagens, que Freud faz questão de enfatizar. O desenvolvimento previsto, ao se pautar na fundamentação orgânica, conseqüentemente, visa conquistar legitimidade e impor-se como saber inquestionável, justificando o dogmatismo que caracteriza o argumento.[539] Sendo assim, é possível dizer que o projeto pedagógico da *ego psychology* oferece legitimidade e padrão de referência para as experiências

538 Como ilustração, vale a frase de Cahn: "o biológico talvez seja o que se verifica menos discutível" (entre os fatores *biológico*, *psíquico* e *social*, famosa equação reiteradamente repetida) – *O adolescente na psicanálise*, p.15. A medicina, por sua vez, está habituada a ocultar a política que pratica, tanto no saber quanto em seu exercício profissional – L. Rizitchner, *Freud e o problema do poder*, p.169.

539 Jerusalinsky lembra que o determinismo infantil levado ao extremo, como é o caso da posição desenvolvimentista, impede qualquer possibilidade de mudança e produção de um novo significante, o que equivale a dizer, em suas palavras, que "não há revolução possível" – Traumas de adolescência, p.21.

subjetivas subjacentes ao chamado *processo civilizatório* descrito por Elias, estabelecido ao longo dos últimos séculos. Seu determinismo orgânico promove a constituição do *indivíduo* contemporâneo, conforme a ideologia que em torno deste se estabelece. Oferece a ela fundamento psicológico a partir de uma racionalidade universalizante (a naturalização permite a generalização) e instrumental (porque adaptativa), cumprindo assim, de modo dogmático, a lógica causal que acompanha o ideal científico característico da modernidade.

Não muito distante, está a tentativa de evitar a polêmica *naturalização* da constituição humana, a partir da revisão de sua fundamentação organicista em favor de uma leitura *culturalista* capaz de promover a aproximação do discurso psicanalítico ao de outras áreas das ciências humanas. É com o conceito de *identidade* que Erikson busca criar outra perspectiva para o desenvolvimentismo ao qual se mantém fiel, numa relação direta, ainda que obscura, entre o psiquismo de cada indivíduo e o meio em que se encontra e que o constitui. Por um lado, é um conceito que condensa e traduz a idéia de síntese *egóica* própria ao desenvolvimentismo, assim como é o ponto culminante de um processo previamente determinado – a *identidade final* a ser alcançada. Por outro, na medida em que a identidade é sempre "psicossocial", o conceito supõe uma relação intrínseca entre a constituição do indivíduo e as determinações sócio-culturais de cada contexto específico, de modo a viabilizar a *sui generis* equação de uma *evolução sócio-genética*.

A crise da adolescência é também entendida como passagem necessária, de acordo com o processo evolutivo normal, que, para ser ultrapassada, depende da capacidade de *controle* pelo ego de seus impulsos e da possibilidade de *unificação* e *coesão* do eu. As turbulências juvenis, subjetivas ou comportamentais, ficam justificadas por este período de *moratória*, quando os excessos não somente são aceitos, como esperados, contrapartida necessária à esperada *adaptação* ao meio e submissão à autoridade.

A dificuldade em sustentar o paradoxo que fundamenta este processo evolutivo – entre os fatores sócio-culturais e o desenvolvimento em fases pré-determinadas – leva o autor a recorrer a uma ordem transcendental que, por um lado, indica a frágil concepção do argumento, não justificando por si a ampla difusão e reconhecimento que seu trabalho conquistou entre psicanalistas assim como nas diversas áreas das ciências humanas, como por exemplo, na sociologia. No entanto, o recurso utilizado expressa o caráter imperativo de uma ideologia que passa a compor a própria realidade e que, por isso mesmo, dispensa fundamentação maior. A noção de *identidade* realiza conceitualmente um sentimento de continuidade – um *si mesmo* – ameaçado no contexto do pós-guerra, tendo em vista as rápidas mudanças nos hábitos e costumes que ocorriam, de maneira heterogênea, nas diferentes partes do globo. Junta-se a isto, o fato de que o conceito de identidade e sua fundamentação indicam a possibilidade de efetivação do ideário iluminista que, como foi discutido, acompanhava e sustentava os processos sociais e políticos que ocorriam desde a modernidade e aprofundaram-se na contemporaneidade. A noção de indivíduo como ser único, universal e democraticamente dotado de um potencial próprio a ser explorado, ganha realidade com o conceito de identidade, seguindo um processo evolutivo com viés intimista, garantido por um saber psicológico que neste momento encontrou espaço de difusão. A história de Erikson, aquele que buscou afirmar um eu que se faz a si próprio (Erik-*son*, Erik filho de Erik) estava representada no conceito que oferecia a cada indivíduo um caminho próprio de realização, garantido por uma ordem transcendental. O conceito de identidade, portanto, mostra-se como um dos pontos de apoio e desdobramento da ideologia do indivíduo, que organiza as sociedades contemporâneas, oferecendo-lhes realidade e sustentação.

Entre o naturalismo de Anna Freud e o culturalismo de Erikson, transitam muitos autores, lançando mão, ora de uma *identidade* necessária – que põe em risco o caráter fragmentado de um sujeito em conflito – ora de uma fundamentação sutilmente organicista – que fere a plasticidade da sexualidade enunciada no texto freudiano. Identidade em crise e fundamentação orgânica são os dois principais pontos de sustentação da concepção de adolescência predominante na atualidade. A fundamentação orgânica permite a legitimação da necessidade da crise, numa tentativa de comprovação *a priori* de sua universalidade. A identidade, por sua vez, é uma realização da ideologia do indivíduo: sustenta e efetiva a *atomização* dos sujeitos, como seres únicos e possuidores de um conteúdo próprio – sua *essência*? –, ainda que incerto, que lhes garante, imaginariamente, constância em meio àquilo que parece efêmero. A *crise de identidade* justifica as turbulências, silenciosas ou barulhentas, que são associadas a uma *etapa do desenvolvimento* e caracterizam a particularidade daqueles que formam um segmento social passageiro. Trata-se de uma *moratória* a ser vivida, na hiância entre o descompromisso fantasioso infantil e a responsabilidade instituída do mundo adulto, atribuindo ao jovem a permissividade de excessos de antemão justificados, contrapartida da subordinação a uma determinada *realidade*, seja ela marcada pelas normas sociais devidamente institucionalizadas ou por uma crise subjetiva a ser vivida como condição para a conquista de uma *identidade* própria e exclusiva.[540]

Porém, tais concepções não parecem ser propriamente equívocos de saberes que, na política das ciências humanas, almejam conquistar a (polêmica) universalidade em bases duvidosas. Ao que parece, são mais do que um pensamento que busca a naturalização ou fundamentação transcendental para algo próprio à ordem simbólica; não se trata somente de um pensamento que se apresenta como *ideologia em-si*. Ao participar de diversas práticas institucionalmente difundidas e ser ritualizado na turbulência de uma crise necessária – ideologia *para-si* –, tendem a se impor

540 Nesta linha, um trabalho bastante difundido no Brasil, nestes últimos quinze anos, é o livro *Adolescente hoje*, de L. C. Osório. O título é particularmente sugestivo, pois se por um lado sugere a inscrição temporal do advento da adolescência – adolescência hoje é diferente daquela de outros tempos – por outro, subverte esta idéia ao utilizar um *hoje* que nunca se torna passado, explicitando a ambição do trabalho.

como *realidade* a partir da qual os sujeitos se identificam e se organizam, num movimento que realiza e reproduz a propriedade deste discurso – ideologia *em-si-para-si*. Se esta realidade não é homogênea e nem final, é porque o universo humano se mantém vivo, sustentado por tensões e variações, como o indica o desigual contexto brasileiro, responsável por questões lançadas aos pesquisadores da adolescência, que se detêm, direta ou indiretamente, nas implicações das diferenças entre as realidades sociais da atualidade.

Se a vertente francesa trouxe maior exigência ao debate sobre a adolescência, não deixou de participar da política que o acompanha. Sob a influência do estruturalismo, busca-se escapar do relativismo histórico (assim como Freud, a seu modo), a fim de anunciar os processos implicados na emergência do sujeito psíquico, segundo os registros enunciados por Lacan. A adolescência é então concebida como *operação simbólica* suscitada a partir do confronto com a castração (Melman), da *falência narcísica*, da *pane* ou do desamparo frente ao impacto com o *real pubertário* (Lesourd e Rassial). Oscila-se entre a aposta numa universalidade trans-histórica para a adolescência (Lesourd)[541] e uma posição menos pretensiosa, que inscreve a adolescência como advento da modernidade (Rassial e Ruffino), mantendo em aberto, neste último caso, a tensão entre um saber que pretende anunciar a constituição da estrutura do sujeito psíquico, assim como inscrever as determinações históricas que o antecedem ou configuram sua contingência particular.[542] Entre os autores desta vertente, a no-

541 O que não impede este autor de considerar que "mudança política e interesse pela educação dos adolescentes parecem pois ligados", o que para ele pode ser visto, por exemplo, na Grécia do século V, na transição de uma "democracia baseada na tradição e no espírito cívico (a comunidade) e o império que valoriza o individualismo e a crítica filosófica (a razão)"; é quando "a educação dos adolescentes assume um lugar central" – S. Lesourd, A construção adolescente no laço social, p.18-19.

542 Poucos trabalhos sobre adolescência, em psicanálise, discutem diretamente a questão política e histórica que a acompanha. Entre estes poucos, um exemplo é o trabalho de E. Saggesse, *Adolescência: as ideologias das teorias*. O autor, a

ção de *identidade* não é de todo descartada, assim como sua *crise*, inclusive como passagem necessária (Lesourd), mas lhe atribuem um estatuto menos *essencialista*, na medida em que a percebem como construção imaginária.

Se a vertente lacaniana se empenhou em questionar o determinismo endógeno da *ego psychology* e de seus simpatizantes, aqueles que tomaram a adolescência como tema para a psicanálise não se desprenderam plenamente do fundamento organicista defendido por esta, que por sua vez apoiou-se no texto freudiano. Isto porque a hipótese da adolescência como resultante do *real pubertário* atualiza, no recorte dos três registros, a lógica organicista anteriormente utilizada para o segundo momento da sexualidade, conforme defendia o polêmico terceiro ensaio do texto de Freud de 1905. Entende-se que, em contrapartida, o real que invade o sujeito neste momento constituinte, demandando sua operação simbólica, não se restringe nem às transformações fisiológicas, nem ao acesso ao sexo estritamente considerado. O real em questão é, antes, aquele que a própria realidade socialmente estabelecida já encobre, que Zizek descreve como *núcleo real impossível* e que cada estrutura social busca apaziguar e amortecer, sob as máscaras que lhe são possíveis.

Nas sociedades contemporâneas, a *ideologia do indivíduo* – descrita como condição universal de igualdade, sustentada pela suposta capacidade de auto-determinação de cada sujeito – visa, por um lado, estabelecer uma realidade a partir da qual o campo simbólico se organize e, por outro, negar a lacuna deste mesmo campo, velando a dimensão do real que não se inscreve na realidade. O real que escapa ao simbólico é, portanto, desde o princípio, político, na medida em que aponta para o *antagonismo* que configura o campo de forças que tensiona toda experiência humana e demanda, de cada organização social, várias realidades (simbólica, sócio-econômica, política, entre outras) que a estruturam.

partir de uma perspectiva marxista, afirma que a adolescência é um "marco entre as práticas formativas ideológicas" – p.60. Outro autor que se aproximou do problema foi C. Calligaris, num texto dirigido ao grande público – *A adolescência*.

A *crise da adolescência* é, por sua vez, a experiência singular do confronto de cada sujeito com este real, até então abafado pelo imaginário infantil a partir do narcisismo parental, quando este é possível. Isto porque, nas infâncias que não possuem a possibilidade de experimentar tal abafamento há uma convocação antecipada para se viver precocemente o trauma do antagonismo, sofrendo cada um as conseqüências deste impacto, conforme os recursos subjetivos de que dispõe.

A *crise adolescente* é também a falta de lugar para o gozo, assim como é a vertigem frente ao risco da própria falência do sujeito ao se deparar com a magnitude de um real impossível de ser simbolizado. Real político, fundamentado no antagonismo insuportável, que permanece como resto traumático e serve, em cada um, como suporte da Lei, na ausência de sentido que possui, sendo utilizada nas distintas organizações sociais como meio para permitir a arbitrariedade das leis vigentes. Sendo assim, a *crise* é tanto um corolário da ideologia do indivíduo, quanto condição de pertinência no heterogêneo campo simbólico das sociedades contemporâneas, que se estrutura a partir desta ideologia.

A concepção que descreve a adolescência como *entrada* no mundo adulto ou como *passagem* para este *novo* universo estabelece uma separação entre este e o universo infantil, como se o último estivesse preservado das contradições que se intensificam nas sociedades contemporâneas.[543] Além disso, a hipótese de uma *passagem para*... ou de uma *entrada em*... depende da idéia de *socialização* ou *inserção* o que, como foi visto, supõe a idéia de uma coesão ou integração sociais minimamente capazes de justificar a *inclusão* de *novos* membros em seu seio. Indicam o talvez inevitável lugar que ocupa cada um dos personagens em jogo: aqueles

543 Além dos trabalhos comentados anteriormente (como o de Rodulfo e de Aulagnier) sobre a adolescência como *passagem*, vale citar também, como exemplo, S. Tubert, *A morte e o imaginário na adolescência*, p.40, que fala em "entrada na vida" referindo-se à puberdade; Bloss descreve a adolescência como "uma passagem verdadeira de dependências familiares infantis para um meio social mais amplo" – *Transição adolescente*, p.7; G. Díez, R. Hillert falam num tempo de passagem com dor – *El tren de los adolescentes*, p.22.

que representam o instituído e os outros, estrangeiros, que chegam de lugar algum. São formulações que anunciam o compromisso dos primeiros com a preservação das instituições sociais vigentes e com a transmissão da tradição cultural, marcando, portanto, a posição conservadora do saber em questão.

O anúncio da *passagem* ajuda a fomentar a crença de que se trata de um processo no qual as etapas possuem um sentido, de acordo com a seqüência estabelecida entre elas, o que serve de alento para as dissonâncias e angústias experimentadas pelos indivíduos, assim como para as dificuldades das práticas institucionais vinculadas à questão juvenil e sua formação. A concepção de adolescência como *passagem* ou *entrada no mundo adulto* carrega consigo, portanto, um velamento das tensões que inquietam e ameaçam cada organização social, abafando o sentido político que acompanha a *crise da adolescência*.

Ainda que a operação adolescente venha *confirmar* uma estrutura anteriormente anunciada, tornando-a *definitiva*, algo dela rateia, sem que seja possível, de todo, ser ultra-*passada*. Do ponto de vista clínico, há algum tempo a psicanálise tem lembrado que a infância pode ser passageira, mas não o infantil, que persiste na fala de cada sujeito, apesar do esforço freqüente para seu esquecimento. Se a adolescência pode ser tomada como um momento na vida passível de se tornar passado, algo *da adolescência* perdura no pretenso adulto, sem torná-lo, necessariamente, um adolescente. Algo que diz respeito ao pedido de pertinência adolescente que se mantém em suspenso, sem resposta (por mais que seja possível constatar a impossibilidade do pedido) e que sustenta uma condição de inquietude para o sujeito, inconformado com a realidade que enfrenta. Algo que é secundário ao infantil, que o resgata e lhe oferece nova roupagem, em meio à circulação que o desejo faz num novo cenário. Algo, ainda, que torna este momento, crucial, na ressignificação que realiza das marcas anteriores, conforme os recursos que se mostram disponíveis para cada um.

É um desafio tornar presente a questão política em cada saber que não possui como objeto primeiro de sua investigação, a temática social e pública. Desafio para aquele saber que, particularmente, pretende falar do sujeito psíquico naquilo que lhe é próprio, mas que nunca é definitivamente traduzido, tendo em vista, aliás, a própria impossibilidade de isentar de sua historicidade o objeto de investigação, assim como o discurso produzido sobre ele. Como diz Tubert, "toda concepção da adolescência (...) estará necessariamente co-determinada pelo modelo de idade adulta que tivermos",[544] assim como, em outras palavras, o próprio simbólico nunca está isento do registro imaginário, sendo aliás freqüentemente estabelecido a partir deste, o que faz com que o campo do Outro seja sempre determinado pela tradição cultural na qual se insere,[545] variando portanto histórica e socialmente. No entanto, como foi visto, há, entre a psicanálise e a historiografia, tensões que as acompanham e parece pouco plausível a possibilidade de um diálogo sempre harmônico entre estes saberes, o que talvez ocorra também em relação a outras áreas das ciências humanas, tais como a sociologia e a antropologia. Se é possível notar em um e em outro a menção ao saber alheio, tendo em vista as questões com as quais cada um se depara e o objeto de investigação eleito pelo outro, a tentativa de aproximar tais saberes se mostra fecunda ainda que, em princípio, conflituosa.

Entende-se que a adolescência, como segundo momento da sexualidade, é marcada pelo impasse do gozo decorrente tanto das possíveis experiências amorosas vividas neste período, anunciando o confronto com a dimensão impossível e enigmática que caracteriza a sexualidade, quanto das disputas de poder com as figuras de autoridade socialmente instituídas, o que também está indicado com a segunda operação Nome-do-Pai, como propõe Rassial. A questão sexual em jogo inclui a dimensão narcísica do problema do poder, quando se pensa na luta por reconhecimento por um lado e na fantasia onipotente infantil, nunca plenamente abandonada, de se impor perante os demais, sejam eles os pares ou as figuras de autoridade. O gozo impossível em questão envolve as duas dimensões impostas pela Lei da cultura, tal como

544 S. Tubert, *A morte e o imaginário na adolescência*, p.17.

545 Como sugere A. Jerusalinsky, Traumas de adolescência, p.22.

anunciada por Freud, tanto em relação à escolha objetal – impossível realização do encontro amoroso – quanto aos objetos identificados – impossível ocupar o lugar da figura paterna.

Além do prazer ou desprazer que percorre tais embates e seduções, sobra um resto do real antagonismo que retorna, como assombração ou rompante inassimilável, nas fissuras de cada corpo social com os quais o sujeito adolescente se confronta, ao se desprender de seu mundo infantil imaginariamente preservado; ou retorna, ainda, no próprio corpo adolescente, quando identificado com as vertigens que assolam uns e outros. Como exemplo, vale lembrar que o terror que invade um país e conquista as manchetes dos jornais conduz a posições extremas quanto aos personagens adolescentes: vertigem destes ficarem expostos àquilo sobre o que não se tem controle e não conquista sentido no cenário social, ou, inversamente, identificá-los como responsáveis ou co-responsáveis pelo terror vivido por todos e cada um.[546] As reações extremas não parecem estar desconexas: anunciam a posição antagônica que ocupa a figura do adolescente ou do jovem nas sociedades contemporâneas.

O desafio de manter o lugar da política no discurso sobre a adolescência demanda uma concepção outra, não como *passagem*, mas, conforme as palavras de Rosa, como "a operação que *expõe a cena social* presente na base da cena familiar, até então encarregada das operações referentes às funções materna e paterna para a constituição subjetiva".[547] O infantil, deste modo, se mostra como momento em que a cena social fica provisoriamente amortecida, conforme as possibilidades simbólicas disponíveis no espaço familiar, possibilidades estas que suportam a multiplicidade imagi-

546 Recentemente, em meio aos diversos ataques a ônibus, transeuntes e localidades públicas, na Cidade de São Paulo, constatou-se que foram muitas vezes jovens entre 18 e 20 que cumpriram, na qualidade de serviço terceirizado, as ações encomendadas pelos mandantes encarcerados – ver *Folha de São Paulo*, de 13 de Julho de 2006.

547 M. D. Rosa, Adolescência: da cena familiar à cena social, p.235. No original toda a frase está em itálico.

nária necessária à estruturação do sujeito. O momento adolescente ocorre quando o sujeito, até então ilusoriamente preservado da cena social, é convocado, em função de sua busca de autonomia e realização de um ideal singular, a deparar-se com as dissonâncias e contradições do corpo social que o antecede e ao qual almeja *pertencer*. Este movimento, no entanto, exige a ressignificação de suas inscrições primeiras, pautadas pelas marcas de gozo e suas falências, permitindo a partir daí a confirmação do posicionamento do sujeito. É em função disto que o momento se mostra, concomitantemente, *segundo* e crucial, conforme o encadeamento das marcas precedentes e com o desprendimento possível frente ao recalque experimentado, quando este pode acontecer.

A confirmação da estrutura se dá a partir do movimento de desprendimento do adolescente de suas referências primeiras, o que o leva a deparar-se com a *ausência* de dispositivos societários coletivamente estabelecidos, implicando na falta de um sentido compartilhado para a estranheza com a qual se depara. Esta *ausência* – que não deixa de ser uma presença característica das sociedades contemporâneas, como dispositivo de inscrição social via *crise adolescente* – leva-o a promover as operações simbólicas, a partir dos recursos disponíveis, tal como a criança havia feito no jogo do carretel descrito por Freud.[548] Os recursos em jogo dizem respeito tanto às referências societárias heterogênea e desigualmente oferecidas, quanto aos recursos psíquicos que cada sujeito produziu, conforme sua história de vida que, como se sabe, também é pautada por diferenças não comparáveis entre si. É na *compulsão à repetição* que cada adolescente busca elaborar a falta de dispositivos societários coletivamente compartilhados, bem como o excesso de real que aí se anuncia, real político, referente ao antagonismo que antecede cada organização social específica.

Cada sujeito se constitui de acordo com as funções materna e paterna que lhe couberam e de acordo com seu posicionamento frente a estas. Tais funções, como se sabe, variam nas diversas composições familiares, não sendo possível estabelecer uma

548 S. Freud, *Más allá del principio de placer*, p.13-17.

correlação entre nível sócio-econômico e o modo como os laços familiares auxiliam na constituição do sujeito. Se a desigualdade sócio-econômica está sempre presente para cada sujeito, em seu processo de estruturação, isto se deve ao lugar que ocupam aqueles que são identificados como suas referências mais próximas, assim como à capacidade de cada meio familiar servir como anteparo ou não para a cena social que o antecede.[549]

Se o corpo é um lugar de emergência do real, isto não se deve especificamente às transformações orgânicas pubertárias. Se estas se fazem presentes, é sobretudo a partir do olhar do outro ou da imagem especular que se anuncia para o sujeito, deparando-se este com um *estranho* a ser significado. Sabe-se, no entanto, que este olhar e esta imagem não estão presos à concretude da realidade, uma vez que esta é dada sobretudo pelo campo simbólico que a fundamenta e acompanha. Da *realidade*, busca-se ao menos um *grão* que sirva de suporte para o real a ser confrontado, disparado na estranheza do olhar do outro. São as imagens de um corpo transformado, produzidas em meio a este ou a tantos outros, que instigam o retorno do recalcado, inaugurando o segundo momento da sexualidade. É por este motivo que o momento adolescente independe diretamente da puberdade, pois está atrelado aos sentidos que aquele corpo conquista nos laços nos quais se inscreve.

O caso da criança tomada como objeto sexual antes dos sinais pubertários é uma situação em que esta inversão fica explicitada e é capaz de justificar a *antecipação* do segundo momento da sexualidade, produzindo seus efeitos para quem a vive.

O desprendimento das referências familiares (ou daquilo que cumpre sua função) depende e permite a busca de referências outras que, ao ultrapassarem o âmbito familiar, lançam o adolescente no caldo cultural sem a mediação parental explicitamente considerada. Encontra-se, portanto, num lugar de destaque no

549 Trata-se de uma questão complexa e que demanda mais discussão. Sobre a relação entre o jogo simbólico e o confronto com a estranheza na adolescência, ver T. C. Matheus, *Ideais na adolescência*, p.108-109.

cenário social, sendo por um lado, com sua ação ou discurso, um agente que põe em questão o que permanece velado para tantos atores sociais, resguardados como estão estes outros, muitas vezes, em seus lugares já sedimentados. Por outro, o adolescente é, ele próprio, um objeto privilegiado na cultura das sociedades contemporâneas, que visam aprisioná-lo em imagens idealizadas ou marginais, no esforço de tolher o potencial disruptivo e inquietante de seu movimento.[550] Como foi dito, o adolescente ocupa um lugar paradoxal na economia simbólica capitalista: é convocado a responder ao imperativo de fruição e gozo máximos, a fim de dar legitimidade ao ideal impossível oferecido a cada um, ao mesmo tempo em que é responsabilizado pelas incongruências do sistema, na condição de representante do futuro coletivo, ego idealizado. O antagonismo que recai sobre os corpos adolescentes responde à paradoxal posição em que é colocado: culto idílico de uma imagem de beleza e perfeição, contrapondo-se ao horror frente à iminência de sua ação, seja ela de revolta e crítica ao instituído, seja ela em favor do gozo total, impossível, almejado e temido por todos.

A escuta analítica pratica inevitavelmente uma política, de acordo com os recursos que possui e nos quais se fundamenta. Quando restringe a crise do sujeito à adolescência como momento de passagem a ser superado, silencia a crise que acompanha o sujeito humano na modernidade. Se o real que invade o sujeito adolescente é descrito simplesmente como real pubertário, incremento pulsional deflagrado por transformações orgânicas pré-definidas, a política que se pratica é aquela que fortalece o velamento deste núcleo insuportável. Fica denegada a condição política que marca de princípio a constituição de todo sujeito, sendo ele próprio, uma estrutura reativa ao *núcleo real insuportável*.

Dar lugar a este real é fazer uso da própria castração, evitando a resistência do analista que deposita no adolescente a inadaptação ou a dissonância que também o acompanham. Se cabe ao psi-

550 Ver por ex., T. C. Matheus, Adolescência, idealização e marginalidade.

canalista permitir ao sujeito realizar a travessia da angústia,[551] o reconhecimento do impossível a ser confrontado possui uma dimensão política, restitui a condição de escuta que fundamenta o lugar que visa ocupar. A clínica da adolescência é um dos momentos em que esta problemática se faz presente, seja pela abertura que oferece como momento decisivo no modo como a estrutura psíquica se estabelece, seja pela convergência de preocupações que ocorre atualmente em torno das imagens adolescentes.

Atenciosamente,

551 J.-D. Nasio, *A histeria*, p.95.

Para não dizer que não falei da clínica

Mas, ainda. O lugar do analista depende da possibilidade de suportar a insuficiência do discurso que lhe é endereçado por um outro que busca encontrar escuta para suas inquietações. Este, por sua vez, na hiância entre a fala que enuncia e o retorno que recebe, defronta-se com a possibilidade de formular questões sobre algo que o persegue, mas não compreende. Nesse encontro, há um estranhamento inevitável. O lugar do analista – nem sempre ocupado pelo psicanalista – guarda um silêncio que não é bem traduzido quando se pensa em resignação. A pressa em compreender e nomear este silêncio pode suscitar tal conclusão, em função do desamparo experimentado na situação de análise.

Algo mais faz deste lugar, analítico. Se o exercício teórico e o trânsito entre pares funcionam como esteio para o psicanalista em seu exercício clínico, não são, no entanto, suficientes para antecipar os caminhos necessários ao cumprimento de sua função, na impossibilidade e no desafio que ela possui. A disposição para suportar a insuficiência do discurso do outro depende, primeiramente, da travessia que o analista um dia realizou, ao se defrontar com suas próprias estranhezas ou enigmas. Porém, é preciso algo mais para tornar a *reserva* do analista um dispositivo capaz de provocar a palavra do sujeito. A função do analista depende de algo artístico, na medida em que visa à expressão do indizível, operação irredutível à decomposição de seus determinantes, sendo o exercício poético sua expressão mais próxima. É por esse caráter irredutível de sua função que o analista não poder ser reconhecido, ele próprio, como responsável pela palavra que o sujeito conquista na situação de análise.

A possibilidade da escuta depende, ainda, de um desprendimento frente ao instituído ou mesmo de alguma irreverência frente a este, para que o discurso que chega possa ganhar nova marcação e melodia. Trata-se da possibilidade de realizar (ou ao menos encontrar disposição para) o descolamento de qualquer dogmatismo que venha atribuir antecipadamente sentido ao discurso apresentado, até onde isso é possível. É algo, aliás, que depende da posição daquele que escuta ao conviver com e resistir à sedução (narcísica) que o eu ideal lhe oferece a cada instante, também ali, na qualidade de psicanalista em seu consultório, detentor de um (pretenso) saber reconhecido.

Algo semelhante ocorre com a sedução que aparece no ideal de cumplicidade da situação transferencial, quando analista e analisando se veem entusiasmados, sutilmente ou não, com as possibilidades propiciadas pelo encontro entre ambos. O alerta quanto à *inexistência de qualquer relação amorosa* é dado, ainda que se saiba que não é da ordem da consciência que se trata e que o alerta nada garante. A sedução permanece e a ilusão, aqui, é um risco.

Por outro lado, o lugar do analista depende também da capacidade daquele que se dispõe a ali estar, de se deixar levar pela ilusão do outro, no jogo amoroso transferencial que realiza, ambivalente como é. Trata-se de, num determinado instante, *fazer de conta*, acreditando na verdade da mentira encenada, mas sempre com a certeza da condição solitária de cada um, seja em função da rebeldia de um desejo irascível, seja em função do pouco prestigioso desamparo que o anonimato cotidiano exige daquele que não alcançou seu minuto de fama, numa cultura regida pela lógica do espetáculo.

Há algo na função do analista que sugere o resgate de dispositivos promovidos na operação adolescente, conforme as marcas deixadas por este momento na estrutura do sujeito. Primeiramente, trata-se da disposição para o desprendimento das referências que antecedem cada um (adolescente e analista) – algo impossível e igualmente necessário, quando se tem em vista o mergulho que o analista é convocado a fazer a partir da mentira sedutora do discurso transferencial. É a disposição para percorrer caminhos outros, aparentemente aleatórios, seguindo a dispersão necessária que Freud propõe para a exploração do campo associativo, na modalidade da atenção flutuante. Quanto ao adolescente contemporâneo, cabe ao analista a dúvida e a inquietação que esse personagem carrega, na posição daquele que se apropria criticamente das questões que percorrem cada ordem social e suas instituições. Nesse sentido, o lugar do analista sugere o uso de alguma desconfiança, bem como uma dose de irreverência, a fim de abrir mão da segurança que o conforto dogmático apresenta, para sustentar o instante de suspensão necessário ao exercício da escuta. A partir do movimento de descolamento que o adolescente experimenta, o analista mantém viva sua própria insuficiência, permitindo ao outro constatar que cada um segue um caminho singular.

Do pedido paradoxal do adolescente por pertencer e, ao mesmo tempo, recusar o lugar que lhe é proposto – lugar sempre morto – o analista guarda o traço romântico da disposição para o trânsito cúmplice, bem como o descrédito inevitável do que lhe é oferecido. Tal descrédito, no entanto, não se dá propriamente por uma ambição narcísica – o que parece fazer parte da experiência adolescente –, mas pela travessia que um dia realizou, que marca a diferença de posição frente àquele que o procura. É esta travessia que lhe permite lembrar que as perguntas e respostas que um e outro produzem, na situação analítica, são sempre frágeis e incompletas, mas, em vez de aí ratear num pesar melancólico, ser capaz de perceber o sabor da errância.

Desse lugar, o analista propõe-se à escuta. A clínica, na distinção que possui em relação a um consultório, é sua morada, lugar a partir do qual opera uma escuta e escreve sua pesquisa.

Se é possível ou mesmo necessária a circulação por outros saberes, é a partir desse lugar, ponto de partida, de pertinência e talvez de chegada, que trabalha. Circular a partir dessa morada por outras veredas, ou mesmo vislumbrá-las de sua sacada, leva à estranha constatação das diferenças entre as várias paragens, bem como instiga a pergunta acerca deste lugar primeiro, sobre os que fazem dele sua morada. Em contrapartida, a permanência no próprio lar traz seus riscos, quando se evita abrir portas e janelas, na ilusão de que o mundo ali se resume. Há que se considerar, porém, que não se trata propriamente de uma morada confortável, como podem supor os desavisados, pois a própria estada também apresenta desafios e espinhos. De qualquer modo, o recolhimento doméstico não condiz com a circulação da qual depende o analista, como Freud e Lacan fizeram, visitando aqueles que lhes pareciam dispostos à investigação das entranhas da condição humana.

A circulação entre psicanálise e outros saberes provoca o questionamento dos fundamentos desta, bem como de seu exercício clínico. Ainda que a travessia que cada analista tenha realizado seja, com razão, tomada como condição primeira para a sustentação de seu lugar, não parece ser condição suficiente para a prática clínica. Mas, se vários são os aspectos que caberiam aqui ser levantados – lembrando que o próprio Freud marcou sua posição a respeito[552] – mais do que uma resposta específica, parece ser a própria questão um dos dispositivos primordiais que fundamentam o lugar do analista, tendo em vista, inclusive, a importância da sustentação da dúvida no exercício da escuta. Nesse sentido, entende-se que a função do analista depende, primordialmente, de uma *liberdade negativa*[553] como recurso para sua prática, pois é mais o estado de incerteza e de questionamento que a suportam do que a comunhão de respostas consensualmente estabelecidas.

Inegavelmente, há marcas que não podem ser esquecidas; a própria tradição de um saber também produz suas instituições e, como foi dito, nenhum desprendimento é pleno, por mais que se queira: cada um produz suas perguntas a partir da realidade da qual participa, sem nunca ter clareza quanto ao momento em

552 FREUD, S. *Pueden los legos ejercer el análisis?*.

553 Liberdade de suspender a certeza, sob o preço de algum desamparo.

que seu dizer reafirma a alienação ideológica da referida realidade. A liberdade é dada ao analista pelo exercício negativo da dúvida – uma suspeita crédula – bem como pela refutação da possibilidade de isenção de qualquer posição adotada. Nesse ponto, portanto, o analista mantém-se fiel ao projeto crítico da modernidade, ao pensar a si mesmo, criticamente.

Falar da clínica traz dificuldades; aliás, quando considerada em seu sentido estrito, é algo impossível. Isso porque, como se sabe, não há como falar diretamente do que foi vivido, senão a partir de leituras e narrativas. Além disso, a questão do sigilo exige que ou o material seja ainda mais deformado, ou seja recortado de modo a impedir a construção de um historial clínico capaz de identificar os personagens, ou, ainda, a exposição fica comprometida em função do momento de análise pelo qual passa cada paciente.

Em meio a tais obstáculos, optou-se por trabalhar com fragmentos clínicos, a fim de destacar a inadequação de se tomar cada caso como tentativa de comprovação de um determinado argumento, mas, em contrapartida, permitir o exercício que as circulações estabelecidas sugerem, justificando em parte a vírgula no final do texto. Se a ideia de retorno à morada inspira alguma nostalgia, também faz perceber que ela, a clínica, esteve sempre presente, durante todo o percurso, sem, no entanto, anunciar-se. Foi preciso caminhar para perceber que a morada também se movia, conforme a insegurança e a determinação necessárias à realização do percurso empreendido.

Como ressalva do material apresentado a seguir, é preciso lembrar que não são mais fictícios do que aqueles que atendemos no consultório. Qualquer semelhança com situações outras é mera coincidência, resultado da falta de originalidade da experiência humana.

Conheci Rebeca em uma situação de supervisão. Quarta e última filha de um casal devoto e zeloso com o cuidado familiar, chegou para a análise com a queixa de não conseguir se desenvolver profissionalmente, apesar de sua dedicação. Formada há poucos anos na área de saúde, a caçula seguia a referência dos pais, que exerciam atividades ligadas à educação e ao cuidado infantil. Queixava-se da falta de retorno tanto financeiro quanto do reconhecimento que esperava conquistar com suas realizações. No meio profissional os sinais de conquista lhe pareciam lentos e escassos; em casa, era sempre *a caçula*, aquela que deveria trazer alegria à família, não sendo possível ser percebida a não ser desse modo, segundo dizia.

Da infância, guarda uma imagem lúdica e idealizada – *era tudo bom, não* tínhamos *nenhum problema*: a união entre os seus e o entrosamento com outras famílias amigas compunham um cenário acolhedor e diversificado, num cenário interiorano, onde as várias referências disponíveis pareciam se somar e complementar umas às outras. Gosto pela natureza e por *brincadeiras de menina* davam o toque. Da adolescência, descrevia uma particular cumplicidade com a irmã, apesar de suas diferenças, que, com o decorrer da análise, começaram a aparecer. O papel ocupado naquele momento pela irmã parecia suprir uma das queixas que tinha da mãe, que, em função de um suposto receio de ser invasiva, não se dispunha a um diálogo mais íntimo com nenhuma das duas. Da mãe, destacava a preocupação com o zelo e bom funcionamento geral da casa, a alimentação, a higiene, bem como os figurinos do dia a dia. Do pai, comentava que as possibilidades profissionais lhe permitiam uma dedicação diferenciada aos filhos, *quase maternal*, não fosse o caráter autoritário de seu protestantismo.

A proximidade de idade entre os quatro irmãos indicava a devoção dos pais. A diferença de idade entre ela e seu irmão mais velho era de apenas cinco anos; o segundo tinha quatro a mais e a irmã, apenas um ano de diferença em relação a ela. Os dois mais velhos, como ela, também demonstravam dificuldade em sair para o mundo, seja em função de opções profissionais marginais ou da dificuldade de levar adiante projetos de estudo numa cidade maior e mais anônima, conforme previsto pela dupla parental.

Rebeca logo se deu conta do cenário idílico que haviam defendido ao longo de vários anos e do alerta que representavam as dificuldades que ela e os irmãos encontravam na passagem do meio familiar para outros espaços e experiências, que não diretamente subordinados à supervisão dos pais. Não muito tempo depois, aliás, relata situações de ruptura e afastamento drásticos entre os irmãos, em razão de conflitos nos quais surgia a queixa da quebra da confiança que até então lhes parecia intocável. Esforços constantes eram relatados no sentido de tentar evitar o sofrimento acarretado aos pais, mas também a ela, identificada como estava à função de cuidar da união da família. Durante um período, as sessões repetiam de modo viciado esses temas, bem como a dificuldade de encontrar outra posição em sua experiência profissional.

Numa determinada sessão, a partir de comentários feitos sobre sua infância, resolve apresentar seu álbum de fotografias. Sua atitude causava surpresa, pois tomava uma iniciativa que se mostrava distinta do gesto (*feminino?*) de cuidado, resguardo que predominava em seus relatos. Algo do passado cultuado parecia *pôr a cara para fora* e as imagens que surgiam rompiam com a virtualidade idealizada de seu discurso infantil, que até então imperava.

Não queria apenas falar, era preciso mostrar as fotos – necessitava de testemunhas para o julgamento que buscava fazer. Relatava que havia sido particularmente difícil montar o álbum, anos atrás, por sua própria conta. Constatou rapidamente sua desvantagem frente aos irmãos: como quarta filha, tinhas poucas fotos exclusivas, o que a havia obrigado a compor um álbum com fotos suas junto aos demais – era o *seu* álbum *de família*.

As imagens funcionavam bem como provas de uma infância preservada; seu sorriso constante era seguido por seus irmãos e familiares, incluindo *tios queridos* e *primos companheiros*. Destacava-se, no entanto, o sorriso garboso do pai, quando jovem, ao lado de uma mãe menos efusiva, mas que perecia desempenhar bem e com seriedade seu papel, mulher do homem da casa. Detém-se numa das primeiras fotos, na qual ela, ainda bebê, tinha os três irmãos a sua volta, compondo harmonicamente um conjunto de semelhantes. Comenta a posição central que ali ocupa, não por acaso – era um ponto de união da família. Vira as páginas vagarosamente, anunciando cada um daqueles que eram dignos de serem incluídos em seu álbum. Sua fala demonstrava ternura e orgulho com a obra realizada – *este álbum é muito importante para mim, é bom poder mostrá-lo a você*, disse à analista, quase ao final.

Quando a viagem parecia terminada, comenta uma fotografia dela com sua irmã – *olha como eu era menor que a minha irmã e a diferença é de apenas um ano e quatro meses; eu era uma menina e ela já era mulher*. Era uma foto em que estavam de mãos dadas e erguidas em pose, cada qual em seu papel próprio; ela, então com dez anos, trajava um vestido de princesa que, colado ao corpo, denunciava uma silhueta singelamente infantil; a irmã, como se fizesse a apresentação da caçula, usava um vestido de alça que moldava a diferença que conquistara em relação à menor. A delicada sensualidade de seu corpo já moço, sensivelmente mais alto e volumoso, ocupava um vestido casual, estabelecendo um desequilíbrio entre as imagens de ambas.

A partir daí, retorna várias vezes à mencionada fotografia e comenta o crescimento precoce da irmã: apesar de ser a terceira na ordem geral de filiação, era entre as mulheres a mais velha e, portanto, aquela a quem cabia primeiramente fazer às vezes da mãe, caso fosse necessário. Seu corpo parecia ter respondido à altura às demandas, pelo menos na narrativa da caçula. Rebeca, por sua vez, parecia *retardar seu desenvolvimento* (como no sintoma profissional), mantendo-se coerente com a posição infantil e lúdica que ocupava. Além da diferença na primeira menstruação entre ambas – dez anos para a irmã e treze para ela – também foi incômodo conviver com a diferença, ainda maior, da primeira experiência sexual (ela aos 21, a irmã, aos 16).

Embora visse na irmã uma parceira constante, durante as várias fases que viveram, isso não a impediu de queixar-se dela, que parece ter cumprido uma função relevante quando não responde a suas dúvidas sobre menstruação e outras questões femininas. Tal recusa oferece a Rebeca a possibilidade de encontrar algum isolamento em meio à massiva coesão familiar. *Tive que me virar sozinha*, diz. A mãe evitava intimidades e o pai, como bom educador protestante, havia reunido certo dia todos os irmãos e feito um discurso pedagogicamente adequado sobre o assunto, mas sem que ela própria houvesse feito qualquer pergunta a respeito; ela, então, deu sua resposta – *não prestei atenção*.

A dúvida sobre uma feminilidade que fosse além das funções domésticas e socialmente atribuídas à mulher (de acordo com a tradição da família brasileira de classe média) surgia neste momento, quando retomava sua história, a relação que possuía com as mulheres de sua família e o lugar atribuído ao feminino em seu núcleo familiar. A pergunta ecoava durante as sessões e permitia um deslocamento da circularidade do discurso que predominara até então. O queixume melancólico dava lugar a uma inquietação incerta e curiosa frente à questão quanto ao que era ser mulher. Foi possível falar de sua intimidade sexual e das dificuldades que encontrava nos namoros, como demonstrar suas preferências *sem parecer vulgar nem dominadora*.

Do *retardo* em seu *desenvolvimento* – orgânico, profissional e sexual – pôde vislumbrar a possibilidade de adotar uma postura que não precisasse corresponder imediatamente àquilo que dela era esperado, fazendo uso de algo que também desconhecia acerca de sua condição feminina. Até onde foi possível acompanhar o caso, algumas mazelas pareciam ter permanecido na qualidade de *traço de caráter*, mas sem o peso melancólico de um discurso incapaz de encontrar a diferença daquilo que ele próprio anunciava. De uma puberdade supostamente postergada – como decifrar os enigmas da anatomia? – viu-se seguir um caminho marcado pela insígnia do *atraso*, aparentemente em nome da cultuada unidade familiar: era preciso que permanecesse no lugar infantil da família, como garantia de que sua alegria reunisse os demais, evitando os infortúnios que poderiam trazê-los de volta à realidade, quebrando o caráter idealizado do modelo familiar.

Foi há pouco tempo que tive notícias de suas conquistas recentes, quando, em meio a tantas turbulências que rompiam a tranquilidade de outrora da família – o que parecia inevitável, nesse caso –, pôde se opor visceralmente a seus pais, algo impensável enquanto estava no lugar de quem garantia o elo familiar. O caráter momentâneo dessa experiência permitiu a Rebeca não migrar para o lado oposto da posição que até então ocupara (de ligação para a de ataque e de cisão do conjunto). Tornara-se possível, naquele momento, ver os pais também com *maus* olhos, olhos mais humanos.

Daquilo que conta de seu momento segundo (da sexualidade), Rebeca parecia inaugurar a possibilidade de desprendimento dos idealizados modelos familiares, a partir da generosa recusa da irmã parceira. Muitos mistérios certamente permanecem neste caminho, mas a possibilidade de cumprir com esta empreitada – algo sempre incompleto – parece ter sido realizada conforme seu estilo próprio, com *retardo*. Não creio que fosse uma adolescência tardia, como se costuma dizer, em geral, quando se percebe uma conduta adolescente, conforme determinados estereótipos difundidos no meio. Seu retardo configura a modalidade singular a partir da qual Rebeca realizou a tarefa que cabe a esta operação: continuava trabalhando, namorando e se deparando com os dilemas familiares com os quais se misturava, rateando nas repetições neuróticas que preenchiam boa parte de sua análise. Ficava pendente um desafio que não diz respeito ao aspecto comportamental nem social da questão, mas de seu posicionamento como sujeito frente aos ditames parentais que revivia em seu ideário.

Por outro lado, se o encadeamento produzido na análise mostrava-se em demasia coerente, como é próprio de uma neurose, deixava, por isso mesmo, perdurar alguma estranheza. Parecia haver algum resto que rondava também aquele caso, escapando ao que era possível ser supervisionado.

Na associação, Otávio aparece. Mais precisamente, dois de seus sonhos. Ele, que ocupava a posição diametralmente oposta, a de filho mais velho, parecia igualmente aprisionado pela condição de exemplo entre seus vários irmãos (infinitos, parecia-lhe). Filho de diplomata, fora obrigado a circular por diferentes localidades, bem como fazer jus à imagem do pai, potencializando assim a exigência a ser cumprida, de filho modelo.

Demonstrava amor e admiração por um pai reservado e cumpridor de seus deveres. Ressentimento pela pouca aproximação deste e pela preservação que fazia de seu lazer pessoal (barco à vela), no qual nenhum filho tinha lugar. Ser exemplo nessas condições não lhe parecia equitativo. Quanto à mãe, primeiramente, demonstrara um ar de descaso; atribuía pouco valor àquela que, assim como ele, permanecera em casa, não permitindo que seu primogênito brincasse na rua. Mas a imagem que aparecia em algum fragmento onírico traía esta primeira impressão, surgindo uma mãe jovem e doce, menos atada às amarras domésticas.

Ele próprio contrai o ofício de intelectual, que lhe permite seguir a estrada que um dia sonhou, circulando por lares e bares. Foi em meio a este caminhar que, passando pelos arredores, pergunta sobre o desassossego que o acompanhava nessas jornadas. Dedicado a seu desafio investigativo, Otávio toma para si a palavra de sua inquietação. Certo dia, relata dois sonhos, um após o outro, e, com telegráficas associações, delega-os a mim, em sinal de sua gratidão, mas também de provocação:

"Estava num corredor amplo e impessoal, como no colegial que cursara em Caracas. A pele coça; há pequenos funis que me perfuram a pele e, ao serem retirados, promovem pequenas explosões. São muitos, foram inseridos. Percebo que não vou conseguir retirar todos.

Estava com Mariana na cama e acabo brochando. Tenho uma sensação familiar. Saio, vou para outro quarto em que encontro com minha mãe e outras pessoas. Quero transar com ela, mas não dá, não porque lá ela estava mais velha do que atualmente, mas porque havia outras pessoas".

De fato, relata ter feito o colegial em Caracas, numa das missões do pai. Não guarda lembranças de vínculos importantes ou amizades desse período, mas sim da vontade frustrada de não poder acompanhar o pai em seus passeios. Os funis eram "experimentos caseiros". Fica aflito ao constatar a impossibilidade de retirá-los todos – *não há como se livrar deles*. Mariana era sua atual companheira, com quem vivia há alguns anos, chegando mesmo a experimentar o gosto amargo de uma posição de fragilidade em relação àquele porto onde se detivera. Com ela, não tinha a queixa de não conseguir seguir adiante nas relações sexuais; este problema ocorria apenas nos casos fortuitos que mantinha, quando sua fantasia parecia, aliás, mais aguçada. Ao comentar o momento no sonho com Mariana, diz: *não sinto nada*.

O desenrolar da sessão contrasta com a riqueza dos sonhos relatados. O presente que fora entregue não devia ser partilhado. O silêncio parecia falar mais que as palavras que encontrava, ecoando pelas sessões seguintes, como efeito retardado necessário para alcançar alguma forma.

Fala sobre a possibilidade da transa com a mãe com curiosa tranquilidade, sem demonstrar qualquer incômodo a respeito – tudo lhe parecia *familiar*. Iniciado nos clássicos das ciências do inconsciente, Otávio mostra conhecimento de causa quanto ao tema sobre o qual discorria, bem como em realizá-lo ali, entre quatro paredes. Porém, seu discurso trazia alguma trivialidade àquilo que para outrem fora motivo para furar os próprios olhos. Algo parecia deslocado.

Tive a impressão de que os desafios pouco heroicos que enfrentava na relação com Mariana – caberia dizer, mortais – eram angustiantes o suficiente para justificar o movimento realizado. Usar a famosa fórmula freudiana, nesse momento, indicava sua esperteza e parecia ser mesmo uma armadilha; o encontro incestuoso com a mãe era algo fácil demais, quase trivial. Não que não pudesse conter sua verdade, mas parecia estabelecer uma inversão, pois o que parecia ser propriamente ameaçador era experimentar com sua própria mulher – que nesta sessão havia pela primeira vez nomeado assim – uma relação amorosa que fosse ao mesmo tempo erotizada. Parecia algo quase incestuoso tal associação, como talvez fantasiara, em pecado, a respeito de sua pudica família exemplar, que para ele fora tão aprisionadora. Suas fantasias descreviam um pai que voltava sua sexualidade para outros mares, seguindo os ditames de alguma tradição religiosa, na qual, mesmo no laço conjugal abençoado por Deus, o prazer é proibido e expurgado.

Otávio parecia ter caído numa modalidade impessoal em seus laços amorosos. Aquela com quem vivia as turbulências e ambivalências próprias da experiência amorosa era a quem cabia seu compromisso masculino, mas não podia ser a mesma que lhe inspirava os devaneios e suspiros mais íntimos. As outras, por sua vez, mantinham-se plenas enquanto imagens virtuais, mas rapidamente evaporavam quando eram levemente tocadas.

Seu projeto de vida parecia tomar a direção que o brilho do pai trazia, era para lá que o viajante rumava. Ficar aprisionado na conjugalidade doméstica era algo que, então, mostrava-se trivial e sem paixão; significava, nas amarras em que se enredara, manter-se atracado num mesmo porto, reproduzindo a opção menos corajosa do pai. Lançar-se ao vento era o grande desafio, mas, uma vez no mar, o sonho de Ítaca se tornava uma obsessão impossível. Não só porque o sonho, para se manter enquanto tal, tinha que se manter onírico, mas também porque ele próprio fora irreversivelmente contaminado pelo experimento ao qual fora submetido. Não havia mais como retirar de seu corpo aquilo que nele fora introduzido. Ao se dar conta, ele próprio se traía em seu sonho e se via militante de uma conduta exemplar, aquela que, no final das contas, seria responsável por trazer de volta ao lar o outrora heroico viajante.

Assim como Rebeca, Otávio não parece propriamente um *adolescente tardio*. Em contrapartida, seu momento faz lembrar a questão adolescente na angústia que demonstra frente ao desprendimento impossível da missão delegada pelos pais, na fantasia que carrega de poder assumir uma posição heroica capaz de ir além de seus antecessores e, ainda, no temor (ou terror) de constatar não só sua castração em meio às humanas (e mortais) relações amorosas, mas também o caráter enigmático e impossível que as fundamenta. As narrativas oníricas que gentilmente oferece sugerem que as espinhas adolescentes não apenas jorrem hormônios ou sinais dos novos códigos mentais, mas funcionem também como receptáculo (funis) do caldo cultural (em sua tripla dimensão, imaginária, simbólica e real) que invade cada corpo, neste momento segundo da sexualidade humana. Invasão esta que se realiza no sacrifício que cada sujeito é chamado a fazer a partir de seu pedido de pertencimento ao corpo social idealizado. Cada um é também cobaia – sujeito de um experimento, impessoalmente tomado – no exercício de submissão com o qual se confronta e frente ao qual reage, conforme suas possibilidades, estabelecendo um compromisso capaz de equacionar as variáveis que compõem cada jogo.

Caberia perguntar se seria necessária a problemática da adolescência para percorrer este caminho. A resposta talvez fosse negativa, quando se considera o campo da etiologia das neuroses, de modo geral, como recurso possível (com alguma dose de poesia, quem sabe) para tal empreitada. No entanto, a discussão acerca da questão adolescente põe em destaque aspectos da teoria psicanalítica que se mostram úteis ao exercício clínico, pela inserção que esta possui na constituição da estrutura do sujeito, de aspectos que foram, por vezes, deixados numa posição secundária no meio psicanalítico. Mas, ainda.

À primeira vista, a experiência da clínica das neuroses torna distantes as desconcertantes emergências do real, como é característico da clínica das psicoses. Cria uma redoma em torno de um espaço supostamente preservado não só das desproporcionais demandas psicóticas, como também daquilo que circunda cada consultório e parece exterior a ele. Cria uma redoma que protege imaginariamente a prática clínica das incongruências que marcam o trajeto do analista antes ou depois de sua jornada de trabalho, permitindo a este profissional esquecer momentaneamente, por exemplo, o terror urbano que intermitentemente ocupa a mídia, batendo à porta de cada cidadão e modificando hábitos e costumes que até então eram distraída e cotidianamente realizados. Da poltrona bem posicionada, as notícias sobre os conflitos sociais surgem como incidentes trágicos que representam um momento de exceção na realidade do cotidiano, uma fissura no conhecido e supostamente bem delimitado (inclusive em suas fraquezas) universo social.

O que se mostra sem sentido é, sobretudo, aquilo que se anuncia *fora* do consultório, sugerindo ao que se passa *dentro*, como se fosse um reduto, um espaço preservado, sobretudo quando estranhamente se tem a impressão de que os casos *estão caminhando*, de que um ou mais trabalhos de análise (apesar do alerta de Freud: uma das profissões impossíveis, como educar e governar) estão sendo realizados, com o empenho de cada um dos personagens envolvidos. Parece tratar-se de um sono que precisa ser preservado, demandando consequentemente um sonho alienado capaz de conter as ameaças que o real, à espreita, anuncia: o encadeamento significante característico do discurso neurótico serve, portanto, como alento e suscita um estado de satisfação sutil e fugidio o suficiente para não chamar a atenção. A clínica da neurose exerce, assim, um sedutor velamento das várias fissuras do simbólico que retornam com o real; a sensação de completude que por vezes ameaça surgir promove a acomodação do analista, comprometendo sua capacidade de escuta.

Mas o campo simbólico continua sendo o instrumento básico de trabalho de analista e, se é possível evitar um imaginário idílico na clínica da neurose, associações outras se fazem necessárias. Foi preciso sustentar a escuta inclusive nos intervalos de atendimento. Logo, determinados discursos saltaram aos ouvidos, mostrando-se dissonantes por sua trivialidade, pela simplicidade com que apresentavam um argumento rápido e aparentemente difundido no senso comum, em seu fundamento. Minha escuta, atenta à questão adolescente, fazia suas próprias associações, a partir de fragmentos dispersos sobre o tema que chegavam.

Recentemente, um destacado articulista, reconhecido por sua preocupação com os desafios que envolvem a juventude brasileira, apresentou uma análise para os recorrentes ataques empreendidos em diversas localidades do País (ataques a ônibus, a localidades públicas e a representantes do poder público) por organizações criminosas. Frente ao sugerido envolvimento de jovens entre 18 e 20 anos nos incidentes apontados, o jornalista propõe-se a lembrar o cenário social da juventude de periferia do País. Comenta dados disponíveis sobre a condição juvenil, segundo os quais a maioria significativa dos jovens mora na periferia (65% da população entre 15 e 19 anos), onde há uma generalizada carência ou precariedade de serviços públicos, sobretudo no que diz respeito ao policiamento e à educação. Além disso, afirma que o índice de desemprego chega a 70% entre jovens habitantes de periferia, sendo que a média geral da população é de 16% da parcela economicamente ativa. Frente a esse quadro, alerta para a falta de "perspectivas profissionais" que, atrelada à evasão escolar elevada, resulta numa situação favorável ao crime organizado, pois o engajamento em organizações criminosas representa um rápido retorno financeiro, bem como permite a inserção em coletividades que compartilham regras, seguem uma disciplina própria e ganham um treinamento que significa para os jovens um aprendizado útil.[554]

Sua argumentação é direta e aborda os pontos relevantes usualmente destacados entre os especialistas que se detêm a discutir o problema. É uma análise breve e convincente, sobretudo para leitores preocupados em acompanhar os problemas sociais para entender os recorrentes sintomas sociais que ocorrem nas diversas regiões urbanas brasileiras. No entanto, ao fazer um cálculo aproximado do montante de jovens *em situação de risco* (aproximadamente um milhão de jovens que não frequentam a escola, nem exercem atividade remunerada regulamentada), afirma que tais jovens, nessa situação, "não fazem nada".

Curiosa construção da língua portuguesa, que utiliza duas negativas, sem, no entanto, sugerir a anulação de ambas: o jornalista não parece defender a ideia de que *eles fazem algo*, muito pelo contrário. Conforme sua linha argumentativa, entende-se que o que não é feito por este contingente diz respeito à formação escolar e à participação no mercado de trabalho legalizado – *se não trabalham nem estudam, não fazem nada.*

O funcionalismo do argumento é claro: fazer algo, nessa idade, quer dizer estudar ou trabalhar. Lazer é o privilégio daqueles que praticam alguma dessas atividades, que então se apresentam como condição de pertinência social. Quem não as pratica não tem direito ao lazer nem pode ser reconhecido como membro da sociedade. Se ocupam seu tempo de outro modo, isso não é reconhecido como lazer ou atividade adequada a sua condição. Se é possível perceber no tom geral do artigo uma clara preocupação em apon-

554 DIMENSTEIN, G. *Escola do crime.*

tar as incongruências da organização social vigente, a posição atribuída à maioria dos jovens de periferia fica sutilmente indicada.

Os centros populacionais e produtores do País encontram-se rodeados por um largo segmento social que não possui atividade reconhecida, o que configura uma situação de risco iminente: *eles não fazem nada* é um anúncio do terror de que *eles façam algo*. Em sua idealizada potência juvenil, *eles* (uma massa disforme) ameaçam pela possibilidade do cumprimento do mandamento que rege o sistema que os compreende - *goza!* -, seja na realização da impossível fusão amorosa, seja na destruição narcísica e indiscriminada que a economia do descartável demanda.

Logo, as peculiaridades da língua portuguesa talvez possuam caminhos tortos que também respeitem a lógica linguística na qual duas negativas estabelecem uma afirmação: o terror instaurado decorre possivelmente da ideia de que eles estejam fazendo o impossível - *eles não fazem nada* indica o pesadelo de que *eles estão fazendo tudo aquilo*. Escapando à prescrição adaptativa, desprendem-se para um fantasioso estado de fruição que caracteriza o lugar que lhes é atribuído e que, paradoxalmente, é proibido e rechaçado.

A mídia funciona como expressão das forças heterogêneas que compõem a sociedade atual, numa proporção inversa à lógica que estrutura a pirâmide socioeconômica, pois, em função da concentração de renda, são os mais privilegiados que consomem o maior volume de informações produzidas. Respeitando essa regra, a mídia é uma fonte privilegiada dos significantes em circulação no meio social, sendo possível perceber quais os discursos destacados e divulgados no meio específico em que cada publicação atua. O artigo mencionado traz pistas sobre o ideário sobre jovens e adolescentes, a partir de uma perspectiva sociológica. De uma posição supostamente distanciada, busca arrolar as principais variáveis envolvidas na questão, mas, ao fazê-lo, deixa clara a posição em que se coloca frente ao problema. Alerta para o risco de uma crise social iminente, em razão da inoperância funcional dos principais dispositivos societários em vigor nessa organização social, incapazes de viabilizar a esperada adaptação de seus novos membros à ordem formal do sistema. Sugere que os conflitos reportados pela mídia talvez sejam apenas um pequeno sinal do que poderia vir a ser a emergência do real antagonismo que acompanha essa versão particular da estrutura social do capitalismo contemporâneo.

Tal arranjo, como se sabe, não é novo. Há muito, o universo familiar (em suas distintas modalidades) tem sido um reduto privilegiado do narcisismo dos indivíduos (ou de muitos deles), que buscam, imaginariamente, criar um espaço que esteja a salvo do que lhes é insuportável, inominável e irrealizável. A família funciona mesmo como extensão do indivíduo (sendo ele próprio, a concretização do significante inaugural da ideologia da modernidade), como variação multifacetada da imagem especular de cada um ou como arranjo coletivo que encontra sua potência na imagem do clã. Cada um destes redutos (família ou o próprio indivíduo como fim em si mesmo) são reações frente ao antagonismo real, cruamente exposto quando o terror se instaura no espaço urbano (como nos incidentes deflagrados pelas organizações criminosas, ocorridos recentemente em São Paulo) ou encontra alguma forma, quando toma corpo nos personagens que se prestam ao sacrifício e à expiação do insuportável – real que denuncia as rachaduras do sistema e retorna para o sujeito, singular ou plural.

As transformações pelas quais vêm passando a instituição familiar nestes últimos cinquenta anos, inclusive no Brasil, não fizeram com que deixasse de cumprir a função de reduto frente ao real, como sugerem as histórias de Rebeca e de Otávio. Suas narrativas indicam o lugar idealizado no qual muitos corpos infantis, quando nascem, vêm realizar o narcisismo da dupla parental e concretizar a condição da família como tal, oferecendo-se como ponto de união de seus membros, como registra o álbum de Rebeca. Cada um desses pequenos corpos é a prova de um possível, representa a vida que sobrevive à invasão desmedida do real a ser renegado. O corpo infantil, narcísico, adquire valor fálico, ocupando de modo forçado o buraco que fica exposto com o real que retorna. É desta posição primeira que surgem as marcas inaugurais da história singular dos sujeitos que aí se anunciam, dando sequência a tantas outras histórias. As histórias que fogem ao idílio familiar deste corpo infantil preservado parecem servir como exceções que comprovam a regra.

Num segundo momento, tendo cada qual passado pelo Édipo como pôde (e não pôde) e pelo momento de espera subsequente, o sujeito se lança na missão impossível do desprendimento da autoridade familiar, quando constata as amarras que o sonho familiar lhe impôs. No entanto, tais amarras também estão presas às marcas idílicas dos momentos iniciais de sua história, de modo que o sujeito, a certa altura, já não consegue expurgar o que lhe penetrou pelos poros, pois já está contaminado pelas vacinas que trataram a criança indefesa. A vertigem que surge neste segundo momento se deve tanto ao fato de o sujeito enxergar o que está além do véu familiar (que encobre o real), quanto por se confrontar com sua própria insuficiência em levar até o final a missão que sonhou realizar. Como Otávio mostra, cada um está comprometido com os laços identificatórios que estabeleceu em sua história precoce, restando ao ideal de eu o registro dos acordos firmados. Nesse sentido, o próprio sujeito passa a agir em favor de algo do qual pretendia se afastar, reproduzindo em seus próprios sonhos o idílio que há pouco denunciara. Algo que parece descrever um percurso frequente entre muitos daqueles que vivem nas sociedades contemporâneas, não só no Brasil, como nas diversas regiões do planeta, e que convivem com os efeitos de uma desigualdade social que se amplia e dramatiza.

A concepção de real que se adota é decisiva para a política praticada, tanto na conceituação da adolescência, quanto na clínica em que esta política se faz perceber. A lógica causal que permeia cada prática, teórica ou clínica, acaba estabelecendo diferentes perspectivas para o sujeito anunciado em cada contexto. A causalidade subversiva que Lacan propõe para a noção de real depende da lógica que se pratica, de acordo com as variáveis postas em jogo e com a sequência em que são equacionadas. Isso porque, quando se toma a adolescência como *crise* deflagrada pelo *desequilíbrio hormonal* ou *neurológico*, ou como *desadaptação momentânea* própria do ritual contemporâneo da *crise normal da adolescência*, ou, ainda, como *crise de identidade* que cada personagem da modernidade precisa viver para se colocar no trilho em busca de uma síntese (pulsional) e de um *si mesmo* capaz de lhe trazer algum sentimento de constância, a ideia de Freud de *tornar suportável a infelicidade inevitável da vida cotidiana* ganha diferentes entendimentos e linhas interpretativas. Ainda que a questão do manejo da prática clínica esteja aqui em suspenso, é possível vislumbrar, em cada uma dessas posições, as distintas diretrizes que se orientam em torno de cada concepção. O que se mostra como inevitável, em cada caso, depende de diferentes concepções de sujeito e sustenta distintas aberturas para este: trata-se de suportar a angústia vivida em função de um corpo que, de modo previsível, mostra-se momentaneamente rebelde; ou suportar a rebeldia juvenil que ocupa o vácuo da cena pública e que deve ser gradualmente ultrapassada, quando o instituído (familiar ou socialmente) passa a ser reconhecido como necessário pela nova geração; ou suportar a condição fragmentada do sujeito, vivida como momento de contradição e inconstância, a ser posta de lado quando, hipoteticamente, for possível alcançar um estado de harmonia e estabilidade, associado ao estatuto utópico de indivíduo adulto na contemporaneidade.

Se o orgânico perdura como um dos elementos da realidade que mantém seus próprios mistérios, a vertigem adolescente indicada nos fragmentos narrativos de Rebeca e de Otávio aponta para um real que transborda o advento da puberdade – está aquém e além desta. Se é também arriscado definir novas fronteiras para o real, ao localizá-lo nas rachaduras do sistema socioeconômico vigente (onde borbulha o antagonismo pulsional que se inscreve nos corpos de cada indivíduo), como se alguma verdade pudesse ser ali garantida, tal movimento exige, para não se cair em situação semelhante, o recurso à liberdade negativa anunciada anteriormente; ela permite a crítica à insuficiência do conceito de real pubertário, pelo velamento que tende a fazer daquilo que é insuportável na modernidade, mas, acima de tudo, sustenta o exercício da dúvida necessária em cada nova formulação, lembrando que se trata, sempre, de um esforço da palavra por alcançar aquilo que lhe escapa.

As narrativas construídas em cada caso clínico citado sugerem algo mais pelo próprio encadeamento significante estabelecido, na amarração feita entre os vários registros resgatados, mostrando um conjunto que parece fazer sentido. Tal *conquista* é responsável pela sedução que a situação transferencial promove, em sua operatividade simbólica, suscitando a imagem de trabalho realizado, como ocorre por vezes nos dias felizes que acompanham a clínica das neuroses. Assim sendo, essas narrativas sugerem a presença de algo mais pela própria ilusão que oferecem, pela sensação de completude que vem abafar este algo não percebido pelo sentido simbólico conquistado: o resto vem *de fora*, fica a cargo dos infortúnios cotidianos que, distintamente da Viena do final do século XIX, tornaram-se mais contundentes e explícitos na fragmentação da estrutura social capitalista, em suas diferentes versões. *Tornar suportável a infelicidade inevitável da vida cotidiana* é, nesta formulação para o século XXI, poder anunciar o insuportável a ser vivido em função daquilo que se mostra inevitável, a fim de permitir ao sujeito se perguntar o que será, para ele, evitável.

Nesse sentido, o lugar do analista mostra-se próximo ao do poeta, quando não se contenta com o que os demais aparentemente toleram, e sustenta, com sua arte, um lugar para a angústia que cada um busca expiar. Faz uso de suas próprias angústias quando busca encontrar vida e expressão para o instrumental simbólico de que dispõe e que, aliás, é o que resta de possível para o humano. A diferença entre ambos é que, enquanto o poeta realiza sua arte a partir de seu próprio gesto e de sua palavra, o analista tem o ideal político de oferecer ao outro esta chance. Ainda.

Referências bibliográficas

ABERASTURY, A.; KALINA, M. *Adolescência Normal*. Trad. S. M. Ballve. Porto Alegre, Artes Médicas, 1991.

ABERASTURY, A. *Adolescência*. 2ª ed. Trad. R. Cabral. Porto Alegre, Artes Médicas, 1983.

ALBERTI, S. *Esse sujeito adolescente*. Rio de Janeiro, Rios Ambiciosos, 1999.

ALONSO, S. L.; FUKS, M. P. *Histeria*. São Paulo, Casa do Psicólogo, 2004.

ANDRÉ, J. Feminilidade adolescente. In: CARDOSO, M. R. (org.) *Adolescência*: reflexões psicanalíticas. Rio de Janeiro, NAU/FAPERJ, 2001. p.29-40.

ARIÈS, P. *L'enfant et la vie familiale sous l'Ancien Régime*. Vienne, Éditions du Seuil, 1975.

ATTIAS-DONFUT, C. Jeunesse et conjugaison des temps. *Sociologie et Sociétés*, vol.XXVIII, n.1. Montreal, Presses de L'Université, 1996. p.13-22.

AULAGNIER, P. *A violência da interpretação*. Rio de Janeiro, Imago, 1979.

———. *Os destinos do prazer*: alienação, amor, paixão. Trad. M. V. Gervaiseau, M. C. Pellegrino. Rio de Janeiro, Imago, 1985.

———. *Se construire un passe*. [Apresentado no Congresso de Mônaco: Narcisime et adolescence, Mônaco, 1988.]

BERTRAND, M. O homem clivado – a crença e o imaginário. Trad. C. Berliner. In: SILVEIRA, P; DORAY, B. *Elementos para uma teoria marxista da subjetividade*. São Paulo, Vértice, 1989, p.15-40.

BEZERRA Jr., B. Subjetividade moderna e o campo da psicanálise. In: *Freud – 50 anos depois*. Cópia xerocopiada.

———. Grupos: Cultura Psicológica e Psicanálise. In: *Revista SaúdeLoucura*. Vol. 4. São Paulo, Hucitec, 1989. p.129-144.

BIRMAN, J. (org.) *Percursos na história da psicanálise*. Rio de Janeiro, Taurus, 1988.

BIRROUX, A. Psicopatologia do adolescente. In: *Dicionário enciclopédico de psicanálise* – o legado de Freud e Lacan. Trad. V. Ribeiro, M. L. Borges. Rio de Janeiro, Zahar, 1996.

BLOSS, P. *Transição adolescente*. Trad. M. R. Hofmeister. Porto Alegre, Artes Médicas, 1996.

BOBBIO, N.; MATTEUCCI, N.; PASQUINO, G. *Dicionário de política*. Trad. C. C. Varriale et al. 12ª. ed. Brasília, Universidade de Brasília, 1999.

BOURDIEU, P. A Juventude é Apenas uma Palavra. In: *Questões de Sociologia*. Rio de Janeiro, Marco Zero, 1983.

———. O Campo Científico. In: ORTIZ, P. (org.) *Pierre Bourdieu*. Ática, 1994, 1994, São Paulo, p.122-155.

BRUNER, J. Oedipus politicus. In: ROTH, M. S. *Freud: conflito e cultura*: ensaios sobre sua vida, obra e legado. Trad. V. Ribeiro. Rio de Janeiro, Jorge Zahar, 2000. p.76-86.

BURKE, P. *A Escola dos Annales (1929-1989)*: a revolução francesa da historiografia. Trad. N. Odalia. São Paulo, Fundação Editora da UNESP, 1997.

CAHN, R. *O adolescente na psicanálise*: a aventura da subjetivação. Trad. S. R. Felgueiras. Rio de Janeiro, Companhia de Freud, 1999.

CALLIGARIS, C. *A adolescência*. São Paulo, Publifolha, 2000.

CAMPOS, G. A. *Adolescência*: de que crise estamos falando? São Paulo, 2006. Dissertação (Mestrado) – Faculdade de Psicologia, Pontifícia Universidade Católica de São Paulo.

CARON, J.-C. Os jovens na escola. LEVI, G.; SCHMITT, J.-C., org. *História dos Jovens*. Trad. C. Marcondes, N. Moulin, P. Neves. São Paulo, Companhia das Letras, 1996. v.2, p.137-194.

CARVAJAL, G. *Tornar-se adolescente*, a aventura de uma metamorfose. Trad. C. Berliner. 2ª ed. São Paulo, Cortez, 2001.

CORBAIN, A. O Segredo do individuo. In: *História da Vida Privada*, 4: da Revolução Francesa à Primeira Guerra. Trad. D. Bottmann, B. Joffily. São Paulo, Companhia das Letras, 1991.

COSTA, A. M. M. O eterno hoje e o tempo da atividade adolescente. Associação Psicanalítica de Porto Alegre. Porto Alegre, Artes e Ofícios, 1999. p.45-72.

COSTA, J. F. *Ordem médica e norma familiar*. 3ª. ed. Rio de Janeiro, Graal, 1989.

COSTA, P.-O.; TORNERO, J. M. P.; TROPEA, F. *Tribus Urbanas* - El ânsia de identidad juvenil: entre el culto a la imagen y la autoafirmación a través de la violencia. Barcelona, Paidós, 1996.

COSTA PEREIRA, M. E. *Pânico e desamparo*. São Paulo, Escuta, 1999.

D'ALESSIO, M. M. *Reflexões sobre o saber histórico*. São Paulo, UNESP, 1998.

DA MATTA, R. *Carnavais, malandros e heróis*: para uma sociologia do dilema brasileiro. 5ª. Ed. Rio de Janeiro, Guanabara, 1900.

DICIONÁRIO de la Lengua Espanhola. Barcelona, Castel, 1986.

DÍEZ, G; HILLERT, R. *El tren de los adolescentes*. Buenos Aires, Lumen/Uvmanitas, 1998.

DIMENSTEIN, G. Escola do crime. *Folha de São Paulo*, 14 de Julho de 2006. p.C5.

DOLTO, F. *A causa dos adolescentes*. Trad. O. dos Reis. Aparecida, SP, Idéias & Letras, 2004.

DONZELOT, J. *A Política das Famílias*. Trad. M. T. Albuquerque. 2ª. ed. Rio de Janeiro, Graal, 1986.

DOSSE, F. *História do estruturalismo*, v.1: o campo do signo, 1945-1966. Trad. A. Cabral. Campinas, Ensaio/UNICAMP, 1993.

———. *História e ciências sociais*. Trad. F. Abreu. Bauru, SP, Edusc, 2004.

DUBET, F. De jeunesse et des sociologies. *Sociologie et Sociétés*, vol. XXVIII, n.1. Montreal, Presses de L'Université, 1996. p.23-35.

DUMONT, L. *O Individualismo*. Trad. A. Cabral. Rio de Janeiro, Rocco, 2000.

EAGLETON, T. *Ideologia*. Trad. S. Vieira, L. C. Borges. São Paulo, UNESP/Boitempo, 1997.

EISENSTADT, S. N. *De Geração a Geração*. Trad. S. P. O. Pomerancblum. São Paulo, Perspectiva, 1976.

ELIAS, N. *O processo civilizatório*. Trad. R. Jungmann. Rio de Janeiro, Zahar, 1994. 2v.

ENRIQUEZ, E. *Da horda ao Estado* Trad. T. C. Carreteiro, J. Nasciutti. Rio de Janeiro, Jorge Zahar, 1990.

ERIKSON, E. *Childhood and society*. New York, Norton, 1950.

———. *Infância e sociedade*. Trad. G. Amado. Rio de Janeiro, Zahar, 1971.

———. *Identity, youth and crisis*. New York, Norton, 1968.

———. *Identidade, juventude e crise*. Trad. A. Cabral. 2ª. ed. Rio de Janeiro, Zahar, 1976.

EVANS, D. *Diccionario introductorio de psicoanálisis lacaniano*. Trad. J. Piatigorsky. Buenos Aires, Paidós, 1997.

FABRE, D. Ser Jovem na Aldeia. In: LEVI, G.; SCHMITT, J.-C., (org.) *História dos Jovens*. Trad. C. Marcondes, N. Moulin, P. Neves. São Paulo, Companhia das Letras, 1996. v. 2, p. 49-82.

FAUSTO, R. Dialética e psicanálise. In: SAFATLE, V. Um limite tenso: Lacan entre a filosofia e a psicanálise. São Paulo, UNESP, 2003.

FIGUEIREDO, L.C. *A invenção do psicológico* – quatro séculos de subjetivação (1500-1900). 4ª. ed. São Paulo, Educ/Escuta, 1999.

FONTANA, J. *História: análise do passado e projeto social*. Trad. L. Roncari. Bauru, SP, EDUSC, 1998.

FORACCHI, M. *A Juventude na Sociedade Moderna*. São Paulo, Pioneira, 1972.

FOUCAULT, M. *História da Sexualidade*, v.1: a vontade de saber. 15ª ed. Trad. M. T. Albuquerque e J. A. Albuquerque. Rio de Janeiro, Graal, 1988.

———. *História da Sexualidade*, v.2: o uso dos prazeres. Trad. M. T. Albuquerque. Rio de Janeiro, Graal, 1984.

———. *Histoire de la sexualité*, v.2: L'usage des plesirs. Paris, Gallimard, 1984.

———. *História da Sexualidade*, v.3: o cuidado de si. Trad. M. T. Albuquerque. Rio de Janeiro, Graal, 1985.

FRASCHETTI, A. O mundo romano. In: LEVI, G.; SCHMITT, J.-C., org. *História dos Jovens*. Trad. C. Marcondes, N. Moulin, P. Neves. São Paulo, Companhia das Letras, 1996. v. 1, p.59-95.

FREUD, A. Adolescência. *Revista da APPOA*, ano V, no.11, nov/1995, p.63-85.

———. *O ego e os mecanismos de defesa*. Trad. A. Cabral. 8ª ed. Rio de Janeiro, Civilização Brasileira, 1986.

———. *The ego and the mecanism of defense*. New York, International University Press, 1946.

FREUD, S. (1950 [1895]) *Proyecto de psicología*. Trad. J. L. Etcheverry. Buenos Aires, Amorrortu, 1993. (Obras Completas, vol. 1)

———. (1950 [1895]). *Entwurf einer Psychologie*. Frankfurt, S. Fisher Verlag, 1987. (Gesammelte werke, Nachtragsband)

———. (1893-95). *Estudios sobre la histeria*. Trad. J. L. Etcheverry. Buenos Aires, Amorrortu, 1993. (Obras Completas, vol. 2)

———. (1893-95). *Studien über Hysterie*. 6a. ed. Frankfurt, S. Fisher Verlag, 1977. (Gesammelte werke, vol.1)

———. (1900). *La interpretacion de los sueños*. Trad. J. L. Etcheverry. Buenos Aires, Amorrortu, 1993. (Obras Completas, vol. 4)

———. (1904). *El método psicoanalítico de Freud*. Trad. J. L. Etcheverry. Buenos Aires, Amorrortu, 1993. (Obras Completas, vol. 7)

———. (1905). *Drei Abhandlungen zur Sexuatheorie*. 7a. ed. Frankfurt, S. Fisher Verlag, 1981. (Gesammelte werke, vol.5)

———. (1905). *Tres ensayos de teoría sexual*. Trad. J. L. Etcheverry. Buenos Aires, Amorrortu, 1993. (Obras Completas, vol. 7)

———. (1908). *Tres ensayos de teoría sexual*. Trad. J. L. Etcheverry. Buenos Aires, Amorrortu, 1993. (Obras Completas, vol. 7)

———. (1909). *La novela familiar de los neuróticos*. Trad. J. L. Etcheverry. Buenos Aires, Amorrortu, 1993. (Obras Completas, vol. 9)

———. (1909 [1908]). *Der familienroman der Neurotiker*. 6a. ed. Frankfurt, S. Fisher Verlag, 1976. (Gesammelte werke, vol.7)

———. (1910). *Sobre un tipo particular de elección de objeto en el hombre*. Trad. J. L. Etcheverry. Buenos Aires, Amorrortu, 1993. (Obras Completas, vol. 11)

———. (1911 [1910]). *Puntualizaciones psicoanalíticas sobre un caso de paranoia (Dementia paranoides) descrito autobiográficamente*. Trad. J. L. Etcheverry. Buenos Aires, Amorrortu, 1993. (Obras Completas, vol. 12)

———. (1913). *Tótem y tabú*. Trad. J. L. Etcheverry. Buenos Aires, Amorrortu, 1993. (Obras Completas, vol. 13)

———. (1913). *Totem und Tabu*: Einige Übereinstimmungen im Seelenleben der Wilden und der Neurotiker. 9a. ed. Frankfurt, S. Fisher Verlag, 1987. (Gesammelte werke, vol.11)

———. (1914). *Introducción al narcisismo*. Trad. J. L. Etcheverry. Buenos Aires, Amorrortu, 1993. (Obras Completas, vol. 14)

———. (1915). *Pulsiones y destinos de pulsión*. Trad. J. L. Etcheverry. Buenos Aires, Amorrortu, 1993. (Obras Completas, vol. 14)

———. (1917 [1915]). *Duelo y melancolía*. Trad. J. L. Etcheverry. Buenos Aires, Amorrortu, 1993. (Obras Completas, vol. 14)

———. (1920). *Más allá del principio de placer*. Trad. J. L. Etcheverry. Buenos Aires, Amorrortu, 1993. (Obras Completas, vol. 18)

———. (1921). *Psicologia de las masas y análisis del yo*. Trad. J. L. Etcheverry. Buenos Aires, Amorrortu, 1993. (Obras Completas, vol. 18)

———. (1921). *Massenpsychologie und Ich-Analyse*. 9a. ed. Frankfurt, S. Fisher Verlag, 1987. (Gesammelte werke, vol.13)

———. (1923). *El yo y el ello*. Trad. J. L. Etcheverry. Buenos Aires, Amorrortu, 1993. (Obras Completas, vol. 19)

———. (1924). *El sepultamiento del complexo de Edipo*. Trad. J. L. Etcheverry. Buenos Aires, Amorrortu, 1993. (Obras Completas, vol. 19)

———. (1925). *La negación*. Trad. J. L. Etcheverry. Buenos Aires, Amorrortu, 1993. (Obras Completas, vol. 19)

———. (1926 [1925]). *Inhibición, síntoma y angustia*. Trad. J. L. Etcheverry. Buenos Aires, Amorrortu, 1993. (Obras Completas, vol. 20)

———. (1926). *Pueden los legos ejercer el análisis?* Diálogos con um juez imparcial. Trad. J. L. Etcheverry. Buenos Aires, Amorrortu, 1993. (Obras Completas, vol. 20)

———. (1927). *El porvenir de una ilusion*. Trad. J. L. Etcheverry. Buenos Aires, Amorrortu, 1993. (Obras Completas, vol. 21)

———. (1930). *El malestar en la cultura*. Trad. J. L. Etcheverry. Buenos Aires, Amorrortu, 1993. (Obras Completas, vol. 21)

———. (1930). *Das Unbehagen in der Kultur*. 5a. ed. Frankfurt, S. Fisher Verlag, 1976. (Gesammelte werke, vol.14)

———. (1931). El dictamen de la Facultad en el preceso Halsmann. Trad. J. L. Etcheverry. Buenos Aires, Amorrortu, 1993. (Obras Completas, vol. 21). p.249-251.

———. (1931). *Sobre la sexualidad feminina*. Trad. J. L. Etcheverry. Buenos Aires, Amorrortu, 1993. (Obras Completas, vol. 21).

———. (1933). *Nuevas conferencias de introducción al psicoanálisis*. Trad. J. L. Etcheverry. Buenos Aires, Amorrortu, 1993. (Obras Completas, vol. 22)

———. (1937). *Análise terminable e interminable*. Trad. J. L. Etcheverry. Buenos Aires, Amorrortu, 1993. (Obras Completas, vol. 23)

———. (1937). *Die endliche und die unendliche Analyse*. 6a. ed. Frankfurt, S. Fisher Verlag, 1981. (Gesammelte werke, vol.16)

———. (1939 [1934-38]). *Moisés y la religión monoteísta*. Trad. J. L. Etcheverry. Buenos Aires, Amorrortu, 1981. (Obras Completas, vol. 23)

———. (1939 [1934-38]). *Der Mann Moses und die monotheistiche Religion*. 6a. ed. Frankfurt, S. Fisher Verlag, 1981. (Gesammelte werke, vol.16)

GALLAND, O. L'entrée dans la vie adulte en France - bilan et perspectives sociologiques. . *Sociologie et Sociétés*, vol.XXVIII, n.1. Montreal, Presses de L'Université, 1996. p.37-46.

GAY, P. *O século de Schnitzler*: a formação da cultura da classe média. Trad. S. Duarte. São Paulo, Cia. das Letras, 2002.

———. A *experiência burguesa da Rainha Vitória a Freud*: a educação dos sentidos. Trad. P. Salter. São Paulo, Companhia das Letras, 1988.

GARCIA-ROSA, L. A. Pulsão: parénklisis ou clinamen? In: MOURA, A. H. (org.) *As pulsões*. São Paulo, Escuta/EDUC, 1995. p.65-78.

GENTIL, H. Individualismo e modernidade. *Psicologia e Sociedade*, v.8, n.1, jan-jul/1996, p.83-101.

GINZBURG, C. *Mitos, emblemas, sinais*: morfologia e história. Trad. F. Carotti. São Paulo, Companhia das Letras, 1989.

GOETHE, J. W. *Os sofrimentos do Jovem Werther*. 2ª ed. Trad. M. Fleischer. São Paulo, Martins Fontes, 1998.

GRABER, J. A.; GUNN, J. B.; WARREN, M. P. The antecedents of menarcal age: heredity, family environment, and stressfull life events. *Child development*, v.66, n.2, Abril/1995. p.346-559.

GUILLERAUT, G. Desenvolvimento. In: KAUFMANN, P. (ed.) *Dicionário enciclopédico de psicanálise* - o legado de Freud e Lacan. Trad. V. Ribeiro, M. L. Borges. Rio de Janeiro, Jorge Zahar, 1996. .

GUTIERRA, G. C. C. *Adolescência, psicanálise e educação*: o "mestre" possível de adolescentes. São Paulo, Avercamp, 2003.

HALL, G. S. *Adolescence*: its psychology and relations to physiology, antropology, sociology, sex, crime, religion anda education. 2v. New York, D. Appleton and Co., (1904)1937.

HARTMANN, H. *La psicologia de yo y el problema de la adaptacion*. Trad. R. Parres, M. Torres. México, Pax-Mexico, 1961.

HOBSBAUM, E. *Era dos Extremos*: o breve século XX: 1914-1991. Trad. M. Santarrita. São Paulo, Companhia das Letras, 1995.

HOLANDA, A. B. *Novo Dicionário da Língua Portuguesa*. Rio de Janeiro, Nova Fronteira, 1975.

HOUAISS, A.; VILLAR, M. S. *Dicionário Houaiss da língua portuguesa*. Rio de Janeiro, Objetiva, 2001.

JEAMMET, P.; CORCOS, M. *Novas problemáticas da adolescência*: evolução e manejo da dependência. Trad. B. Stucchi et alli. São Paulo, Casa do Psicólogo, 2005.

JERUSALINSKY, A. Traumas de adolescência. In: Associação Psicanalítica de Porto Alegre. *Adolescência entre o passado e o futuro*. Porto Alegre, Artes e Ofícios, 1999. p.10-28.

KAFKA, F. *O processo*. Trad. M. Carone. São Paulo, Companhia das Letras, 1997.

KALINA, E. *Psicoterapia de adolescentes*: teoria, técnica e casos clínicos. 2ª ed. Rio de Janeiro, Francisco Alves, 1979.

KEHL, M. R. (org.) *Função fraterna*. Rio de Janeiro, Relume Dumará, 2000.

———. A juventude como sintoma da cultura. In: NOVAES, R.; VANNUCHI, P. *Juventude e sociedade*: trabalho, educação, cultura e participação. São Paulo, Fundação Perseu Abramo, 2004.

KONDER, L. *A questão da ideologia*. São Paulo, Companhia das Letras, 2002.

KUMAR, K. Modernidade. In: OUTHWAITE, W.; BOTTOMORE, T. (ed.) *Dicionário do Pensamento Social do Século XX*. Trad. E. F. Alves, A. Cabral. Rio de Janeiro, Jorge Zahar, 1996. p.473-474.

LACAN, J. *Escritos I*. Trad. T. Segovia. 13ª ed. Buenos Aires, Siglo Veintiuno, 1985.

———. Kant con Sade. In: *Escritos 2*. Trad. T. Segovia. Buenos Aires, Siglo Veintiuno, 2002.

———. *Préface à* L'Éveil du printemps. In: *Autres écrits*. Paris, Seuil, 2001.

———. *O seminário, livro 5*: as formações do inconsciente (1957-1958). Texto estabelecido por J. A. Miller. Rio de Janeiro, Jorge Zahar, 1999.

———. *Le seminaire de Jacques Lacan, livre V*: les formations de l'inconscient. Paris, Seuil, 1998.

———. *O seminário, livro 8*: a transferência (1960-1961). Rio de Janeiro, Jorge Zahar, 1992.

———. *O seminário, livro 11*: os quatro conceitos fundamentas da psicanálise (1964). 2ª ed. Rio de Janeiro, Jorge Zahar, 1998.

———. *O seminário, livro 17*: o avesso da psicanálise (1969-1970). Rio de Janeiro, Jorge Zahar, 1992.

———. *O seminário, livro 20*: mais, ainda (1972-1973). 2ª ed. Rio de Janeiro, Jorge Zahar, 1985.

LAPLANCHE, J.; PONTALIS, J.-B. *Vocabulário de Psicanálise* Trad. P. Temen. 8ª ed. São Paulo, Martins Fontes, 1985.

———. *Fantasias originárias, fantasias das origens, origens da fantasia*. 2ª. ed. Trad. A . Cabral. Rio de Janeiro, Zahar, 1990.

LAPLANCHE, J. Pulsão e instinto: oposições, apoios e entrecruzamentos. In: CARDOSO, M. R. (org.) *Adolescência*: reflexões psicanalíticas. Rio de Janeiro, NAU/FAPERJ, 2001. p.13-28.

LASCH, C. *The minimal self*: psychic survival in trouble times. New York, Norton&Company, 1984.

———. *Culture of narcisism*: american life in an age of diminishing expectations. New York, Norton&Company, 1991.

LESOURD, S. *A construção adolescente do laço social*. Trad. Lucy Magalhães. Petrópolis, Vozes, 2004.

LEVI, G.; SCHMITT, J.-C. Introdução. In: *História dos Jovens*. Trad. C. Marcondes, N. Moulin, P. Neves. São Paulo, Companhia das Letras, 1996. v. 1, p.7-17.

LOMBARDI, G. (et alli) *Vestígios de lo real en el hombre de los lobos*. 2ª. ed. Buenos Aires, JVE, 2003.

LOPES, J. T. *Tristes Escolas*. Porto, Biblioteca das Ciências do Homem, 1996.

LORICA, S. A experiência militar. In: LEVI, G.; SCHMITT, J.-C., org. *História dos Jovens*. Trad. C. Marcondes, N. Moulin, P. Neves. São Paulo, Companhia das Letras, 1996. v. 2, p. 17-48.

MACHADO, J. P. *Dicionário etimológico da língua portuguesa*. 3ª ed. Lisboa, Livros Horizonte, 1977.

MANNHEIM, K. A Crise da Sociedade Contemporânea. In: PEREIRA, L; FORACCHI, M. *Educação e Sociedade*. 3ª. ed. São Paulo, Nacional, 1963.

———. Funções das Gerações Novas. In: PEREIRA, L; FORACCHI, M. (org.) *Educação e Sociedade*. 3ª. ed. São Paulo, Nacional, 1963.

MANNONI, O. et al. *La crisis de la adolescencia*. Trad. A. Bixio. Barcelona, Editorial Gedisa, 1996.

MASSIMI, M. As idéias psicológicas na produção cultural da Companhia de Jesus no Brasil do século XVI e XVII. In: MMASSIMI, M; GUEDES, M. do C. (org.). *História da Psicologia no Brasil*: novos estudos. São Paulo, EDUC/Cortez, 2004.

MATHEUS, T. C. Adolescência: conceito adolescente? *Pulsional*: revista de psicanálise, anoXVII, no. 179, set/2004. p.26-32.

———. *Ideais na adolescência*: falta (d)e perspectivas na virada do século. São Paulo, Annablume/Fapesp, 2002.

———. Adolescência, idealização e marginalidade. *Pulsional*: revista de psicanálise, anoXIII, no. 139, nov/2000. p.69-75.

MEAD, M. O Jovem de Samoa e Seu Grupo de Idade. In: BRITTO, S. (org.). *Sociologia da Juventude, III* – a vida coletiva juvenil. Rio de Janeiro, Zahar, 1968. p. 31-42.

MELMAN, C. Os adolescentes estão sempre confrontados ao Minotauro. In: Associação Psicanalítica de Porto Alegre. *Adolescência entre o passado e o futuro*. Porto Alegre, Artes e Ofícios, 1999. p.29-44.

MELUCCI, A. Juventude, tempo e movimentos sociais. In: PERALVA, A. T.; SPOSITO, M. P. *Juventude e Contemporaneidade*. Revista Brasileira de Educação, no. 5 e 6. São Paulo, ANPED/Editora 34, 1997. p. 5-14.

MEZAN, R. *Freud: a trama dos conceitos*. 4ª. ed. São Paulo, Perspectiva, 2001.

———. *Freud, pensador da cultura*. 5ª. ed. São Paulo, Brasiliense, p.1990.

MICHAUD, G. La noción de "crisis". Desciframiento y tratamiento. In: MANNONI, O. et al. (org.) *La crisis de la adolescencia*. Trad. A. Bixio. Barcelona, Editorial Gedisa, 1996.

MONZANI, L. R. *Freud, o movimento de um pensamento*. 2ª.ed. Campinas, Unicamp, 1989.

———. A "fantasia" freudiana. In: PRADO Jr., B. (org.). *Filosofia da Psicanálise*. São Paulo, Brasiliense, 1991.

———. Discurso filosófico e discurso psicanalítico: balanço e perspectivas. In: PRADO Jr., B. (org.). *Filosofia da Psicanálise*. São Paulo, Brasiliense, 1991.

MORIN, E. *Cultura de Massas no Século XX* – O Espírito do Tempo II, Necrose. Trad. A. S. Santos. Rio de Janeiro, Forense-Universitária, 1977.

NASIO, J.-D. *A histeria*: teoria e clínica psicanalítica. Trad. V. Ribeiro. Rio de janeiro, Jorge Zahar, 1991.

———. *O prazer de ler Freud*. Trad. L. Magalhães. Rio de Janeiro, Jorge Zahar, 1999.

NOMINÉ, B. O sintoma e a estrutura familiar. [Apresentado no Núcleo Psicanálise e Sociedade, PUC-SP, São Paulo, 30 de Setembro de 2005]

PERALVA, A. O Jovem como Modelo Cultural. In: SPOSITO, M. P. *Juventude e Contemporaneidade*. Revista Brasileira de Educação, no. 5 e 6. São Paulo, ANPED/ Editora 34, 1997. p.15-24.

PRATES, A. L. *Feminilidade e experiência psicanalítica*. São Paulo, Hacker/FAPESP, 2001.

OSÓRIO, L. C. *Adolescente hoje*. Porto Alegre, Artes Médicas, 1989.

OUTEIRAL, J. O. *Adolescer*, estudos sobre adolescência. Porto Alegre, Artes Médicas, 1994.

———. Adolescência: modernidade e pós-modernidade. In: WEINBERG, C. *Geração delivery*: adolescer no mundo atual. São Paulo, Sá, 2001. p.115-125.

OUTHWAITE, W.; BOTTOMORE, T. (ed.) *Dicionário do Pensamento Social do Século* XX. Trad. E. F. Alves, A. Cabral. Rio de Janeiro, Jorge Zahar, 1996.

PAES, J. M. *Culturas Juvenis*. Lisboa, Imprensa Nacional Casa da Moeda.

PALADINO, E. *O adolescente e o conflito de gerações na sociedade contemporânea*. São Paulo, Casa do Psicólogo, 2005.

PASSERINI, L. A Juventude, metáfora da mudança social. Dois debates sobre os jovens: a Itália fascista e os Estados Unidos da década de 1950. In: LEVI, G.; SCHIMITT, J-C., org. *História dos Jovens*. Trad. P. Neves, N. Moulin, M. L. Machado. São Paulo, Companhia das Letras, 1996. v.2, p.319-382.

PASTOUREAU, M. Os emblemas da juventude: atributos e representações dos jovens na imagem medieval. In: LEVI, G.; SCHMITT, J.-C., org. *História dos Jovens*. Trad. C. Marcondes, N. Moulin, P. Neves. São Paulo, Companhia das Letras, 1996. v. 1, p.245-263.

PELLEGRINO, H. Pacto Edípico e Pacto Social. *Folha de São Paulo*, São Paulo, 11 de Setembro de 1983.

PEROSA, M. *Descobrindo a si mesmo*. São Paulo, Moderna, 1995.

PERROT, M. et alli *História da Vida Privada, 4:* da revolução francesa à primeira gerra. Trad. D. Bottman, B. Joffily. São Paulo, Cia das Letras, 1991.

PFROMM NETTO, S. *Psicologia da Adolescência*. São Paulo, Pioneira, 1968.

PINHEIRO, T. Narcisismo, sexualidade e morte. In: CARDOSO, M. R. (org.) *Adolescência*: reflexões psicanalíticas. Rio de Janeiro, NAU/ FAPERJ, 2001. p.69-80.

PLON, M. Da política em *O mal-estar* ao mal-estar da política. In: LE RIDER, J. et alli. *Em torno de O mal-estar na cultura, de Freud*. Trad. C. L. Oliveira e C. Koltai. São Paulo, Escuta, 2002. p.145-185.

PLUTARCO. *Moralia*, v.1. Trad. F. C. Babbit. London, Haward University Press, 1936.

POLI, C. *Clínica da exclusão*: a construção do fantasma e o sujeito adolescente. São Paulo, Casa do Psicólogo, 2006.

———. Transmissão e transgressão na adolescência. [Apresentado no I Simpósio Internacional do Adolescente, São Paulo, 2005]

PRIORE, M. D. (org.) *História das Crianças no Brasil*. 3ª. ed. São Paulo, Contexto, 2002.

PROCTER, P. (dir.) *Longman Dictionary of Contemporary English*. Essex, Longman, 1978.

RAPPAPORT, C. R. (org). *Adolescência* – abordagem psicanalítica. São Paulo, EPU, 1993.

RASSIAL, J.-J. A adolescência como conceito na teoria psicanalítica. Associação Psicanalítica de Porto Alegre. Porto Alegre, Artes e Ofícios, 1999. p.45-72.

———. *O sujeito em estado limite*. Trad. S. R. Felgueiras. Rio de Janeiro, Companhia de Freud, 2000.

REY-FLAUD, H. Os fundamentos metapsicológicos de *O mal estar na cultura*. In: LE RIDER, J. et alli. *Em torno de O mal-estar na cultura, de Freud*. Trad. C. L. Oliveira e C. Koltai. São Paulo, Escuta, 2002. p.5-69

ROBERT, P. (dir.) *Micro Robert*. Paris, Le Robert, 1986.

RODULFO, R. *O brincar e o significante*. Trad. F. F. Sattineri. Porto Alegre, Artes Médicas, 1990.

ROSA, M. D. Adolescência: da cena familiar à cena social. *Psicologia USP*, v.13, n.2, 2002. p.227-242

ROUDINESCO, E.; PLON, M. *Dicionário de psicanálise*. Trad. V. Ribeiro, L. Magalhães. Rio de Janeiro, Jorge Zahar, 1998.

———. *Genealogias*. Trad. N. Ladvocat. Rio de Janeiro, Relume-Dumará, 1995.

ROUDINESCO, E. *Jacques Lacan*: esboço de uma vida, história de um sistema de pensamento. Trad. P. Neves. 2ª. ed. São Paulo, Companhia das Letras, 1994.

ROULOT, D. Neurose e psicoses. In: *Dicionário enciclopédico de psicanálise* – o legado de Freud e Lacan. Trad. V. Ribeiro, M. L. Borges. Rio de Janeiro, Zahar, 1996.

ROUSSEAU, J.-J. *Emílio, ou, Da educação*. Trad. R. L. Ferreira. 2ª. ed. São Paulo, Martins Fontes, 1999.

———. *Émile ou de L'éducation*. In: *Œuvres complètes*, v.IV. France, Gallimard, 1969. p.241-871.

ROZITCHNER, L. *Freud e o problema do poder*. Trad. M. M. Okamoto e L. G. Braga Fo. São Paulo, Escuta, 1989.

RUFFINO, R. Sobre o Lugar da Adolescência na Teoria do Sujeito. In: RAPPAPORT, C. R. (org.) *Adolescência - Abordagem Psicanalítica*. São Paulo, EPU, 1993. p.25-58.

———. A adolescência e o declínio da função social da imago paterna. Textura, revista de Psicanálise, ano 5, n.5, 2005, p.44-51.

SAGGESSE, E. *Adolescência: as ideologias das teorias*. Rio de Janeiro, 1983. 66p. Dissertação (Mestrado) - Instituto de Psiquiatria,. Universidade Federal do Rio de Janeiro.

———. *Adolescência e psicose* – transformações sociais e os desafios da clínica. Rio de Janeiro, Companhia de Freud, 2001.

SANTOS, R. B. *A emergência da concepção moderna de infância e adolescência*: mapeamento, documentação e reflexão sobre as principais teorias. São Paulo, 1996. 138p. Dissertação (Mestrado) - Faculdade de Ciências Sociais, Pontifícia Universidade Católica de São Paulo.

SCHINDLER, N. Os tutores da desordem: rituais da cultura juvenil nos primórdios da era moderna. In: LEVI, G.; SCHMITT, J.-C., org. *História dos Jovens*. Trad. C. Marcondes, N. Moulin, P. Neves. São Paulo, Companhia das Letras, 1996. v. 1, p.265-324.

SCHNAPP, A. A imagem dos jovens na cidade grega. In: LEVI, G.; SCHMITT, J.-C., org. *História dos Jovens*. Trad. C. Marcondes, N. Moulin, P. Neves. São Paulo, Companhia das Letras, 1996. v. 1, p.19-58.

SCHNEIDER, M. *Afeto e linguagem nos primeiros escritos de Freud*. Trad. M. Seincman. São Paulo, Escuta, 1993.

SILVEIRA, P. A gênese extramundana do indivíduo: a ideologia moderna em Dumont. In: CARDOSO, I.; SILVEIRA, P. *Utopia e Mal-estar na cultura*: perspectivas psicanalíticas. São Paulo, Hucitec, 1997, p.9-48.

SOUTO, A. L.; ALMEIDA, E. *Jovens: Políticas Públicas* - Mercado de Trabalho. Publicações Pólis, 35. São Paulo, Pólis, 2000.

SOUZA, O. *Fantasia de Brasil*: as identificações em busca da identidade nacional. São Paulo, Escuta, 1994.

TEIXEIRA, A. A estrutura trágica da ética em J. Lacan. *Revista Agora*, v.II, no.1, 1999. p.155-186.

THIERCÉ, A. *Histoire de l'adolescence (1850-1914)*. Paris, Belin, 1999.

TUBERT, S. *A morte e o imaginário na adolescência*. Trad. P. Vidal. Rio de Janeiro, Companhia de Freud, 1999.

VALADE, B. Psicanálise & História. In: *Dicionário enciclopédico de psicanálise* – o legado de Freud e Lacan. Trad. V. Ribeiro, M. L. Borges. Rio de Janeiro, Zahar, 1996, p.655-661.

———. Psicanálise & Sociologia. In: *Dicionário enciclopédico de psicanálise* – o legado de Freud e Lacan. Trad. V. Ribeiro, M. L. Borges. Rio de Janeiro, Zahar, 1996, p.728-734.

VIÑAR, M. O reconhecimento do próximo. Notas para pensar o ódio ao estrangeiro. In: KOLTAI, K. (org.) *O estrangeiro*. São Paulo, Escuta/FAPESP, 1998.

WEDEKIND, F. *O despertar da primavera*. Trad. M. A. S. Melo. 2ª. ed. Lisboa, Estampa, 1991.

WINNICOTT, D. W. *O brincar & a realidade*. Trad. J. O. Abreu; V. Nobre. Rio de Janeiro, Imago, 1975.

ZIZEK, S. (org.) *O mais sublime dos Histéricos* – Hegel com Lacan. Trad. V. Ribeiro. Rio de Janeiro, Jorge Zahar, 1991.

———. *Um mapa da ideologia*. Trad. V. Ribeiro. Rio de Janeiro, Contraponto, 1996.

———. *Bem-vindo ao deserto do Real*: cinco ensaios sobre o 11 de Setembro e datas relacionadas. Trad. P. C. Castanheira. São Paulo, Boitempo, 2003.

———. *El sublime objeto de la ideología*. Trad. I. V. Núñez. Buenos Aires, Siglo XXI, 2005.

Coleção Clínica Psicanalítica
Títulos publicados

A cena hospitalar: psicologia médica e psicanálise
Alfredo Simonetti

Acompanhamento terapêutico
Maurício Porto

Acontecimento e linguagem
Alcimar Alves de Souza Lima

Adicções
Decio Gurfinkel

Adoção
Gina Khafif Levinzon

Adolescência
Tiago Corbisier Matheus

Amor e fidelidade
Gisela Haddad

Anomia
Marilucia Melo Meireles

Autismo
Ana Elizabeth Cavalcanti, Paulina Schmidtbauer Rocha

Autorização e angústia de influência em Winnicott
Wilson Franco

Borderline
Mauro Hegenberg

Cena incestuosa
Renata Udler Cromberg

Cidade e subjetividade
Flávio Carvalho Ferraz

Clínica da exclusão
Maria Cristina Poli

Clínica do continente
Beatriz Chacur Mano

Clínica do trabalho
Soraya Rodrigues Martins

Complexo de Édipo hoje?
Nora B. Susmanscky de Miguelez

Consultas terapêuticas
Maria Ivone Accioly Lins

Corpo
Maria Helena Fernandes

Crise pseudoepiléptica
Berta Hoffmann Azevedo

Crítica à normalização da psicanálise
Mara Caffé

Demências
Delia Catullo Goldfarb

Depressão
Daniel Delouya

Desafios para a técnica psicanalítica
José Carlos Garcia

Desamparo
Lucianne Sant'Anna de Menezes

Disfunções sexuais
Cassandra Pereira França

Distúrbios do sono
Nayra Cesaro Penha Ganhito

Ecos da clínica
Isabel Mainetti de Vilutis

Emergências psiquiátricas
Alexandra Sterian

Ensaios psicanalíticos
Flávio Carvalho Ferraz

Entrevistas preliminares em psicanálise
Fernando Rocha

Epistemopatia
Daniel Delouya

Escritos metapsicológicos e clínicos
Ana Maria Sigal

Esquizofrenia
Alexandra Sterian

Estresse
Maria Auxiliadora de A. C. Arantes,
Maria José Femenias Vieira

Fairbairn
Teo Weingrill Araujo

Famílias monoparentais
Lisette Weissmann

Ferenczi
Teresa Pinheiro

Fobia
Aline Camargo Gurfinkel

Hipocondria
Rubens Marcelo Volich

Histeria
Silvia Leonor Alonso,
Mario Pablo Fuks

Idealcoolismo
Antonio Alves Xavier,
Emir Tomazelli

Imitação
Paulo de Carvalho Ribeiro e colaboradores

Incestualidade
Sonia Thorstensen

Inconsciente social
Carla Penna

Infertilidade e reprodução assistida
Marina Ribeiro

Linguagens e pensamento
Nelson da Silva Junior

Morte
Maria Elisa Pessoa Labaki

Narcisismo e vínculos
Lucía Barbero Fuks

Neurose e não neurose
Marion Minerbo

Neurose obsessiva
Rubia Delorenzo

Neuroses atuais e patologias da atualidade
Paulo Ritter

Neurose traumática
Myriam Uchitel

Normopatia
Flávio Carvalho Ferraz

Orientação profissional
Maria Stella Sampaio Leite

O tempo, a escuta, o feminino
Silvia Leonor Alonso

Paranoia
Renata Udler Cromberg

Perversão
Flávio Carvalho Ferraz

Pós-análise
Yeda Alcide Saigh

Problemas de linguagem
Maria Laura Wey Märtz

Problemáticas da identidade sexual
José Carlos Garcia

Psicanálise da família
Belinda Mandelbaum

Psicanálise e educação
Maria Regina Maciel

Psicanálise e música
Maria de Fátima Vicente

Psicopatia
Sidney Kiyoshi Shine

Psicossomática
Rubens Marcelo Volich

Psicoterapia breve psicanalítica
Mauro Hegenberg

Psicoterapia breve psicanalítica de casal
Mauro Hegenberg

Psicoterapia de casal
Purificacion Barcia Gomes, Ieda Porchat

Ressentimento
Maria Rita Kehl

Saúde do trabalhador
Carla Júlia Segre Faiman

Sintoma
Maria Cristina Ocariz

Sublimação e *unheimliche*
Alessandra Martins Parente

Tatuagem e marcas corporais
Ana Costa

Tempo e ato na perversão
Flávio Carvalho Ferraz

Término de análise
Yeda Alcide Saigh

Tortura
Maria Auxiliadora de Almeida Cunha Arantes

Trabalho do negativo
Vera Lamanno-Adamo

Trama do olhar
Edilene Freire de Queiroz

Transexualidades
Paulo Roberto Ceccarelli

Transferência e contratransferência
Marion Minerbo

Transtornos alimentares
Maria Helena Fernandes

Transtornos da excreção
Marcia Porto Ferreira

Transtornos de pânico
Luciana Oliveira dos Santos

Vertentes da psicanálise
Maria Laurinda Ribeiro de Souza

Violência
Maria Laurinda Ribeiro de Souza

Violência e masculinidade
Susana Muszkat

Este livro foi composto com tipografia Freight Text Pro
e impresso em papel Lux Cream 70g/m² na Gráfica Formato.